生命的學問
——反思兩岸生命教育與教育哲學

鈕則誠◎著

Learning of Living : Life Education and Philosophy of Education.

序

　　二○○四年與二○○七年是我的著述豐收年，在那兩年間陸續出版了六種和五種專書，分別以生命教育及殯葬教育為主軸，加起來幾乎占了我二十五部作品的一半。後來因為面臨人生轉型，一年又半載時間內無新書問世，直到今夏方才得以為繼。

　　三年前完成《殯葬倫理學》撰寫後，作為頂客族的我，生命情調起了相當大的變化。直接原因來自兩件事：一是重作馮婦奉命擔任學校高階主管，以致人在江湖、身不由己；再者一年半載內為兩位至親送終，終於上無父母、下無子女。正如當代美國哲學家諾齊克在《經過省察的人生》一書中所言：「一個人在其父母雙雙去世之後，他自己的死亡對他而言就變為真實的了。」

　　我至今於大學內已教了十五年「生死學」，它從事不關己逐漸轉變成生死攸關。在臺灣，生死學的講授被視為生命教育的一環，今年要起步的高中「生命教育類」八門正式課程，便有「生死關懷」一科。本書匯集了我在過去三年內所有關於生命教育的反思所得，遂名之為《生命的學問》。

　　生命教育的前身為倫理教育，在我看來終究屬於情意取向。但身為學者，被要求不斷以知性語言從事學問探究，我乃把自己的生死關懷加以形式包裝，在文以載道之下借題發揮。多年前我曾提出「生死學三問」：我從那裏來？我往那裏去？活在當下，如何安身立命、自我實現？前兩問可歸為各種宗教論述的擅場，我則努力反思後面一問，本書便是部分答案。

　　由於任職於教育所，面對許多在職教師，遂以其為主要表述對象。但這些文字可適用於任何關心生死議題的人，尤其是當作大學生

通識教育課程的參考書籍。相信它們有助於世人反身而誠,進而改善生活。

　　十五篇文章依撰寫順序編排而成,共分為四輯,大致具有「起、承、轉、合」的效果。其中輯四是我過去一年赴大陸休假研究前半年的成果,此後竟然奇妙地轉進另一番空靈境界,彷彿「覺今是而昨非」,從而嚮往「明心見性,不立文字」。如今結集出版,就當作是雪泥鴻爪的足跡吧!

鈕則誠　謹誌
二○一○年八月八日銀婚日

目　錄

輯一

起——問題呈現

- ■ 從臺灣生命教育到華人生命教育
- ■ 大陸高校「兩課」的教育哲學解讀
- ■ 從學生生命教育到教師生命教育

1-1

從臺灣生命教育
到華人生命教育

（2007）

引　言

　　對教育工作者、受教學生以及學生家長而言，「生命教育」無疑是一個十分正向的概念。然而人們對於它的認識卻顯得相當歧異，從理解為生命科學到視之為宗教教誨的都有。不過它在臺灣成為流行名詞，仍有著特定的時空背景。雖然西方國家早就出現相同提法，但是彼此的雷同純屬偶然。即使近年大陸和港澳地區也在提倡生命教育，兩岸四地之間還是有所出入。平心而論，一詞多義很常見，像「哲學」便不乏各自表述的情形。我的寫作目的，在於向華人社會闡述臺灣經驗下的生命教育，希望能夠「異中求同，同中存異」，也就是在多元話語中批判地去蕪存菁，推陳出新。在一般人的觀念裏，「生命」的對立面乃是「死亡」。當諱言死亡的華人引用孔子「未知生，焉知死」一說時，我則嘗試通過「未知死，焉知生」的途徑去開展生命教育。

壹、臺灣生命教育的興起

　　「生命教育」之說最早出現在上個世紀七〇年代末期，澳大利亞自一九七九年起設立「生命教育中心」，以防止暴力、毒品和愛滋病蔓延於校園。由於澳洲具有大英國協的背景，這項教育措施只影響及英國統治下的香港，其他華人社會並不曾聞問。十八年後，同名的「生命教育」在臺灣成為官方推動的教育政策，卻只是把一所天主教中學行之有年的倫理教育重新加以包裝，再推廣到所有中學去。一九九七年臺灣省政府教育廳在台中市的天主教曉明女中內設立「倫理教育推廣中心」，次年更名為「生命教育推廣中心」，並出版《臺

灣省國民中學八十七學年度生命教育教師手冊》，可視為第一部由官方提出的生命教育指導綱領（鈕則誠，2004）。事實上，當時省政府曾經雄心勃勃編印出中學六年十二冊的教材，無奈第二年便面臨精省的命運而全部夭折。

生命教育一度因為精省效應失去當局支援無以為繼，後來雖然碰上地震災變短暫發揮安定人心的影響力，卻又在政黨輪替下歸於沉寂，所幸它終於受到一位有心的教育部長青睞，而被大張旗鼓全面推動。二〇〇〇年八月一日曾志朗召開記者會，宣布成立「推動生命教育委員會」，並訂定次年為「生命教育年」。至於他心目中的生命教育，則包括人際關係、倫理、生死學、宗教、殯葬禮儀等五大內容（陳曼玲，2000）。不過最初公布的委員名單中，二十六人扣除十二名政府代表外，其餘學者和中小學校長代表，半數以上具有明顯宗教背景，曾引起社會大眾質疑而見諸報端。這多少反映出臺灣生命教育的宗教性因素根深柢固，但並非壞事，反而是一項特色。至於我所提倡的華人生命教育，則延續了近年所宣示的「非宗教」立場，從而表現為有別於官方的另類民間論述。

非宗教立場並非反宗教，而是少談甚至不論宗教。宗教是給人信仰的，而非拿來討論的；即使限於「對話」，也難免不會產生立場問題。身處以漢民族為主的中華文化氛圍中，我深覺由儒道二家思想為代表的非宗教立場，可作為生命教育的豐富活水源頭。在儒家方面，新儒家學者陳德和（2006）便指出，多年來臺灣生命教育論述中，除佛教外幾乎不見其他傳統學術的影子，其原因包括主事者的偏見和儒者的疏忽。他甚至表示，以儒家經典為內容的高中「中國文化基本教材」，正是最鞭辟入裏的生命教育教材，近年卻在當局「去中國化」的風潮中，被刻意疏化和隔離（陳德和，2005）。我認為生命教育不能忽略非宗教性質的中華文化傳統思想，因此有意以凸顯民族文化思

想為進路，從臺灣生命教育走向華人生命教育。

臺灣生命教育興起至今已歷十年，由於此一概念的廣泛性和含糊性，乃形成「各自表述，各取所需」的多樣景觀；說得好聽是「有容乃大」，認其不當者則視之為「多此一舉、多此一言的餘行贅詞」，因為它的至大無外，幾與「教育」同義（陳德和，2006）。根據我的歸納，目前在臺灣標榜生命教育的至少有七種取向：倫理教育、宗教教育、生死教育、健康教育、生涯教育、性別教育、環境教育，它們到如今已經發展成為六間專門系所，以及八科高中選修課程，並且向下紮根至國民中小學及幼稚園。二○○一年七月政府頒布了一冊《教育部推動生命教育中程計畫》，載有「各級學校應……建立以生命教育為教育核心之共識」的指示，確實透顯出主事者試圖以生命教育來涵攝整個教育的主觀期待。此一理想雖然不易達成，但是將生命教育的精神貫注於各種教育活動中，終究是值得期待的事情。

前面曾提到，生命教育在臺灣因緣際會、風起雲湧，源頭還是在於天主教的曉明女中實施了二十年的宗教教育和倫理教育。碰巧於生命教育剛上路時，佛教的南華管理學院創辦了生死學研究所。一九九七年八月我出任該所首任所長，次學期便主動邀請曉明女中「生命教育推廣中心」主任錢永鎮到生死所演講，引起部分教師與碩士生極大興趣，更有人以此為題材撰寫學術或學位論文，從而開啟了生死教育取向的生命教育之途徑。幾乎就在同時，有殯葬業者在報上登廣告呼籲設立殯葬科系，南華的生死學研究所便與宗教文化研究中心攜手合作，針對此議題舉辦設系研討會，後來更衍生出一系列的「殯葬管理研習班」，成為臺灣殯葬教育的嚆矢。只是曾志朗口中生命教育五大議題之一的「殯葬禮儀」，在日後卻因主事者的忽視而無從發展。

貳、臺灣生命教育的內容

臺灣生命教育在曉明女中時代走的是倫理教育路線，而且還帶有長遠的宗教教育背景。當時負責撰寫〈倫理教育須知〉的徐錦堯神父來自香港，或許自此引進英語國家的「生命教育」說法也未可知。不過曉明全係女生，學生素質高、水準齊，不必擔心暴力、毒品和愛滋病的問題，倒是倫理學或人生哲學蔚為重要課題。事實上，這是臺灣天主教學校行之有年的傳統，像我曾就讀十年的輔仁大學即列為本科生必修課；其他如靜宜大學、文藻學院、耕莘護專等校，同樣維繫著這項傳統。然其授課教師主要為神職人員擔任，或至少要具備資深信徒背景，目的則是為傳播天主教思想和教義。長期以來，基督教和佛教辦的學校也有類似情況。此種作法雖無可厚非，不過臺灣原本即是多元信仰雜陳的華人社會，講授倫理學或人生哲學，有關道教和民俗信仰，以及儒道融通的人生信念，同樣為不可或缺的環節。

臺灣由官方主導的生命教育，自一九九八年八月在省屬國中正式開其端，至二〇〇六年八月發展成為所有高中的正式課程，算是頭一個階段的完成。目前最具體的生命教育內容，可見於《普通高級中學課程綱要》所載的「生命教育類」課程綱要。這套課程共有八門科目，皆為兩學分課程，其中「生命教育概論」一科為入門課程，其餘「哲學與人生」、「宗教與人生」、「生死關懷」、「道德思考與抉擇」、「性愛與婚姻倫理」、「生命與科技倫理」、「人格統整與靈性發展」等七科歸進階課程。此一課程的主要規劃人係哲學學者孫效智，他曾接受天主教神學訓練，哲學專長則為倫理學，也因此進階七科中有四科屬於哲學範疇，剩下三科則為心理學、宗教學和生死學。如此安排大致符合曾志朗心目中生命教育的五大內容，只是「殯葬禮儀」被壓縮成「生死關懷」內十一項核心能力之一，似乎顯得有所不足。

　　自從生命教育課程綱要正式出版後，這份幾乎占去整冊高中課程綱要五分之一篇幅的重要文件，便成為臺灣生命教育論述的官方說法和具體內容。一項由我主持的教育部「九年一貫及幼稚園生命教育課程大綱與教學示例」研究專案，就是根據上述對高中三年的課程規劃，向下延伸紮根十二年的努力。國民中小學及幼稚園的生命教育雖無正式課程，卻可嘗試融入各領域及學科教學中。此一計畫邀請高中課程綱要兩位撰稿人擔任指導專家，他們曾經負責心理學和倫理學部分，加上我對生死學的多年投入，使我有意將生命教育對焦於人性教育、人生教育和生死教育三種取向。由於中國心理學指向人性論，因此我將「人格統整與靈性發展」視為較廣義的人性教育加以發揮，目的則是為了將臺灣生命教育轉化擴充為華人生命教育，相信這才是可長可久之計。

　　高中「生命教育概論」一科綜述了整個生命教育的內容，可謂百年樹人大計。只是全部八科課程綱要反映出相當程度的西化，以及宗教色彩和中產階級意識型態，是其美中不足之處。對此我乃撰成十六萬字專書《生命教育概論——華人應用哲學取向》，加以反思與批判，並且建議回歸本土民族文化思想，重新建構在地生命教育論述。「本土」與「在地」是兩個不同層次的概念，後者一方面融攝在前者之中，一方面發揮時空脈絡下的特色，但是不能自行其是。舉例來說，中華文化是本土文化的代表，在此意義下，臺灣、港澳、上海、東北、大西部，甚至東南亞國家的華人社會，都可以擁有具在地特色的文化傳承，不過這一切的根柢皆在以漢民族為主所發展出來的中華文化。全球六十五億人口中五分之一為華人，至少有十億人不信教，過著新儒家學者梁漱溟（2000）所說的「幾乎沒有宗教的人生」。在此情況下，「非宗教」的華人生命教育，自有其重要價值與任務。

　　雖然臺灣的生命教育面貌相當多元，但是在中小學其他課程中，已經涵蓋有健康、生涯、性別、環境諸課題，因此最初納入的倫理、

宗教和生死課題，可視為核心部分。由於宗教生活不是華人社會的必
要條件，反倒是生死關懷屬於宗教生活的充分條件，所以我主張將
宗教課題放在生死教育中介紹。此外中國倫理學不同於西方倫理學，
重視安身立命而非道德推理；而中國心理學也不同於西方心理學，重
視人性問題而非行為考察，我乃建議將西方的倫理和心理課題，轉化
為本土的人生與人性教育推廣給學生。至於生死教育所關注的臨終關
懷、悲傷輔導、殯葬管理等實務活動，前兩者已有成熟的醫護和諮商
專業有效進行運作，唯獨殯葬雖為民生所必需，卻長期被學者專家和
社會大眾邊緣化甚至污名化，有必要通過生命教育以移風易俗、推陳
出新。這正是生命教育大可著力之處。

參、華人生命教育的轉化

　　生命教育在臺灣剛起步時，就碰上一樁學生殉情事件，立即背
負起自殺防治的重責大任。有人認為年輕人自殺的原因之一在於抗壓
性太差，乃以外表亮麗卻經不起施壓的水果草莓相比擬而稱作「草莓
族」。無獨有偶地，近年大陸在俗稱「一胎化」的「計劃生育」之下
的青少年，也有類似情況出現，使得心理諮商工作大為吃重。作為自
殺防治的生命教育，主要歸於人生教育方面，亦即探討如何安身立
命。「安身立命」原本為佛家語，意指身心有所安頓寄託。法國存在
主義哲學家卡繆曾經表示，真正的哲學問題只有一個，那就是自殺；
決定是否值得活下去，比什麼都來得迫切和重要（馬振濤、楊淑學
譯，2002）。而當代中國哲學家馮友蘭（2004）也發現，西洋哲學
總是在一些枝節問題上鑽牛角尖，對於使人安身立命的大道理反而不
談，只有存在主義是例外。但是解決這些大問題，原本就是哲學的責
任。在中國從五四時代以來，人們就在問這一類的問題。

　　針對特定的時空脈絡來考察，臺灣生命教育的提倡有其一定時代
意義。官方的《中程計畫》強調，活在電子產品充斥時代的學生，受
到科技的影響，對於生命的價值、人生的意義、人我關係、人與自然
的關係，以及生死問題等，無法真正瞭解，而衍生出各種傷害他人和
自我傷害的事件。照這種觀點看，生命教育可以站在人文的立場，試
圖改善科技發達所帶來的弊病。事實上，後來發展出來一整套生命教
育課程，可以說是充滿人文性質的；尤其是以哲學為核心，與我心目
中的「人生哲學教育」不謀而合。但是深入探究，便會發現官方生命
教育背後的哲學思維相當西化，更充滿宗教色彩。如此一來，對於在
臺灣的華人是否適當，實在值得商榷。問題是當前它已經演進為既定
政策在推行，要想改弦更張，只有寄望民間的力量。

　　臺灣的官方生命教育不盡理想，我有意提出一套民間論述加
以推動，此即經過轉化擴充的華人生命教育。二〇〇五年秋季，我
已將之落實在空中大學選修科目「生死學」之中。此科於全臺灣共
有三千七百多人選課，當時我在教科書內提出了完整的「華人生死
學」論述，標幟出「後科學、非宗教、安生死」的特色（鈕則誠，
2005）。於此我則提倡以中國人性論、中國人生哲學和華人生死學
三者，分別代表人性教育、人生教育和生死教育取向的生命教育，其
特出之處正是「後科學、非宗教、安生死」。西方用科學方法去開發
心理學，結果失去了「心」；對廣大不信教的華人講宗教，結果越發
不相應；唯有回歸中華文化的本源來談生論死，方能如實使人安身立
命、平和善終。華人生命教育的轉化，便是從西化的、宗教的觀點，
轉化為本土的、人文的立場，讓廣大華人終身受用。

　　華人生命教育不是空中樓閣，而是其來有自，要想真正落實生
命教育，只有從「生命的學問」上著手。彰顯「生命學問」的當代新
儒家哲學家牟宗三對此有所闡揚，值得加以引述：「西方人有宗教的
信仰，而不能就其宗教的信仰開出生命的學問。他們有『知識中心』

的哲學，而並無『生命中心』的生命學問。……真正的生命學問是在
中國。但是這個學問傳統早已斷絕了，而且更為近時知識分子的科學
尺度所窒死。……今之學校教育是以知識為中心的，卻並無『明明
德』之學問。『明明德』的學問，才是真正『生命』的學問。生命的
學問，可以從兩方面講：一是個人主觀方面的，一是客觀的集團方面
的。前者是個人修養的事，個人精神生活升進之事……。後者是一切
人文世界的事，如國家、政治、法律、經濟等方面的事……。」（牟
宗三，2005：31-34）。

　　上述牟宗三就生命學問所作的闡釋，可視為對華人生命教育最佳
註腳。華人生命教育要教的乃是中國生命學問，而非西方科學與哲學
知識以及宗教信仰。基於「後科學、非宗教、安生死」的理念，華人
生命教育是從人性論走向人生觀再及於生死學，亦即先行把握人性，
其次安頓人生，最終坦然面對死亡。牟宗三的生命學問包含有「內聖
外王」的儒家理想，我更倡議「自然而然」的道家境界。對讀書人而
言，學做「後現代儒道家」，成為「知識分子生活家」，用人生信念
了生脫死可謂足夠；但對一般社會大眾而言，擁有信仰似乎不可或
缺，此時民俗信仰較宗教信仰更適於華人社會。民俗信仰是沒有體
制、不入教團的信仰，可納入有容乃大的道教之內。魯迅嘗言「中國
根柢全在道教」，著實不無道理。畢竟以反抗外來佛教入侵而興起的
本土道教，經歷千百年的洗練，已經具備旺盛的生命力，是華人生命
教育另一道活水源頭。

肆、華人生命教育的展望

　　「從臺灣生命教育到華人生命教育」的進路有兩層意義：一層
是內涵的轉化，另一則是實踐的擴充。臺灣的生命教育在官方推動十
年後已蔚為顯學，但是它的西化內容和宗教色彩於華人社會實有所不

足，有待通過提倡民族意識和人文精神以反映其不足之處。至於華人社會並不限於臺灣一處，除大陸、香港、澳門外，至少還包括新加坡、馬來西亞等地。這些地方大多以漢民族文化為主，在尊重少數民族和所在國家人民的情況下，發揚具中華文化意義與內涵的生命教育，實為理所當然的途徑。在這方面，臺灣除了少數新儒家學者不平則鳴發出呼籲外，並未有進一步的發展。反倒是大陸出現了一些進展值得注意，像河南大學編輯出版一套三冊「生命教育叢書」（王北生等，2004；劉志軍等，2004；劉濟良等，2004）、南京師範大學申請重點科研專案（馮建軍，2004）、上海市印發《上海市中小學生生命教育指導綱要（試行）》（2005）等，都是具體的作法。

　　不過上述作法均屬教育界的努力，且不乏西方觀點的鋪陳。真正從中華文化出發，在學理基礎上為生命教育紮根的努力，主要來自江西哲學學者鄭曉江一系列的著作。尤其是他於二○○五年在臺灣出版的《中國生命學——中華賢哲之生死智慧》一書，可視為華人生死學在哲學方面的重要立論。「生命學」的提法來自生死學先行者傅偉勳（1996），他於一九九三年拈出「現代生死學」之說，初期實偏重西方的「死亡學」。後來雖然強調應以中國的「生命學」與之互補，以收相輔相成之效，但終因驟逝而未及建構。然而他畢竟還是在去世之前，肯定生死學應走向具中國本土特色、由儒道佛三家所共通分享的「心性體認本位」哲理。至於鄭曉江對此的貢獻，則在於看見中國傳統人生哲學重視生命卻忽視生活和死亡的問題，因此他將之擴充為「生死哲學」。生死哲學涵蓋生命、生活、死亡、臨終諸方面，是適用於華人生命教育的具體內容。

　　兩岸四地的生命教育近年先後起步。香港曾為英國殖民地，最早受到英語國家生命教育的影響，卻與中國傳統的生命學問無關，直到最近幾年才因為出生於香港的臺灣生死學者吳庶深穿針引線而有所對話。臺灣當局的生命教育發展一如前述，由天主教中學開其端，至

今仍以天主教學者推行最力，其他宗教團體也有機會共襄盛舉；傳統學問則被邊緣化，只能寄望由民間發聲。大陸官方的生命教育可視為思想道德教育的延伸擴充，民間學者則有回歸傳統學問之勢，值得期待。澳門過去對此甚少著墨，二〇〇五年有位曾經推廣生死教育的臺灣學者單文經前往任教，多少也帶動起相關學術交流的風氣。值得一提的是，同年馬來西亞歷史學者王琛發曾在當地殯葬業者的支援下，舉辦過一次以「華人生死學」為名的學術研討會，稱得上是華人生命教育在東南亞的開花結果。

華人是世界上最大的族群，人口超過全球五分之一，其中漢族占百分之九十三，裏面又有九成不信教。不信教是指無關於任何宗教團體，但並非沒有信仰或信念。華人大多有一定的人生信念，通常歸於儒家及道家思想；也有相信民俗信仰，通常是以道佛雜糅的形式呈現。倘若「宗教是團體活動，信仰屬個人抉擇」，則華人信仰不涉足宗教團體是一大特色。這點經由臺灣宗教學者鄭志明的考察，已大致建構為獨樹一幟的「華人宗教學」。舉凡團體性的宗教皆排斥「改宗」，亦即改入不同宗教團體；甚至在同一宗教內的派系山頭間遊走皆予反對。但是華人既然不加入任何宗教團體，便無改宗的困擾；尤有甚者，乃是更出現普遍「遊宗」的現象，在不同教團或派系山頭影響的道場中遊走（鄭志明，2005）。遊宗是打破宗教團體宰制人心的最佳作法，是避免讓教團中人濫用神聖光環，卻又不失個人信仰的策略施展。

華人生命教育主張「後科學、非宗教、安生死」，前兩者係前提，後者屬結論。「後科學」是站在科學技術的後面和外面對之加以反思批判，目的為「馭物而不馭於物」；看一看時下人們受制於電腦和手機的情形，便可知曉問題的嚴重性。「非宗教」對生死教育尤其重要，因為任何宗教系統皆就「死後生命」有所許諾，華人生死學卻彰顯出「活在當下」的現世主義，對死後生命存而不論，因此選擇儒

道二家思想為核心價值。正如傅偉勳所言：「佛教除外的中國思想文化傳統，並不具有強烈的宗教超越性這個事實，在儒道二家的生死觀有其格外明顯的反映。」（傅偉勳，1993：156）尤有甚者，唯一興起於中國本土並用以對抗佛教入侵的道教，追求的乃是通過修身養性達到長生不死的境界（鄭志明，2000），同樣為不寄望死後生命的健康想法。儒道思想和道教民俗信仰，正是華人生命教育的未來希望。

結　語

我有意開創一套適用於華人社會的生命教育之理念與學問，知識建構在其中並非主要任務，情意體驗才是真正要提倡的人生實踐。由於推動華人生命教育必須先瞭解生命教育的發展途徑，我主要在於呈現華人生命教育自臺灣生命教育轉化擴充的可能。臺灣生命教育由哲學出發，觀照到生死學，此為我所肯定認同。華人生命教育要轉化與擴充的，乃是臺灣生命教育當中的西化及宗教性觀點，使之步向中國人生哲學和華人生死學的生命學問方向。一旦華人生命教育得以落實，相關教育活動方能有效深化開展。華人生命教育屬於全民素質教育，希望讓社會大眾從各種迷思中解套，回歸本土民族文化的現世主義人生智慧。至於大陸實施的「中國特色社會主義」，同樣可視為本土民族文化的推陳出新，適足以作為推動華人生命教育的基本理念。

參考文獻

上海市科教委等（2005）。《上海市中小學生生命教育指導綱要（試行）》。
　　上海：中共上海市科技教育工作委員會、上海市教育委員會。

王北生等（2004）。《生命的暢想：生命教育視閾拓展》。北京：中國社會科
　　學。

牟宗三（2005）。《生命的學問》。桂林：廣西師範大學。

馬振濤、楊淑學譯（2002）。《加繆》（R. Kamber著）。北京：中華。

梁漱溟（2000）。《中國文化要義》。上海：學林。

陳曼玲（2000）。〈教部1.6億推動生命教育〉。《中央日報》，8月2日。

陳德和（2005）。〈生命教育的正途與常道〉。《鵝湖月刊》，361，3。

陳德和（2006）。〈儒家思想的生命教育理論（上）——對諍於全人教育論、
　　多元知能論和層次進步論〉。《鵝湖月刊》，367，24-33。

傅偉勳（1993）。《死亡的尊嚴與生命的尊嚴——從臨終精神醫學到現代生死
　　學》。臺北：正中。

傅偉勳（1996）。〈論人文社會科學的科際整合探索理念暨理路〉。《佛光學
　　刊》，1，117-129。

鈕則誠（2004）。《生命教育概論——華人應用哲學取向》。臺北：揚智。

鈕則誠（2005）。〈第二篇　華人生死學〉。載於鈕則誠、趙可式、胡文郁合
　　著，《生死學（二版）》，頁197-328。臺北：空中大學。

馮友蘭（2004）。《馮友蘭自述》。北京：中國人民大學。

馮建軍（2004）。《生命與教育》。北京：教育科學。

劉志軍等（2004）。《生命的律動：生命教育實踐探索》。北京：中國社會科
　　學。

劉濟良等（2004）。《生命的沉思：生命教育理念解讀》。北京：中國社會科
　　學。

鄭志明（2000）。《以人體為媒介的道教》。嘉義：南華大學。

鄭志明（2005）。《臺灣傳統信仰的宗教詮釋》。臺北：大元。

鄭曉江（2005）。《中國生命學——中華賢哲之生死智慧》。臺北：揚智。

1-2

大陸高校「兩課」
的教育哲學解讀

（2008）

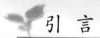

引 言

　　中國大陸高等院校的「兩課」，係指「思想品德課」與「馬克思主義基本理論課」，是每個大專學生的必修課程，被視為「大學人文素質教育的靈魂」，近年卻面臨教學吸引力不足、效果不理想的窘境，深為教育界有識之士所擔憂（袁永和，2005）。「兩課」在大陸上屬於「大德育」的範疇，「大德育」的基本格局包括政治教育、思想教育、道德教育三大板塊，這與中國自古即以「道德」涵蓋各種社會意識有關（黃向陽，2001）。西潮東漸後，德育被窄化為僅涉及個人修養的道德教育，但是官方在推動學校德育工作時，仍強調愛國主義、集體主義和社會主義（中共中央辦公廳，2002），這毋寧是一大特色。由於廣義的「德育」或狹義的「道德教育」，均有其哲學背景，以下即分別從兩岸的教育哲學論述談起。

壹、兩岸的教育哲學論述

一、大陸方面的論述

　　教育是百年樹人的大業，臺灣講「德、智、體、群、美」五育並重，不可偏廢；大陸實施集體主義，不特別標榜群育，但同樣視教育涵蓋「德、智、體、美」四育（陳桂生，1997）；近年亦有主張將「勞育」納入者。教育屬於社會實踐活動，對之進行系統化的知識探索，同時推動學科建設，即形成教育學。教育學的主要交叉與分支學科大致包含十門：教育學原理、教育哲學、中國教育史、外國教育史、教育社會學、教育管理學、課程論、教學論、德育原理、比較教育（葉瀾，2002）；其中教育哲學是研究教育本質，對教育領域中的

知識和價值問題進行探索和反思的學科，即以本體論、認識論和價值論構成中心問題（陸有銓、程紅艷，2002）。

哲學歷史久遠，依照西方的分類，它至少包括理則學（邏輯）、形上學（含本體論和宇宙論）、知識學（認識論）、倫理學、美學（二者皆屬價值論）、哲學史等分支學科；取本體論、認識論和價值論與教育學交叉，從而構成教育哲學。教育哲學是自理論思維層次上對教育實踐的反思，並對教育實踐的目的性與方向性進行調節和控制（王坤慶，2001）。作為西方哲學的產物，教育哲學同樣面臨了二十世紀後期的哲學轉向，亦即由「現代哲學」朝「後現代哲學」轉向。「後現代」乃指「現代之後」，兩者沒有清晰的界限，甚至可以並行不悖。相較於現代哲學思想，後現代教育哲學更強調實踐性、反思性、批判性及價值性。由於後現代哲學的回返生活，才使得中西哲學產生廣泛交流對話的可能（石中英，2007）。

通過後現代教育哲學視角的反思與批判，凸顯出標榜現代的教育所面臨的危機：教育的人文精神危機、教育的社會價值危機、教育機會均等的危機、教學危機、教育科學或教育理論的危機；化危機為轉機，乃是未來新教育的方向（石中英，2001）。在這一連串的危機中，多少可以照見像「兩課」之類大德育課程所處的困境。教育學分支之一的德育原理，嘗試去廓清大、小德育的關係，不免觸碰到德育理論的基本概念，亦即哲學分支之一的倫理學作為德育基礎學科的問題（葉瀾，2007）。換言之，「兩課」若想與時俱進、推陳出新，回返其德育脈絡，並且從教育倫理學、教育價值論等教育哲學的反思與批判途徑力求改善，或許是一條出困之路。由於西化程度已深，兩岸的教育哲學頗能互通有無，以下來看看臺灣方面的論述。

二、臺灣方面的論述

　　大陸自二十世紀中期建國後，教育活動走向「以俄為師」、「全盤蘇化」（楊東平，2003）。蘇聯式的教育學科傳統格局，主要包括教育學原理、中外教育史和學科教學法三門。其中教育學原理的性質接近教育哲學，這便造成改革開放後西化的教育哲學論述興起，從而出現以教育哲學取代教育學原理的呼聲（葉瀾，2007）。事實上，建國前國民政府主政期間，受到杜威的影響，教育哲學即成為教育學科裏的顯學。這種傳統一直延續到臺灣，使得它長期列入師範教育的主科，至今仍屬中小學及幼稚園教師檢定必考科目。臺灣自日本手中光復後，繼承了國民政府教育體制及內容的香火，除了沾染一些「三民主義」色彩外，大致平穩走在西化的道路上。一九六〇及七〇年代更經由一些留學生引進英國分析教育哲學，試圖區別「思辨的」與「分析的」教育哲學，可視為「教育哲學的哲學」批判（歐陽教，1998）。

　　分析教育哲學以語言及概念分析為職志，力圖辨明教育哲學論述中的客觀「知識」與主觀「信念」之差別，的確令人耳目一新。但是教育活動畢竟不純然屬於認知活動，它仍須扣緊生活實踐，即使是理論建構，也有幾項基本要求：概念的清晰度、邏輯的一致性、符合公認的道德信念、不違反人性等（黃藿，2002）。由此可見，教育哲學論述乃是分析與思辨無所偏廢、知識與信念並存無礙的。臺灣的教育哲學社群不大，但其中留學英國的人卻不在少數，原因或許是公費留學中有教育哲學一科，指定赴英國深造。英國係分析教育哲學的發源地，但就教育實踐而言，概念分析仍屬手段，行為規範才是目的。一些受過嚴謹分析訓練的學者，仍不時為文從思辨的立場傳達個人信念，希望有助於價值判斷與行動規範（但昭偉，2002a）。

　　由於臺灣的中小學及幼稚園教師都必須學習與應考教育哲學一

科，令其產生極高的針對性。有學者便認為，教育哲學正是從哲學的觀點對教育的議題加以省思，使教育工作者在執行教育專業時，能具備更廣博的哲學慧見，進而形成個人圓滿的教育信念（簡成熙，2004）。這毋寧是件好事，尤其當教育學科的締造者、德國哲學家赫爾巴特在兩百多年前著書立說時，正是以哲學中的倫理學為教育工作樹立宗旨，以心理學為教育研究提供方法；而兩百年前心理學仍屬哲學的一支，其轉化為科學學科乃是十九世紀後期的事情。倫理學與德育關係密切，這使得道德教育成為教育哲學工作者最有興趣的課題（簡成熙，1997）。下一節就來考察兩岸有關德育的論述，其中大陸的「大德育」甚具特色，或能為「兩課」的可持續發展做出貢獻。

貳、兩岸的德育論述

一、大陸方面的論述

「德育」顧名思義當指道德教育，但是此一概念在兩岸有著明顯的認知落差。簡言之，它在臺灣比較偏重「獨善其身」的修養，在大陸卻背負著「兼善天下」的使命。然而近年大陸學者也有意將德育與思想政治教育脫鉤，乃嘗試釐清「泛指社會意識教育的德育」與「限指道德教育的德育」；前者即無所不包的「大德育」，後者才是哲學意義下的「德育」（黃向陽，2001）。其具體轉化可從近五年的教育研究中看出。華東師範大學教育科學學院自二○○一年起，每年編纂一冊《中國教育研究新進展》，以系統紹述前一年的進展現況。此一綜覽式記錄皆有專章討論德育的發展，早先還強調德育與宏觀的愛國主義、集體主義、社會主義之關係（程勝，2001），近年則走向「網絡道德教育」（劉慧芬，2007）、「生命化德育」及「生態德育」

（趙或，2007）等微觀議題。

　　在關注焦點逐漸從宏觀轉向微觀的趨勢中，值得一提的是生命教育論述的浮現，更令人驚奇的則是兩岸四地有關生命教育的提法，竟然不約而同在新世紀之初形成共鳴。中、港、澳、臺的生命教育論述容或有些出入，但關懷生命的價值取向卻有志一同。像大陸的「生命化德育」係指主體的、情感的、生活化的道德教育（趙或，2007）；「生命道德教育」是指調整人與自己生命、他人生命以及與他類生命之間關係的道德教育（劉慧，2005）；而「生命化教育」更強調個性化、個人化的教育（張文質等，2006）。這種以小我取代大我作為關注焦點的趨勢，多少反映出中國近年的社會快速轉型，使得學校教育價值取向也必須不斷求新求變（李家成，2006）。當學生和家長都把視線放在自己或子女身上，相對便不太看重國家民族社會之類「大德育」了。

　　但是人畢竟無逃於天地之間，天地構成每一個人生命、生活、生存的時空脈絡情境，而此一情境又與國家、民族、社會等條件息息相關。因此，持平的看法與作法乃是讓「小德育」與「大德育」相輔相成、無所偏廢。例如位於上海的重點高校復旦大學自編的通用基礎教材中有《新編大學德育》一種，所列題材包括自我調適、珍惜生命、人際關係、素質發展、科學信念、愛國主義、民族精神、公民道德、法治觀念、擇業就業、完美人格等（邱偉光、張雲編，2003），可謂一應俱全；對於身處國際都會區的年輕學子而言，不失面面俱顧了。由於社會轉型所造成的教育轉型，大陸的高校德育也體現出改革開放以後的形勢變化，這就使得德育從「工具文本」走進「生活文本」，更由「文本」邁向「人本」的途徑，不啻為一大進步（趙志毅，2004）；像強調人文關懷與人才資源開發的「人本德育論」即是一例（袁本新、王麗榮，2007）。

二、臺灣方面的論述

　　兩岸的德育論述可以有三種理解：為維繫傳統文化理想人格而教育、為培養社會主義新人而教育、為改善現實生活而教育。大陸在過去半個多世紀經歷了社會革命與改革開放的大風大浪，教育實踐中的德育必然要承載不同時期所賦予的任務。相形之下，臺灣長期處於傳統文化與市場經濟並存的環境中，雖然面臨「世風日下，人心不古」的社會變遷，但是對於儒家傳統人格精神的提倡卻始終如一。此外，西方的正義倫理也在此地蔚為主流。總之，臺灣方面的德育論述大致上歸於狹義的道德教育，也許口頭上談論一些「內聖外王」的理想，但在現實生活中仍以個人化的倫理道德實踐為主，政治性的關注在教育論述中可說越來越淡化。目前官方所提倡的德育範疇，包括個人品德修養、專業倫理與職業道德，以及強化公共領域的道德基礎三大項（李琪明，2007）。

　　著眼於個體道德思考與倫理實踐的臺灣德育發展，大概要以近年爭取到正式課程地位的生命教育最受矚目了。生命教育將自二○一○年起成為高中正式課程，每名學生至少必修一學分。這套課程共分八科，一科屬概論性質，其他七科則為進階課程。值得注意的是，七科中有四科是倫理學和人生哲學，另外三科則歸於心理學、宗教學及生死學。不過生命教育雖然獨樹一幟，充滿願景（孫效智，2004），卻也引起道德教育學者的質疑，認為另立名目並不見得別出新裁（但昭偉，2002a）。平心而論，生命教育與道德教育雖然有重疊之處，但並非等同，後者仍有存在與推動的必要。只是在當局把德育課程從各級學校課表上撤除而形成「缺德」的窘境後（簡成熙，2004），生命教育卻後來居上成為必修課，其中利弊得失有待觀察。

　　臺灣強調「德、智、體、群、美」五育並重，大陸也有「德、智、體、美、勞」五育並舉的說法；雖然兩岸不約而同標榜德育為

首,卻也心照不宣唯智育馬首是瞻。升學主義在臺灣長期為患,雖然近年因為教育改革廣設學校而使得升學壓力稍減,卻又造成素質大降。大陸自改革開放後重新肯定「唯有讀書高」,遂產生「應試教育」的弊病,進而乃有「素質教育」的提倡與補救。事實上,臺灣縱使幾乎沒有上大學的門檻,但是考試壓力依然存在。為出人頭地,分數至上的心理更形嚴重,德育也只好繼續聊備一格。尤其不少人更以為像德育方面的課程,理當身教重於言教,所以要求教師透過日常生活去潛移默化。如此雖有理想性卻不切實際(但昭偉,2002b),眼前仍以改善課程內容,使其更能貼近大學生處境為最佳進路。

參、「兩課」與素質教育

一、從德育到「兩課」

大陸的「兩課」是大學必修課程,其中「思想品德課」比較偏重個體的道德教育,而「馬克思主義基本理論課」則屬集體性的政治教育。臺灣在上個世紀九〇年代教育改革以前也有類似的課程,像高中職的「三民主義」與大專以上的「國父思想」課。後來為因應社會變遷,逐漸轉型為「國家發展與立國精神」,但仍為必修,近年則大幅稀釋為各種通識選修課。這是有關政治教育方面的轉變;至於道德教育部分,宗教團體辦的學校較常列為必修課,例如天主教輔仁大學必修的「人生哲學」及「專業倫理」是其特色。大陸的德育既然長期存在「大德育」論述,其與「兩課」互通有無,可謂相輔相成,但不一定水到渠成。如果雙方有心互利共榮,則作為學科建設共同體的教研單位,首先必須放下本位觀念,嘗試去傾聽不同的聲音。

往深一層看,「兩課」其實不只兩門課,其中「馬克思主義基本

理論課」包括馬克思主義哲學原理、馬克思主義政治經濟學、毛澤東思想概論、鄧小平理論、「三個代表」重要思想概論等;「思想品德課」則包括思想道德修養、法律基礎、形勢與政策、職業道德等,而「思想道德修養」一科乃是由「人生哲理」和「大學生修養」結合而成(楊明編,2002)。由此可見,「兩課」足以分化出九至十門課,倘若規定大學生必修,則課業負擔無疑相當沉重;雖然二○○六年已統整為四門課(韓映雄、苑剛,2007),但是如果改為任由學生選修,則吸引力是否足夠不無問題(王業興編,2005)。在上述諸多科目中,結合人生哲理和大學生修養的「思想道德修養」,正是大學生思想道德教育的核心課程;其中在思想方面有所堅持,亦即推動社會主義道德教育(李毅紅,2007)。

目前大陸高校的德育內容大致包含三部分:思想政治教育、道德教育、心理健康教育;思想政治教育分為思想教育與政治教育兩方面,其中思想教育關注於大學生的世界觀、人生觀與價值觀;至於上述道德教育則討論社會責任、生態環境、義利、誠信等議題(韓映雄、李華萍,2006)。姑不論學生的反應為何,以思想政治教育為主軸的「兩課」在大陸肯定屬於顯學,既有「思想政治教育學」的學科建設(倉道來編,2004),更有成立二十多年的「全國高等學校思想政治教育研究會」之設置(周遠清編,2007),這些都是一門學科共同體卓然成型的具體表現。不過既然體現為一門學科,就必須與更大範圍的學術共同體接軌,不能劃地自限,更不應挾意識型態以自重,這點在臺灣的經驗可為殷鑑。

二、素質教育

臺灣當局長期尊奉孫中山思想,而孫中山晚年「以俄為師」,一度反映在新中國的各種政策執行上,教育也不例外。不過隨著改革開

放與全球化浪潮的衝擊，以意識型態為主調的思想政治教育，即面臨
必須改弦更張的壓力。臺灣自從一九八〇年代「解嚴」以後，思想課
程逐漸起了大變化，而培養相關師資的各大學「三民主義研究所」，
紛紛改名為「國家發展研究所」。無獨有偶大陸的「馬列主義與毛澤
東思想研究所」也轉型為「社會發展研究所」。自此以後，兩岸的大
學思想政治教育就開始融入通識教育或素質教育課程之中，毋寧這是
可喜的現象。大陸全面推進素質教育，被視為明確了本世紀教育改
革和發展方向的戰略思想，更是一項全方位的教育理想（袁振國，
2000）。

　　「素質教育」是大陸特有的教育實踐，最早出現於上世紀八〇年
代中期，主要係針對中小學過分偏重「應試教育」的改善創新之道。
至九〇年代中期，它向上發展至大專院校，體現為文化素質教育，以
修正高校強調專門與專業教育的窄化現象，這又與臺灣自八〇年代
中期開始實施的大學通識教育有異曲同工之妙（袁振國，2004）。
「素質」一般多指人類個體的發展潛能，與先天秉賦予後天學習皆有
關聯，文明即由此而生；大陸上隨處可見的提倡文明運動，可視為全
面推進素質教育的一環。素質教育的內容早先包括生理素質、心理素
質、文化素質三方面（毛家瑞、孫孔懿，2001），後來則針對大學
生加上思想政治素質、道德素質、法律素質、科學技術素質、人文素
質、思維素質、創新素質、審美素質等內容（李玉華、李景平編，
2001），更強調智慧與非智慧因素的兼顧（王立新、鄭寬明、王文禮
編，2005）。

　　令人矚目的是，大陸共青團於二〇〇二年與教育部及全國學聯開
始聯合試點實施「大學生素質拓展計劃」。這項計畫以開發大學生人
力資源為著力點，朝六個方面提高學生綜合素質：思想政治與道德素
養、社會實踐與志願服務、科技學術與創新創業、文體藝術與身心發
展、社團活動與社會工作、技能培訓等。計畫一開始就指出：大學生

將成為發展知識經濟的主力軍，知識經濟對大學生素質提出了新的要求（楊岳編，2004）。當中國受到全球性知識經濟興起的衝擊，勢必要面臨社會主義初級階級的現實，以及通過社會主義市場經濟來建設中國特色社會主義的現實（沈壯海，2005）。換言之，社會主義理論與實踐必須與時俱進，而以此為基礎的思想政治教育也需要同步改善創新，這正是「兩課」所面臨的挑戰。

肆、融素質教育哲學於「兩課」

一、素質教育哲學

　　素質教育是大陸本土的產物，其概念最早出現於一九八二年，在一篇名為〈德育過程的階段說〉文章中，指涉對於學生的道德素質教育。由此可見，素質教育與德育淵源深厚，如今將「大德育」意義下的「兩課」落實在素質教育中，可說具有一定的合理性與正當性。鍾志賢（2004）從闡釋學的視角，分析出素質教育具有兩種需要：人的發展需要、時代社會的發展需要；三個發展：個性發展、全體發展、全面發展；兩個注重：注重潛能開發、注重創新和實踐能力；一個運作精神：以實施和宏揚主體性教育為主。這可視為一整套素質教育哲學。闡釋學即是解釋學或詮釋學，金生鈜（1999）提出解釋學意義下的教育哲學，發現「理解」作為核心概念與價值，據此考察教育意義的生成、受教育者的精神建構、師生交往關係的建構，以及課程建構等，這些詮釋對素質教育的實踐深具啟發價值。

　　無論是廣義的德育或狹義的道德教育，皆牽涉到教育者與學習者對它的理解；一旦理解產生誤差，則教育實踐便隨之偏離。張祥雲（2004）指出大學德育的三大誤區：忘我論、工具性目的、外在

化。此三者經常糾纏在一起,使得教學與學習活動變得刻板、被動、毫無生氣。事實上,大學各科系所傳授的實用知識,原本即擁有功利性價值,各種專門與專業教育的目的,主要在於訓練一技之長以謀生餬口;即使是理論知識,也因為深度化、客觀化的學術要求而顯得疏離。相形之下,為彌補大學專業教育所見日小、事不關己的弊病,始有文化素質教育或通識教育的提倡。推動素質教育不能再用傳統那一套,而必須突破創新;饒異倫(2001)發現成功關鍵在於開發創新能力、發展創造性思維與進行創造性勞動,也就是強調知行合一、推陳出新。

就知行合一的要求來看,大陸高校文化素質教育的理念與實踐,都較臺灣的通識教育來得廣泛;源自美國的通識教育主要強調知識的廣度,肇始於本土的素質教育最終則要求民族素質的提升。後者似乎已達於生命教育的內化層次,這便提供了「兩課」相當大的揮灑空間。前面曾論及,臺灣當局所推動的生命教育正式課程,倫理學和人生哲學就占了一半,可說不脫德育範疇。如果我們不要太嚴格要求,則素質教育、通識教育、生命教育、道德教育、德育、「兩課」等,雖然名稱各異,但多少具有一些交集與同質性,可以互通有無、相輔相成,甚至互利共榮。但是在現實教學場域,它們卻是各自為政、不相聞問,甚至互相猜疑。理由無他,資源分配的利益衝突而已;用傅柯說法,其中不乏「知識——權力」的流動,從而影響整體教育的推陳出新。

二、「兩課」的推陳出新

「兩課」最大特色乃是它不只為兩種課程,更屬一套政策;從臺灣觀點看,它多少涉及一些既得利益,因此要改革起來並非很容易。以個人經驗為例說明,筆者在讀哲學博士班時到高校兼課,講授單學

期的「哲學概論」之類入門課，難免無以為繼；有回意外接下「國父思想」一科，得以全學年不必為排課發愁。當年臺灣的高中及大專思想政治課，屬於三民主義研究所畢業生的專利，倘若師資不足，則首先開放給社會、政治、經濟研究所畢業生講授，其次才輪到哲學研究所，至於其他系所就完全沾不到邊。哲學勉強擠進門，是因為《孫文學說》一書被視為哲學著作；而社會、政治、經濟三者則反映出三民主義的三大關注面向；當然把三民主義融會貫通，才算得上是最恰當的師資。筆者舉出親身例證，只為顯示臺灣過去的保守心態與作法，目前則已事過境遷、海闊天空。

時代與社會不斷變遷，當三民主義從大學入學考試退場，高中與大專課程便走向聊備一格的地步，近年則幾乎已完全進入選修課的途徑。這是臺灣獨特的歷史社會因素使然，大陸雖然不見得走上相同道路，卻可視為殷鑑而加以未雨綢繆，調整步調，自推陳出新中漸入佳境，而非讓「兩課」流於邊緣化。當然，作為政策它仍然保有一定的風光，但是隨著知識經濟的發展，總不能不同步創新。革新之道無他，落實「針對性」而已（孫權，2007）。所謂「針對性」正是因材施教；課程設計不宜全盤灌輸，而應因勢利導，盡可能把「兩課」與不同專業進行統整。統整的目的不在於把教材內容推銷出去，而是嘗試把學生的心思吸引過來；要講學生聽得懂、感興趣的話題，方能達到潛移默化的效果。如果可能的話，用體驗活動搭配課堂教學，也許更生動活潑。

「兩課」中的「思想品德課」涉及個人生涯，尚能吸引學生的注意，一旦講到政治思想方面及「馬克思主義基本理論課」，若是沒有較佳教學技巧，年輕人恐怕就會興趣缺缺了。其實社會主義是新中國的立國精神，今日中國快速發展，積極與全球接軌，甚至在國際舞臺扮演舉足輕重的角色，不能不說是中國特色社會主義發揮了作用。現行社會主義雖具中國特色，卻也有可能成為人類的共同價值觀；西方

學者認為全球化需要全球倫理，人類和平的未來更需要共同價值觀的
教育（秦行音，2007）。社會主義思想非但不必自外於國際潮流，更
應努力將之推廣，使其蔚為主流。以此為內涵的「兩課」，若想在高
校中維持其地位於不墜，主動尋求與其他學科及專業對話，降低意識
型態，凝聚學術純度，方能真正推陳出新，歷久彌新。

結　語

　　筆者在臺灣推動通識教育與生命教育超過四分之一世紀，希望
為自己也為學生安身立命。人的生命既然無逃於天地之間，理當學會
如何頂天立地，並與天地合其德。大陸高校的「兩課」既觸及個體生
命，更彰顯民族生命，倘若能放下本位立場，尋求跨領域、跨學科的
對話，用一個譬喻的說法，便得以從「神學」擴充並落實至「人學」
的境地。神學屬於傳統精髓，西方古老大學以神學、法學、醫學、哲
學為四大支柱，至今猶然。它代表著民族文化的傳承，西方有希臘與
希伯來文化，我們則有中華文化。中學時讀三民主義，聞其上接孔孟
之道統，而三民主義的精神實近乎社會主義。如今中國特色社會主義
若能成功通過「兩課」的實踐而銜接上中華文化道統，則不啻華人之
光、全民之福。講理、適性、怡情的教育活動，不正是造福下一代的
重要法門嗎？

參考文獻

中共中央辦公廳（2002）。〈中共中央關於進一步加強和改進學校德育工作的若干意見〉。載於（大陸）教育部政策研究與法制建設司編，《現行教育法規與政策選編（中小學教師讀本）》，頁383-391。北京：教育科學。

毛家瑞、孫孔懿（2001）。《素質教育論》。北京：人民教育。

王立新、鄭寬明、王文禮編（2005）。《大學生素質教育概論》。北京：科學。

王坤慶（2001）。《現代教育哲學》。武漢：華中師範大學。

王業興編（2005）。《高校「兩課」教學中難點問題研究》。北京：人民。

石中英（2001）。《知識轉型與教育改革》。北京：教育科學。

石中英（2007）。《教育哲學》。北京：北京師範大學。

但昭偉（2002a）。《思辯的教育哲學》。臺北：師大書苑。

但昭偉（2002b）。《道德教育──理論、實踐與限制》。臺北：五南。

李玉華、李景平編（2001）。《大學生素質論》。西安：西安交通大學。

李家成（2006）。《關懷生命：當代中國學校教育價值取向探》。北京：教育科學。

李琪明（2007）。〈德育理念與實踐〉。載於教育部編，《德智體群美五育理念與實踐》，頁9-53。臺北：教育部。

李毅紅（2007）。〈人的全面發展理論與大學生的思想道德教育〉。載於當代大學生思想道德教育研究課題組編，《當代大學生思想道德教育的理論與方法》，頁1-20。北京：北京大學。

沈壯海（2005）。《思想政治教育的文化視野》。北京：人民。

周遠清編（2007）。《開拓進取　求索創新──全國高等學校思想政治教育研究會成立20周年紀念文集》。北京：科學。

邱偉光、張　雲編（2003）。《新編大學德育》。上海：復旦大學。

金生鈜（1999）。《理解與教育──走向哲學解釋學的教育哲學導論》。北京：教育科學。

倉道來編（2004）。《思想政治教育學》。北京：北京大學。

孫　權（2007）。〈高職德育的成效在於因材施教〉。《教育與職業》，563，

54-55。

孫效智（2004）。〈當前臺灣社會的重大生命課題與願景〉。《哲學與文化》，364，3-20。

秦行音（2007）。〈道德教育的新思想和實踐——「正規教育中共同價值觀教育」國際研討會報告〉。載於朱小蔓編，《對策與建議——2006-2007年度教育熱點、難點問題分析》，頁413-419。北京：教育科學。

袁本新、王麗榮（2007）。《人本德育論——大學生思想政治教育的人文關懷與人才資源開發研究》。北京：人民。

袁永和（2005）。〈「兩課」教學吸引力不足的原因探析及對策〉。載於王業興編，《高校「兩課」教學中難點問題研究》，頁301-310。北京：人民。

袁振國（2000）。〈全面推進素質教育：21世紀中國教育的方向〉。載於金一鳴編，《中國社會主義教育的軌跡》，頁567-587。上海：華東師範大學。

袁振國編（2004）。《中國素質教育政策研究》。濟南：山東教育。

張文質等（2006）。《生命化教育的責任與夢想》。上海：華東師範大學。

張祥雲（2004）。《大學教育：回歸人文之蘊》。廣州：中山大學。

陳桂生（1997）。《「教育學視界」辨析》。上海：華東師範大學。

陸有銓、程紅艷（2002）。〈教育哲學〉。載於葉瀾編，《中國教育學科年度發展報告·2001》，頁35-61。上海：上海教育。

程　勝（2001）。〈德育〉。載於瞿葆奎編，《中國教育研究新進展·2000》，頁306-341。上海：華東師範大學。

黃　藿（2002）〈哲學思考與教育哲學〉。載於黃藿、但昭偉，《教育哲學》，頁23-62。臺北：空中大學。

黃向陽（2001）。《德育原理》。上海：華東師範大學。

楊　岳編（2004）。《大學生素質拓展計劃理論與實務》。北京：中國言實。

楊　明編（2002）。《思想道德修養》。南京：南京大學。

楊東平（2003）。《艱難的日出——中國現代教育的20世紀》。上海：文匯。

葉　瀾（2002）。〈總述：構築中國教育學科發展的世紀新平臺〉。載於葉瀾編，《中國教育學科年度發展報告·2001》，頁1-8。上海：上海教育。

葉　瀾（2007）。〈總論：在裂變與重聚中創生——2001-2005年中國教育學科發展評析〉。載於葉瀾編，《中國教育學科年度發展報告·2005》，頁

1-15。上海：上海教育。

趙　彧（2007）。〈生命化德育與「生態」德育〉。載於鄭金洲編，《中國教育研究新進展・2006》，頁229-254。上海：華東師範大學。

趙志毅（2004）。《文本與人本──高校德育方略研究》。南京：南京師範大學。

劉　慧（2005）。《生命德育論》。北京：人民教育。

劉慧芬（2007）。〈網絡道德建設〉。載於鄭金洲編，《中國教育研究新進展・2005》，頁286-308。上海：華東師大學。

鍾志賢（2004）。《深呼吸：素質教育進行時》。北京：教育科學。

韓映雄、李華萍（2006）。〈高等學校德育工作研究〉。載於謝安邦編，《中國高等教育研究新進展・2004》，頁293-330。上海：華東師範大學。

韓映雄、苑　剛（2007）。〈高等學校德育工作研究〉。載於謝安邦編，《中國高等教育研究新進展・2006》，頁290-322。上海：華東師範大學。

簡成熙（1997）。〈導論〉。載於簡成熙編，《教育和哲學──二十世紀末的教育哲學》，頁1-10。高雄：復文。

簡成熙（2004）。《教育哲學：理念、專題與實務》。臺北：高等教育。

饒異倫（2001）。《文化素質教育的研究與實踐》。長沙：湖南人民。

歐陽教（1998）。《教育哲學導論》。臺北：文景。

1-3

從學生生命教育
到教師生命教育

（2008）

引 言

　　與其說這是一篇客觀分析的學術性論文，不如視之為有心文以載道的概念性文章；我無意為哲學思辨的結果做嚴謹的論證，倒是希望敘說自己的生活故事和譜寫嚮往的生命情調，這或許就是所謂「後現代狀況」罷！源自西方的「後現代」概念搬到臺灣來，有個令人料想不到的妙處，那便是可以「各自表述，各取所需」，一如某些「知識無政府主義者」所楬櫫的「海闊天空」意境。而在臺灣蔚為流行、歷久不衰的生命教育論述，亦有同樣妙處。目前生命教育已經成為所有高中學生的正式課程，我一度對各級學生的受教，關注長達十年之久；如今則轉移焦點，反身而誠，越發關心起教師及成人的生命教育來了。此外行文多指「華人」，實有著盡量擺脫西方全球化和臺灣在地化，而嘗試回歸中華本土化理念的用心。這些「劃地自限，自圓其說」的「局部知識」提法，都是一開始必須言明的。

壹、學生生命教育的提倡

　　儘管有些學者會把「生命教育」概念的提出，上溯到一九九七年在澳洲成立的「生命教育中心」（但昭偉，2002a；陳德和，2006），不過從它在臺灣的發展脈絡看，這樣卻是無關宏旨的。事實上，「生命教育」一詞於一九九七年躍上臺灣的教育舞臺，多少有些偶發性質；它當時只不過是臺灣省政府教育廳想把臺中市曉明女中行之有年的「倫理教育」課程與教學，順水推舟普及到全省各國、高中裏面去，所採用的一個不刻板、較正向、更光明的稱謂（錢永鎮、馮珍芝編，1998）。此後十餘年間，由於學生自殺、精省、地震、政黨輪替種種因素，生命教育時起時落、載沉載浮，終於修成正果，成為高中

新課綱的正式課程，自二〇〇六年起推出八門科目。對這套官方課程的發展歷程，有學者將之寫成博士學位論文，做出詳盡的知識社會學分析與批判（徐敏雄，2007），值得參考。

　　臺灣生命教育的提倡，在兩岸四地以及星馬等地華人社會，原本可謂獨樹一幟；但是隨著書籍與網路發達的知識擴散效果，本世紀初已逐漸看見華人世界出現多元發聲現象，其中尤以大陸為最。例如上海市教育委員會（相當於直轄市教育局），便於二〇〇五年印發一份《上海市中小學生生命教育指導綱要（試行）》的通知，作為推行全市德育工作的一環。既然生命教育已見各自表述的趨勢，乃有「臺灣生命教育」的明確意識表陳，像佛教靈鷲山教團所屬世界宗教博物館出版的《生命教育半年刊》，創刊號主題即是〈臺灣生命教育的省思〉（世界宗教博物館，2006）。而佛教慈濟大學宗教與文化研究所前所長余德慧（2007）一篇討論「臺灣生命教育」的論文，更清楚將論述生產中的臺灣文化傳統與中國文化加以區別劃分。

　　我想討論的只是為廣大華人社會所用、一般意義下的生命教育理念，而官方所推行者卻另有玄機。蓋特定意義的「生命教育」，原係全盤挪用一所天主教女子中學國、高中六年課程的教材與精神，而這套課程的前身乃是宣導教義的「倫理教育」；即使被省教育廳以「生命教育」為名大力推動，仍保有其一貫的天主教風格，至今猶然，只是重要推手已由高中教師升級為大學教授及校長。源自天主教會的「生命教育」先後受到省教育廳和中央教育部青睞，一步步走向部定正式課程，難免引起其他宗教團體和中華文化學者的側目。好在正式課程只放在高中實施，大專以上和國民中小學及幼稚園並未受限，也讓一些民間團體或具宗教背景的文教基金會擁有揮灑空間。

　　一如前述，在臺灣教育改革的後現代處境中，提倡生命教育大可「各自表述，各取所需」，除非為了爭取經費而積極靠攏，否則「上有政策，下有對策」的情況隨處可見。官方的「生命教育」論述與實

踐已經大張旗鼓上陣，然而它在教育學者眼中只是「綜合了西方亞里士多德的倫理觀、自由主義（或個人主義）對人的設定、儒家的價值體系和一點佛家的生死觀」（但昭偉，2002a：169）；儒家學者則認為它「其實就等同於自古至今人類世界中所已然存在並進行著的『教育』，……只是個多此一舉、多此一言的餘行贅詞而已」（陳德和，2006：24）；至於文化學者則擔心它「對文化的適性缺乏歷史性的考察，……縱然獲得『似乎』富有啟示的教材，卻無法被自己的文化子民涵化」（余德慧，2007：121）。看來官方的正式教育尚未正式上場，問題卻出現一籮筐。

面對此一立場紛歧現象，我的看法是「異中求同，同中存異」；何況高中正式課程雖然有部頒的課程大綱，但其中也明示「教師必須把握『態度必須開放，立場不必中立』的原則來授課，並協助學生準此原則來學習。」不過我所關心的事情，乃是學生的生命教育有老師教，而老師的生命教育從何而來？這是師資培育的責任，也屬於成人教育的一部分。問題是，師資培育教育學程因為待業教師太多，以及少子化的緣故，再加上還有檢定考試的關卡，使得大學生望而卻步。如今最能夠著力之處，反倒是已經擔任中小學教師者回流去讀的在職進修碩士專班。此刻研究所開授的有關生命教育課程，不但要討論學生教育的教材教法，更需要涉及為人師表如何安身立命的成人教育。

貳、生命教育、倫理教育、德育與美育

平心而論，像生命教育這般理想高遠的教育活動，一旦出了校門，恐怕會有無以為繼之虞。臺灣的「生命教育」啟動了十年以上，好不容易捱到正式的身分，卻也不斷受人質疑它是否有疊床架屋之嫌？或僅是新瓶裝舊酒？乍看之下，高中課程裏的八科除一門概論課

外，其餘四科都屬於哲學範疇，當中三科更是不折不扣的倫理學。過去人們小學上「生活與倫理」，國中念「公民與道德」，到了高中除了「公民」外再加上「三民主義」，這些都可以視為德育和群育的科目；今後高中生除「公民與社會」必修八學分外，「生命教育類」的「生命教育概論」、「哲學與人生」、「宗教與人生」、「生死關懷」、「道德思考與抉擇」、「性愛與婚姻倫理」、「生命與科技倫理」、「人格統整與靈性發展」等十六學分中至少要選修一學分。

　　相對於社會領域「歷史」、「地理」、「公民與社會」共計二十四學分的智育知識課程，「生命教育」區區一學分的德育情意課程看來的確似有若無；何況搭配的另外一學分還是實用性的「生涯規劃」。面對此情此景，我不禁要問：我們到底要教給孩子什麼？從二○○五至二○○六年，我花了一年時間主持教育部《九年一貫及幼稚園生命教育課程大綱與教學示例》專案研究計畫，目的正是把高中新課綱內的「生命教育類」課程，向下紮根至國民中小學及幼稚園；無奈成果報告上繳後，至今也未見下文。不過事情終究會有轉機的，再說不少民間及宗教團體也確實在中小學默默耕耘，生命教育隨處可見開花結果的現象。這使得我逐漸把焦點和注意力，從孩子身上轉移到老師，甚至是社會大眾身上，尤其是探問成年人是否也需要接受生命教育？

　　依照終身學習及生命教育的雙重理想看，成年人當然應該受教，但充其量只能靠社會教育和自我教育的管道來進行，其中又以後者較具關鍵性。如今社會教育管道主要有各地的空中大學、社區大學和社教機構等，參與者也多係中年以上成年人，但根據我個人投身其中前後二十餘年推動的經驗，情況似乎日漸式微。像一九八六年空中大學剛開辦我就去教「人生哲學」，至二○○八年上半年我還有一門「生死學」透過廣播頻道教學；雖然有兩、三千人選課，也只能說是潛移默化。既然一般意義下的生命教育，包括講授「人生哲學」、「生死

學」這類課程，大致就是對人們從事潛移默化的努力，就不免讓我對其內容有所反思，進而有心建構適用於華人社會的生命教育理念。這些理念較接近常識而非專門知識，它應該屬於德育及美育的實踐，而非智育的學習。

我心目中的華人社會，便是以漢民族所開創累積的中華文化為主要活動內涵的社會。「文化」在西方指一個民族的生活方式，在中國則看重「人文化成」的教化。「人文化成」思想源自儒家，其中「人文」的意義與「天文」相對照，而非西方與「神本」相對立的「人本」（鈕則誠，2004a）。就像基督宗教信仰在西方文化中根深柢固，儒家思想無疑是中華文化裏的顯學；不過長久以來道家思想在讀書人心目中並不遑多讓，外來的佛家思想也有一席之地。儒、道、佛三家構成中華文化的大傳統，講華人生命教育，不能忽視這些傳統文化精神和當前時代氛圍。學校生命教育在臺灣主要是把中學的倫理教育向上下延伸擴充，在大陸則銜接上「大德育」意義下的思想政治教育；倫理教育接近個體化的「德育」或「道德教育」，至於「大德育」則強調國家民族的集體性（鈕則誠，2008a）。

生命教育固然可以宣揚國家民族的大道理，儒家對此已經進行了幾千年；但是放眼看今日兩岸四地，不管是資本主義還是「中國特色社會主義」的社會，一個人主要關注和優先考量的，還是自己的生老病死。然而個體既無逃於天地之間，又必須與別人建立關係，於是人們的眼光就會向自身之外遊移，生死學、人生哲學也就擴充為倫理學。倫理學在西方走「異中求同」的道路，相同的倫理道德原則適用於所有人；到了中國卻「同中存異」，同一個人在「五倫」中所處的各種位置，而與他人形成不同的對待方式。我們的倫理教育從小教起，但是常要等到長大至一定年齡方才有所體悟。至於中年以上的成年人，討論生死學、人生哲學或人生美學，也許比倫理學更為實用；換言之，年過半百，如何「安身」恐怕較「立命」來得更迫切而重要。

參、朝向華人教師及成人生命教育轉化

　　「華人生命教育」的提法，源自我之前出版的《教育哲學——華人應用哲學取向》一書（鈕則誠，2004b）；當時我想以中國人生哲學為基礎，發展一套哲學化的教育學論述，用以改造時下科技掛帥的教育活動以及學理論述。我知道專門甚至專業科技知識的傳授不可或缺，但是作為一個人「生命情調的抉擇」（劉述先，1974），則非但沒有必要用科技來框限，更應該靠情意來彰顯。這種哲學化的教育理念在精神上與臺灣官方的「生命教育」頗能呼應，但實質內容則大異其趣。前面曾論及，「生命教育」脫胎於一所天主教女中的宗教化「倫理教育」，其西化的根源和程度相當深厚。我自己畢業於天主教大學，曾服務於佛教大學，對此能夠理解與體會，卻與我身為華人的文化底蘊不太能夠契合，乃希望另闢途徑，自成一說。

　　為此我寫了一本《教育學是什麼》（2005），開宗明義即指出，自己的寫作有其根本觀點與立場，其內涵為「中國人文自然主義」，希望在當前華人社會提倡「儒陽道陰、儒顯道隱、儒表道裏」的「後現代儒道家」思想，以培育「知識分子生活家」的理想人格，此種人格具有「後科學、非宗教、安生死」的特質。我嘗試提倡一種用於華人社會的情意教育論述，彰顯「從人生看宇宙」的儒道融通式人文自然主義，並反映出「新中體西用」或「中體外用」的後殖民觀點，更要體現「以敘事代論證」的後現代精神。世間不存在「沒有顏色的思想」，重點在於主體性反思與開放性對話。中華文化主體性於華人社會需要被凸顯，否則教育一味追隨西化路線，就不知為誰而教、為何而教了。

　　我心目中的「中華文化主體性」其實就是一般常聽聞的「本土化」，更早曾稱作「中國化」，與之相對的乃是「外來化——西化——現代化——全球化」（葉啟政，2001）。至於臺灣長期以來上上下下

炒作的「本土化」議題，如果撇開政治上的企圖不論，放在中華文化的脈絡裏面看，只能視為「在地化」。文化在地化沒什麼不好，我即認為在臺灣談生命教育，不能讓宗教信仰團體專美於前，民俗信仰與信仰淡薄的人生信念同樣使得上勁。鄭志明（2004；2006）和余德慧（2007）都注意到在地民俗信仰的生命教育意涵；我則自認為屬於但昭偉（2002b：40）所指「在臺灣的中國人」，對「中國文化及中國傳統式的生活」有著嚮往，希望將之倡導為有用於華人社會的成人生命教育。此處所指「有用」已非生涯規劃或世俗功利，主要著眼於面對生死的身心安頓。

生死學於一九九三年在臺灣問世，至二〇〇八年已有十五年，我對之從事教學與研究共計十三年，總覺得「生」與「死」兩個概念糾纏不清，落實於教育活動上更是「各自表述，各取所需」，例如生命教育、生死教育、死亡教育三者的異同（蔡明昌，2002）。最近我從佛陀的教誨中獲得啟示，祂講生老病死皆是苦；一個人邁入成年後，就會開始對這種生死流轉有所迷惘和領悟。包括所有教師在內的成年人，除了發展事業外，多少都必須學得如何「安生死」，否則一旦面對各種死亡的傳聞，難免人心惶惶。社會上一方面自殺事件層出不窮，一方面又見許多人貪生怕死；我身為已進入中年並步向老年的成人，在從事對學生及教師的生命教育教學研究之餘，不時捫心自問：我的生命教育為何？而「後科學、非宗教、安生死」正是我的指導綱領與策略進路。

「後科學」是自覺擺脫西方科學論述，尤其是社會科學意理的羈絆，尋回自家本事。關於這一點，社會學者葉啟政（2007）在網路上流傳一篇文情並茂的退休感言〈臨別前的告白〉，表達得十分清楚。他以社會學為例，慨嘆：「就學術發展而言，我一直認為，我們還是一直讓自己處於邊陲的地帶，幾乎絲毫沒有力圖突破的跡象。……林林總總的改變之中，卻有一樣是不變的，那就是一切緊跟著西方流行

的主流學風走。」至於對「非宗教」的描述，生死學原創者傅偉勳說得好：「儒家與道家對於傳統中國人的思維模式與生死態度，各別所留下的影響都一樣深遠。儒家倡導世俗世間的人倫道德，道家強調世界一切的自然無為，兩者對於有關……超自然或超越性的問題無甚興趣，頂多存而不論而已。」（1993：156）我對上述兩位學者的說法深有所感，遂從「後科學、非宗教」的途徑來安頓生死，以下便是我的心得。

肆、審美倫理學與人生美學

　　作為哲學學習者和教學者前後三十五年，我從極端西化的科學哲學與生命倫理學知識，一路走向生死學及生命教育，逐漸悟出牟宗三（1970）和傅偉勳（1994）所發揚的「生命的學問」之真義。有關「生命」的科學與哲學論點，蔡耀明（2008）有所界說及釐清。但我還是傾向將它視為一項隱喻，能夠意會卻不易言詮；何況近來有學者提出搭配美學觀點：「可以經營出由調整生活脈絡裡的隱喻佈局，而調節人際之間的心緒、心思和行動，且帶來創意及實用後果的哲學論述。」（鄧育仁，2008：2）如此說來，藉著情意式、體驗性的生命教育，用抒情取代說理，也許真的會營造出令人意想不到的潛移默化效果。尤其是對於各級學校教師及一般成年人，以其人生閱歷作為背景，自我生命教育大可不拘形式揮灑自如。

　　一般多認為二十歲為真正法定成年，古代也以此為「弱冠」，之後就開始過成年人的生活，直到老死；事實上，青壯年、中年、老年都屬於成年範圍。西方的人類發展學把二十至四十五歲視為成年前期、四十五至六十五歲為成年中期，接著就進入老年期，亦即成年後期（陳若琳編，2005）；心理諮商學劃定的中年期較長，涵蓋三十

至六十五歲之間，並謂其特色為「走出自己的世界」（李茂興譯，1998）。這多少意味成人不能再年少氣盛、自以為是，必須多考慮自己與別人的關係，如此便涉入倫理學思維。我以自身體驗反思，覺得西方觀點固然有其參考價值，但是孔子的生命階段說更是貼切，從而主張視三十歲「而立」通過「不惑」到五十歲「知天命」是一個人的倫理學時期，此後則進入「耳順」及「從心所欲」的美學時期；兩者非截然劃分，而是像光譜漸層式相輔相成，彼此融通。

　　這裏反映出一套成人生命教育的哲學思考；鄧運林（2001）對成人教育、成人教育哲學及成人教師教育哲學做出分判，另有一群學者對在地的教師教育哲學集思廣益（但昭偉編，2006），而教育部也曾經進行成人生命教育教師專業素養的專案研究（余嬪，2002）。我為人師表二十五年，目前關注教師生命教育。教師是一項專業，「三十而立」大致不差，代表生活已經安定下來，可以逐步實現理想了。專門知識的追求至「四十而不惑」，生命學問更待「五十而知天命」，這二十年間除了教學活動外，還有些職場責任，譬如擔任行政工作，就當作是人生歷練罷！但是年過半百後，理當盡可能放下教學本業以外一切閒雜事等，以回歸自我。教師是各行各業中少見擁有寒暑假的專門職業，中年實在用不著坐在中階管理者的位子上，它不但容易被組織扁平化，更是對生命情調的一大斲喪。

　　早入行的教師有人五十歲以前便退休了，從此閒雲野鶴，周遊列國，誠一大樂事也。大專教師還有所謂「第二春」，但重點在於一路走來是否能夠「閒賞」，這點還是葉啟政（2007）形容得最傳神：「選擇這樣的一種自認較為安適的生活方式來安頓自己的生命，正是我所以選擇教書生涯最重要的工具理性考量因素。我求的只是有著可以對日常生活從事一種『閒人』形態之藝術經營的機會。……長期以來，這卻是我自己真實的感覺，更是對生命確立意義的一種自我定位。」此即我所提倡的教師生命教育核心價值，它體現出一種審美倫

理學與人生美學，最容易在教師身上彰顯。其他職業雖不能至，但只要心嚮往之，盡量自我安頓，還是可以漸入佳境。「享閒賞情趣」是中國傳統文人的生命情調之抉擇，即使為官也不例外，蘇東坡便是代表。對當前科技掛帥下的成年知識工作者來說，這豈非生命教育最應該提倡的境界？

胡適（1996）認為倫理學即是人生哲學；馮友蘭（2005）則視倫理學為人生哲學的分支，因為人生哲學即是哲學中的人生論，其他二者為宇宙論和知識論。順著這種理路看，審美倫理學可以是帶有審美性質的人生論述，而人生美學更是直接面對人生的美感欣賞與反思。大陸有學者著書立說以建構審美倫理學，其結論一章便標榜〈美學是未來的倫理學〉（陳望衡，2007）。這是從古代西方及中國有關「善美統一」的思想引申下來的，我在此無法展開來講，卻反身而誠相信這種融通性的可能，亦即審美與道德之間具有本源性的聯繫（李詠吟，2006）。這也就是我在此想表達的一系概念和一個信念，那就是生命教育於三十歲以前是在科技環境中表現倫理關懷，三十至五十歲間要從倫理的社會實踐中逐漸回返自我，五十歲以後則知命而不認命以美感體驗獨善其身。

伍、人生藝術化與性靈生活

我必須承認自己的看法多少屬於個人性情使然，但是放眼看看時下的各種生命教育論述，那一種不是在反映某套人生觀點呢？順著我所援引的審美倫理學和人生美學路數，生命教育的具體實踐便是將人生藝術化與過性靈生活。臺灣官方「生命教育」的最高境界為「人格統整與靈性發展」，其中「靈性」概念深受西方宗教信仰影響；而在我的「非宗教」詮釋下，靈性即性靈，也就是一個人的真性情。有趣

的是，上個世紀在中國提倡「性靈」最力的，卻是一位基督徒林語堂（陳怡秀，2008）。周聯華牧師（1976）形容林語堂是不與教會團體互動的「存在的」基督徒，這正顯現出他不隨波逐流的真性情。宗教思想固然有其可取之處，但為傳教必然要形成團體活動，遂使得真性情的人陷入權力流動的泥淖中，終至與信仰無涉之窘境。

　　中國教育界有篇著名文章，流傳至今近九十年猶具深意，即蔡元培（2003：740）的〈以美育代宗教說〉。他發現宗教有意刺激人們的感情，不免產生權力鬥爭；而美育則屬陶養感情之術，若「以美為普遍性，絕無人我差別之見能參入其中」。蔡元培認為美感可以讓每一個體普遍分享，不必占有；宗教卻將個體納入團體，容易形成黨同伐異。然而真正的問題是，廣大華人社會的宗教成分其實相當淡薄，這並非今日社會主義中國才有，早在這之前，馮友蘭（2003：3）即指出「中國文化的精神基礎是倫理……不是宗教」；梁漱溟（2000：8）也強調中國人過的是「幾乎沒有宗教的人生」。凡此種種，無不呼應傅偉勳（1993）所提及，作為現世主義的儒道二家思想，對於具有超越性質的宗教信仰所持存而不論的態度。

　　我無意反對宗教，但是在推動華人生命教育的道路上，卻主張通過非宗教的信念去安頓生死。我與出身基督徒的林語堂類似，相當欣賞道家的生命情調；然而深知儒家思想仍是我身處社會「最低限度的道德要求」（但昭偉，2004：236），因此從善如流提倡儒道融通，並拈出「後現代儒道家」之說，以鼓勵大家學做「知識分子生活家」。知識分子即是有為有守的讀書人，如今人人都有機會讀書，剩下就看是否具備真性情去擇善固執；至於生活家的境界，不過是懂不懂得享閒賞情趣而已。說到這裏，我可以比較明確整理自己所提倡的教師生命教育理念與實踐：三十歲以前好好接受專門與通識教育；三十至五十歲以儒家式的社會倫理生活為標竿，盡量做個服務人群的知識分子；五十歲以後就要轉向道家式的人生美學，開始學做澹泊寧靜的生

活家，以生之悅樂來安頓老病死的接踵而至。

　　家父在抗戰期間當兵遇險，假扮出家人而躲過一劫；日後我偶入佛教大學服務，為還願乃發心皈依受戒，如今卻一切隨緣從俗。一來我的生命情調與印度傳入的「輪迴業報」之說不甚相應；二來我近年大力推展殯葬教育，越發肯定「輕死重生、厚養薄葬」才是正途，從而積極提倡環保自然葬（鈕則誠，2006；2007a；2008b）。我的自我生命教育途徑是「由死觀生，反璞歸真」；高中「生命教育」有「生死關懷」一科，我認為授課教師必須先通過自我教育，始能推己及人。一般中學教師總要到「三十而立」前後方才成家立業，這只是安身立命的起步；一旦活過中年，行將退休，老、病、死諸問題開始浮上眼前，則又是安身立命的另一個階段。「安身立命」之說來自佛教禪宗，其最通俗的解釋即是「安頓身心以彰顯生命」，無疑可以構成自我生命教育的方便法門。

　　教師及成人如何促成自我生命教育？我的建議是將人生藝術化，並且嘗試過性靈生活。在中國文學發展過程中，晚明時期的性靈小品獨樹一幟，深為後人喜愛（曹淑娟，1988）。這種文學作品反映出作者率真的性情、鮮明的個性及奇妙的靈感（吳兆路，1995），一切無不是「我手寫我心」使然。現代教師類似傳統文人，自有一道審美生活方式和途徑可以開發及創造（羅中峯，2001）。事實上，這就是人生藝術化的體現（杜衛編，2007）；人生藝術化經由審美生活方式及型態而落實，至於科學生活、倫理生活、宗教生活等，皆能融入其中。教師及成人的自我生命教育，可以透過對生活內容的欣賞體察、情意反思及性靈書寫等方式進行。多年來，我依此已出版四書（鈕則誠，2001；2007b；2007c；2009）、近三百篇小品文章，全都具有生命教育意蘊。

結 語

「吾十有五而志於學」，涉足哲學四十載，博覽而不專精，勉強分為對求真的科學與對行善的倫理兩面向之關注，各占二十年。近十年哲學在我的教育實踐中體現為生死學及生命教育，自覺未來將越發重視審美的性靈面向，乃形諸文字與有緣人分享。用性靈之美去涵攝科學之真與倫理之善，甚至信仰之聖，的確有其可能，至少身為教師的我在不斷嘗試，這也是我的生命教育哲學之實踐。兩岸四地及海外華人社會有越來越多學者教師及有識之士開始討論與重視生命教育，臺灣甚至把它發展成高中正式課程。面對各種觀點和作法，我出入其間多年，悟出「各自表述，各取所需」之妙諦；生命教育不正是我高中時代閱讀林語堂《生活的藝術》的感動體驗嗎？這本書伴我考取大學、拿到學位、當上老師，不能不說是從學生的生命教育到教師及成人的生命教育之心靈標竿，願以此與大家共勉。

參考文獻

世界宗教博物館（2006）。〈專輯主題：臺灣生命教育的省思〉。《生命教育半年刊》，1。臺北：財團法人世界宗教博物館發展基金會。

牟宗三（1970）。《生命的學問》。臺北：三民。

但昭偉（2002a）。《思辯的教育哲學》。臺北：師大書苑。

但昭偉（2002b）。《道德教育——理論、實踐與限制》。臺北：五南。

但昭偉（2004）。〈最低限度的道德要求〉。《現代教育論壇》，11，236-240。

但昭偉編（2006）。《教師的教育哲學》。臺北：高等教育。

余　嬪（2002）。《成人生命教育教師專業素養評鑑指標之研究》。臺北：教育部社會教育司。

余德慧（2007）。〈臺灣生命教育的社會文化介面及其論述的生產〉。《教育資料與研究專刊》，頁117-128。

吳兆路（1995）。《中國性靈文學思想研究》。臺北：文津。

李茂興譯（1998）。《追求未來與過去》（G. Corey與M. S. Corey著）。臺北：弘智。

李詠吟（2006）。《審美與道德的本源》。上海：上海人民。

杜　衛編（2007）。《中國現代人生藝術化思想研究》。上海：上海三聯。

周聯華（1976）。〈林語堂博士的「信仰之旅」〉。載於林語堂著，《信仰之旅——論東西方的哲學與宗教》，頁16-18。臺北：道聲。

胡　適（1996）。《中國哲學史大綱（卷上）》。北京：東方。

徐敏雄（2007）。《臺灣生命教育的發展歷程：Mannheim知識社會學的分析》。臺北：師大書苑。

曹淑娟（1988）。《晚明性靈小品的研究》。臺北：文津。

梁漱溟（2000）。《中國文化要義》。上海：學林。

陳怡秀（2008）。《靈性與性靈：林語堂思想在生命教育上的蘊意》。銘傳大學教育研究所碩士學位論文。

陳若琳編（2005）。《人類發展學》。臺北：啟英。

陳望衡（2007）。《審美倫理學引論》。武漢：武漢大學。

陳德和（2006）。〈儒家思想的生命教育理論——對諍於全人教育論、多元知能論和層次進步論〉。《鵝湖月刊》，367，24-33。

傅偉勳（1993）。《死亡的尊嚴與生命的尊嚴——從臨終精神醫學到現代生死學》。臺北：正中。

傅偉勳（1994）。《學問的生命與生命的學問》。臺北：正中。

鈕則誠（2001）。《心靈會客室》。臺北：慈濟。

鈕則誠（2004a）。《生命教育概論——華人應用哲學取向》。臺北：揚智。

鈕則誠（2004b）。《教育哲學——華人應用哲學取向》。臺北：揚智。

鈕則誠（2005）。《教育學是什麼》。臺北：威仕曼。

鈕則誠（2006）。《殯葬學概論》。臺北：威仕曼。

鈕則誠（2007a）。《殯葬生命教育》。臺北：揚智。

鈕則誠（2007b）。《觀生死——自我生命教育》。臺北：揚智。

鈕則誠（2007c）。《觀生活——自我生命教育》。臺北：揚智。

鈕則誠（2008a）。〈中國大陸高校「兩課」的教育哲學解讀：臺灣觀點〉。《哲學與文化》，408，95-108。

鈕則誠（2008b）。《殯葬倫理學》。臺北：威仕曼。

鈕則誠（2009）。《從常識到智慧——生活8×5》。臺北：三民。

馮友蘭（2003）。《中國哲學簡史》。北京：北京大學。

馮友蘭（2005）。《人生哲學》。桂林：廣西師範大學。

葉啟政（2001）。《社會學和本土化》。臺北：巨流。

葉啟政（2007）。〈臨別前的告白〉。網路版，7月10日。

劉述先（1974）。《生命情調的抉擇》。臺北：志文。

蔡元培（2003）。〈以美育代宗教說〉。載於張人傑、王衛東編，《20世紀教育學名家名著》，頁738-742。廣州：廣東高等教育。

蔡明昌（2002）。〈生命教育、生死教育、與死亡教育：發展背景與課程比對之探討〉。《教育研究資訊》，10（3），1-14。

蔡耀明（2008）。〈生命與生命哲學：界說與釐清〉。《國立臺灣大學哲學評論》，35，155-190。

鄭志明（2004）。《宗教的醫療觀與生命教育》。臺北：大元。

鄭志明（2006）。《宗教的生命關懷》。臺北：大元。

鄧育仁（2008）。〈隱喻：由認知模式到生活脈絡〉。《人文與社會科學簡訊》，9（3），2。

鄧運林（2001）。《成人教育哲學導論》。高雄：麗文

錢永鎮、馮珍芝編（1998）。《生命教育教師手冊》。臺中：臺灣省政府教育廳倫理教育推廣中心。

羅中峯（2001）。《中國傳統文人審美生活方式之研究》。臺北：洪葉。

輯二

承——在地發聲

2-1

求眞・行善・審美
——中國人學取向的
生命教育哲學

（2008）

引 言

　　二十一世紀的兩岸四地華人社會，既接受了後現代思潮的洗禮，也面臨著全球化的衝擊；傳統價值系統逐漸式微，新興觀點卻令人無所適從。人們從小到大的教育歷程，又多半在升學應試及學得一技之長當中打轉，於待人處世和生命意義之類課題幾無所涉，令有識者憂心忡忡，乃不約而同提出生命教育作為對策。在推動生命教育方面，臺灣起步較早，至今已積累了十餘年的經驗，大陸與港澳則有急起直追之勢。學校生命教育雖然強調體驗活動與生活實踐，但仍然需要有一定的理念支撐。我嘗試建構一套中國人學取向的生命教育哲學，以利於華人世界的生命教育教學推廣。教學的責任主要落在教師身上，倘若教師對於生命教育的理念有所體認與把握，或可得事半功倍之效。眼前即針對廣大各級教師群體而撰寫。

壹、生命教育論述

一、臺灣觀點

　　生命教育在臺灣最早出現於一九九七年，屬於地方政府的教育政策；兩年後由中央接手推動，其高峰是訂定二〇〇一年為「生命教育年」（徐敏雄，2007）。同年頒布的〈教育部推動生命教育中程計畫〉，象徵著官方正式宣示起步，並依此成立「推動生命教育委員會」。此一委員會在哲學學者孫效智的主導下，於二〇〇五年編出一套八科普通高中課程的暫行綱要，經過試行修正後，至二〇〇八年公布為正式課綱，規定自二〇一〇年起所有高中生必選一學分。孫效智（2004）分析當前臺灣社會重大生命課題的產生，主要源自媒體與閱

聽人的沉淪、婚姻與家庭價值的式微、工作與企業倫理的闕如,以及學術思想的後現代解構等;改善之道即是從終極課題、倫理思考和全人發展三方面,去建構及強化生命教育的內涵。

作為倫理學專家,孫效智的立場與觀點相對保守;但是在他的擇善固執下,讓大量的哲學論述融入生命教育卻屬其特色。不過如此一來,終不免引起教育學者的質疑;尤其是通過教育哲學的論證,以其人之道還治其人之身,更是官方論點所無法迴避者。其中但昭偉(2002)指出,生命教育在實務方面,具有中產價值觀的局限、籠統解決問題的不切實際,以及死亡觀的分歧等多重困難;在理念方面,問題更發生在對生命概念的含混不清。更猛烈的批判則來自李崗(2008)對生命教育所做出的概念分析,他以五大提問企圖揭露官方版生命教育的迷思:何謂生命?生命可教嗎?何謂生命教育?生命教育是否應成為一門科目?生命教育的理論基礎為何?然而它列入「九八課綱」正式推動,似乎已是箭在弦上之勢了。

二、大陸觀點

臺灣地小人稠,源自教會中學的生命教育原本無足輕重,卻在十年間經由政府提倡,再加上宗教團體大力護持,竟然發展成為八門高中正式課程,同時要求融入九年一貫及幼稚園的教學活動中,不免引起層層爭議和陣陣雜音。相形之下,大陸幅員廣闊,世紀初由臺灣傳播過去的生命教育理念,雖然陸續有幾個省市出現試點,但因為始終未形成為全國性政策,也就不致引起強烈攻訐。根據鄭曉江(2007)的考察,大陸開風氣之先推動中小學生命教育的遼寧省及上海市,其實是遵奉中央「進一步加強和改進未成年人思想道德建設」的意見而施行;換言之,各地方的生命教育可視為中央思想道德教育的一環。但是既然別立名目,遂引起不少學者提出自己的見解,且大多有試圖

擺脫傳統窠臼的傾向。

　　中國是一個社會主義國家，政策上強調集體主義，乍看之下似乎與生命教育所凸顯的個體生命價值不太呼應。但是現實生活中，由於改革開放三十年來所造成的世風日下、價值乖違，使得教育活動不得不從個體身心著手，以全面改善與提升民族素質。安頓身心不宜太剛烈，最好是保持一定的柔軟度。大陸的學者專家不約而同表達一些柔性論述，像河南大學的劉濟良（2004）提出生命教育的「詩情守望」乃是對美好人生的建構，南京師範大學的馮建軍（2004）則希望生命在教育中「詩意地棲居」，福建師範大學的張文質（2006）更表示自己曾經「虛靈而又深情地描摹」心目中的生命化教育。這些情意面的話語，在在顯示出大陸正方興未艾的生命教育論述，不但有軟化思想道德教育的傾向，更有淡化集體主義，彰顯個體價值的特性。

三、華人生命教育

　　生命教育的理念與理想由官方流向民間，無形中產生了以柔克剛的作用。我身為應用哲學學者，對生死學進行學科建設，並且長期持續在海峽兩岸推廣生命教育，屬於民間學術的不斷努力。由於生命教育終究必須落實在個體身上，而個體對於來自官方和民間各自表述的觀點，大可各取所需，不必一概而論。基於此一開放前提，我乃嘗試提出一套「華人生命教育」的論點，以提供學習者多元選擇。標榜「華人」概念，其實有著特定的時空脈絡意義。話說我於二〇〇三年秋季五十歲前夕，曾經前往四川大學從事短期講學，見大陸一切拼經濟，返臺又適逢總統大選日漸白熱化，上下一切拼政治。兩岸各有所圖無可厚非，但用心過甚卻往往出現後遺症。此即社會上對於教育文化趨於功利，並對倫理道德棄之不顧，亟待改過遷善，推陳出新。

　　為此我便以「華人應用哲學取向」為副題，先後撰成《教育哲

學》（鈕則誠，2004a）與《生命教育概論》（鈕則誠，2004b）二書，揭櫫「後現代儒道家」的「後科學、非宗教、安生死」之「中國人文自然主義」生命教育哲學理念。此一提法的核心內涵乃是儒道融通的人生哲學，係針對各級學校教師的安身立命而發，希望令其培養「知識分子生活家」的人格理想。兩岸生命教育皆指向學生與學校，但是我更在意教師與社會，因此呼籲成人生命教育的重要性。為推動華人生命教育，我主張大力從師資培育及教師教育著手（鈕則誠，2008），其目的為指引教師及成人建立適切的人生觀，並提出一套參考架構，此即當前所為。我從事教育工作已超過四分之一個世紀，發現教育學具有深厚的哲學背景（鈕則誠，2005），而教育學更可以向人學求緣，以大力推動生命教育。

貳、中國人學論述

一、人學與哲學

　　作為一門學科的教育學，是在德國哲學家康德的傳人赫爾巴特，於一八○六年出版《普通教育學》一書始正式標幟成立的。他主張教育學應該通過倫理學觀點以樹立宗旨，採取心理學方法以從事研究；而倫理學和心理學在當時皆屬於哲學的分支。倫理學至今仍屬於哲學的重要分支，心理學則於一八七九年脫離思辨性的哲學，加入實驗性的科學陣容。如今哲學內容討論人心及人性之類議題的部分仍稱為「哲學心理學」，有時也喚作「哲學人類學」；但是當心理學與人類學至二十世紀皆列入社會科學領域後，人文取向的論述在漢語中則多稱「哲學的人學」，或簡稱「人學」。人學關注人的本身、人的精神、人的生活等，此同樣為教育學所重視，乃有「教育人學」的提

法，以強調當代教育學的人學路向（王嘯，2003）。

　　有關人學的探討，在上個世紀九〇年代的中國大陸哲學界成為
熱點；其主要動力來自八〇年代初，對於文革浩劫及改革開放後，有
關人心人性、異化疏離的反思（丁祖豪等，2006）。當時出現三種看
法：人學即哲學、人學為哲學的一環、人學反映出當代中國哲學的特
性；其中後者頗具時代意義，可視為中國人學論述的脈絡意義。西方
的「人學」有相對於「神學」的傳統（高宣揚，1990），中國講「人
文」則與「天文」相對照。解釋《易經》的《易傳》將天、人、地稱
為「三才」，天與地組成自然界，人則居於其中逐漸發展文化（蒙培
元，2004）。文化在西方是指一個民族的生活方式，在中國則為彰顯
「人文化成」。教育無疑是發展文化的一大動力，而攸關中華民族生
活的生命教育，大可以中國人學論述作為活水源頭以闡發新義。

二、儒家傳統

　　新儒家學者唐君毅認為，哲學的兩大面向即是宇宙與人生。不過
西方哲學另有強調邏輯及知識面向者。如今哲學已將宇宙探索交給科
學，但保留對形而上部分的思辨；至於人生議題，則訴諸倫理實踐與
美感體驗。邏輯學、形上學、知識論、倫理學、美學，再加上中西哲
學史，構成當前華人社會中哲學教育的大部分內容。哲學回溯到古希
臘時代的源頭，追求的不外乎真、善、美，這對於現今的中國人學依
然適用。中國人學即是當代中國哲學精義所在，中國哲學自先秦一貫
直下，歷久彌新者唯儒道二家。人學從廣義講，指的是人之所以為人
的道理；自狹義看，則以人性研究為核心（李中華等，2005）。另一
位新儒家學者徐復觀（2005）著有《中國人性論史》一書，主要討論
先秦時期儒道二家的人心與性命思想，可視為儒家傳統的中國人學論
述。

人學的概念源自西方，彰顯了文藝復興以後近代思潮以人為本的人文主義精華，就此擺脫神本宗教思想的桎梏。至於在中華文化的脈絡內，始終沒有強而有力、定於一尊的宗教信仰。漢代以後獨尊儒術下的儒家傳統，大致只反映在政治運作和家庭生活諸方面，屬於內化而非超越性意義。儒家傳統的特徵是以人學為核心、以政論為功用、以天人觀為架構、以倫理道德為貫通上下的內涵（尚明，2004）；其長期蔚為顯學，也可以說中國哲學的主流乃是中國人學，亦即儒家式的中國人文主義。這種中國學問自先秦發展至晚清，碰上西學東漸而出現危機。此番危機不只波及個人安身立命之所繫，更觸動民族文化的危急存亡，人學遂與文化哲學息息相關（尚明，2007）。

三、道家傳統

人既然無逃於天地之間，就應該學會如何頂天立地。過去儒家多講內聖外王，一旦碰到來自西方的聲光電化加上船堅礮利，不敵之下，只好搬出「中體西用」之說以求心安理得，結果卻淪為列強的次殖民地。百餘年過去了，如今流行後工業、後現代、後殖民論述，東方民族又有機會質疑西學及西化的正當性，且不必付出喪失主體性的代價。新世紀的中國人學，必須兼顧民族文化以及生活於其中的人，兩者不可偏廢；此外，審美意識也有其重要性，因為審美自古以來即是對於民族文化與自我人格的欣賞（成復旺，1998）。古代儒家以倫理道德為標準來衡量人格，孟子甚至認為達不到「四端」的標準根本稱不上人。相形之下，道家把人性導向自然無為、反璞歸真的境地，人格反而顯明起來。

如果把人生看作是指人的一生，就必然包含天人地「三才」的自然與人文兩大面向。若將儒家精神歸於人文主義，道家列為自然主義，則儒道融通便具有人文自然主義的特性。中國人學的道家傳統，

通過「人法自然」的路數而開展，其中即包含著天地人之道（祁志祥，2002）。而從社會階層的角度看，儒道二家的成員主要都是士人，也就是有知識背景的讀書人。其中儒家可以上升為士大夫，也可以下沉為士庶人；而道家則從遊士向外漂移為隱士（朱哲，2000）。往深一層看，儒道二家的心之所嚮和生涯抉擇，其實也多少對照於現代華人的一生際遇。相對於儒家的入世及用世，道家則採取出世和避世的人生態度，這乃是一種超拔生命的意向（李霞，2004）。就以儒道思想為主調的中國人學論述而言，中國人學即是中國人生哲學。

參、求真：生存基調的鞏固

一、生物面知識的人學反思

西方哲學關注宇宙與人生二者，如今對宇宙時空的探索已逐漸交給科學，而人生實踐則訴諸倫理或宗教。至於中國哲學則一向少言宇宙，多論人生；在此一旨趣下，中國人學正是人生哲學。不過人的生存發展仍然需要有搭掛之處，亦即體現出生物、心理、社會三大面向。為鞏固生存基調，把握住生命主體性的人，必須開創和運用科學技術知識。這是一種追求真理的態度，生命教育至少應該在生物、心理、社會三方面進行人學反思。作為人生哲學的人學，在此大可向科學哲學求緣。以人的生物面知識為例，主要參照學科即是生物學或生命科學，人學反思可以從生物學史及生物學哲學入手，依此同樣得以考察心理面和社會面知識，而科學史、科學哲學及科學社會學的考察，通常統稱為「科學學」。

人作為具有形體和生命現象的存在物，其身體和生命乃是生命科學的研究對象。今日多元面貌的生命科學在十九世紀名為「生物

學」，其前身係「自然史」；而如今歸於物理科學的物理學及化學，早先則歸屬於「自然哲學」（李難等譯，2002）。根據過去一個半世紀生物面知識的探究，具有重大人學意義的課題，主要有宏觀的演化生物學和微觀的分子生物學兩者（胡文耕，2002）。演化觀點揭露人非萬物之靈，僅是高等物種之一的真義；分子觀點則顯示人體的成住壞空，不過是一連串化學大分子的生滅消長而已，生命其實沒有設計性的目的（塗長晟等譯，1992）。這些都屬於革命性的觀點（桂起權等，2003），既有助於打破人類中心的迷思，也為倫理道德實踐提供了更「存在的」基礎。

二、心理面知識的人學反思

「存在的」生命彰顯出「置之死地而後生」的人學意境，由是可以產生一種不卑不亢的人文自然主義精神，為儒道融通注入新的內涵，並形成心理上的知足常樂，無過與不及。研究人心的學問為心理學，原本屬於哲學的分支，到了十九世紀下半葉才轉化成獨立的科學學科。科學的心理學在一開始乃是哲學和生理學的混合體，由哲學提出問題，然後在生理學實驗室中尋求解決之道。傳統的心理面哲學問題指向靈魂，心理學原本即指「研究靈魂的學問」。然而靈魂之說宗教味太重，難以進入科學殿堂及實驗室，便退而求其次探索意識問題。奈何科學講究無徵不信，需要通過內省方能企及的意識仍嫌太過主觀，只好捨內省求外顯，指向可觀察的行為，終於成為無意識且不講心靈的空洞心理學（李維譯，2003）。

西方的科學心理學自哲學中獨立後，反而後來居上迅速發展成為學院裏的專門學科，連哲學界都不得已要模仿它，始能樹立自己的學術地位。為劃清界限，使得二十世紀的西方哲學主流具有反心理學傾向（李麗譯，2001）。至於心理學於上世紀內形成三大勢力，即精

神分析、行為主義和人本心理學（石林等譯，2000）。有意思的是，在上世紀初被心理學揚棄的意識問題，至本世紀初又再度受到重視，且與大腦科學及認知科學密切掛鉤（朱瀅等譯，2002）。從人學觀點看，知、情、意、行在人的生路歷程中不可偏廢，倘若科學關注於認知和行為，則情意方面的開展，大可納入人文領域中發揮。生命教育的本質正是情意教育，當以倫理實踐和美感體驗為主。新世紀的中國人學或人生哲學絕不劃地自限，而是將科學對人的生物、心理、社會諸面向之理解成果納為己用，此即後現代的「中體外用」。

三、社會面知識的人學反思

我提倡一種後現代的新穎「中體外用」論述；其「體」與「用」所彰顯者，乃是民族文化「主體」和知識學術「應用」，而非前現代所指的抽象玄想「本體」和實物工具「器用」。對於外來學問的活學活用，不只包含科學技術，尚及於人文社會。當十七世紀科學革命發生之後，自然科學諸學科紛紛擺脫作為哲學課題之一的身分而自立門戶，至十九世紀可見粲然大備。此刻一些模仿自然科學的有關人的科學也應運而生，像心理學自哲學中分立，社會學則是由哲學家根據科學的型態所打造，兩者分別指向個體與群體的科學性研究。不過人生活動畢竟與自然現象有所出入，完全套用自然研究，難免會忽略一些涉及人的獨特議題。當某些心理與社會面知識在模仿自然科學的同時，也有不同意見出現，其中尤以自然和人文學問知識的明確二分為主調（趙稀方譯，2004）。

今日人們所熟知的知識分類，係將自然科學、社會科學、人文學三分，其中社會科學一開始以模仿自然科學量化研究方法而樹立，至今卻又到處充斥著具有人文精神的質性研究。因此我們可以說，知識領域也大致分化為對自然現象的探索，以及對於人文社會活動的考

察；兩者既運用不同的邏輯思維（杜奉賢譯，1991），更呈現出不同的性質與內涵（張茂元譯，2005）。簡單地說，自然現象重於觀察、分析與描述，人文世界則需要體驗、詮釋及批判；後者所展現的人文化成工夫，其實也包含了對自然界的理解（關子尹譯，2004）。由此看來，對於社會面知識從事人學反思，會發現西方學術界在釐清知識分類的工作上，已經在後現代情境中為中國人學的開創提供了助力。後現代人生充滿著科技影響，亟待通過行善和審美加以融會貫通。

肆、行善：生活步調的安頓

一、基本倫理的人學反思

　　華人生命教育的推廣，需要通過中國人學的反思，以指引華人社會大眾自覺建立個我的人生觀。適切的人生觀至少應該涵蓋對於求真的生存、行善的生活，以及審美的生命之實踐，缺一不可，同時不得偏廢。在求真面「生存基調的鞏固」中，當本著「新中體外用」立場努力把握知識；在行善面「生活步調的安頓」中，應懷抱「後現代儒道融通」理想充分躬行倫理；在審美面「生命情調的抉擇」中，則體現「隱逸」人格精神以享閒賞情趣。談到躬行倫理，必須辨明中西倫理概念之歧異。簡言之，西方主張異中求同，不同的人依相同原則行事；中國強調同中存異，同一人的作為要根據與他人的關係而定。西方人把倫理學分為基本倫理和應用倫理來討論，我則加入審美倫理議題，一併對這些西式觀點加以考察，並從事中國人學反思，以有助於華人生命教育論述的建構。

　　倫理學探討人倫之理，也就是做人處世的道理，主要以善行為依歸，理當與人生哲學或人學相呼應。人學講自處，倫理論處世；人

既然無法遺世獨立，就應在自處時考慮到別人。西方倫理學自古至今
發展出三大學派，分別主張德性論、義務論和實效論，三者通常被視
為正義倫理（何懷宏，2002）。至上世紀八〇年代，相對於正義倫理
的關懷倫理應運而生，它不但與儒家思想有相通之處，更足以為道德
教育與生命教育奠基（方志華，2004）。真、善、美的三元提法來自
古希臘哲學，其中善即指向幸福和諧的生活之道（龔群譯，2003）。
不過，身處於後現代情境中的我們，雖然不應沉淪至相對主義的泥淖
中，卻也必須面對道德的非理性與局部性（張成崗譯，2003）。其實
人生大多不在理性算計之內，且具有相當的局部局限性，如何自其中
超拔，正是生命教育不能迴避的課題。

二、應用倫理的人學反思

　　基本倫理學即是道德哲學，著重於對倫理道德問題進行哲學分析
與思辨，雖然帶有規範性，但總是從大處著眼，不乏根據學派立場套
用原則之處，到了二十世紀甚至圍著概念打轉，從而流失了實踐的意
義和價值。當指引人們行善的倫理學出現危機之際，有識之士乃另尋
出路，從社會上實際發生的倫理困境著手，就此開創出應用倫理學的
學問途徑。這其中又以醫療決策中的生死攸關難題最令人矚目，八〇
年代更見美國哲學家撰文討論〈醫學如何挽救了倫理學的命脈〉。應
用倫理學在西方開展至今大約近半個世紀，內容主要包括對環境生態
的關注、醫療措施的抉擇，以及企業活動的自律等，它表現出特殊的
規範性、鮮明的實踐性，加上具體的專業性三個特點，其中又以後者
最為關鍵（魏英敏，2004）。

　　說應用倫理涉及專業頗為關鍵的意思，是指它不能像基本倫理一
樣可以放諸四海、自圓其說，而必須與具體操作的行業或專業切磋對
話，謀求特定範圍內倫理問題的釐清與解決。例如基因科技、墮胎、

安樂死、代際正義下的生態保育等，都牽涉到諸多專門知識（甘紹平，2002）。為促進不同學科之間的多元對話，海峽兩岸的教學研究機構都成立了交流平臺，例如大陸的中國社會科學院應用倫理研究中心、北京大學應用倫理學中心（余湧編，2002），以及臺灣的中央大學應用倫理學研究室（朱建民，2007）。臺灣生命教育正式課程相當重視應用倫理，可惜西化色彩過於濃厚，不能充分提供具有民族文化底蘊的安身立命之道。我嘗試推廣中國人生美學的途徑，把人生安頓在「萬物靜觀皆自得」的審美情境中，生命也就容易自然流露了。

三、審美倫理的人學反思

目前在臺灣主導推動學校生命教育的，乃是倫理學與人生哲學領域的學者，這使得生命教育的內容沾染上強烈的哲學色彩。如此一方面不易為中學以下的學生所吸收，一方面也引來其他領域學者的質疑。但是拿哲學作為生命教育的主題並不為過，因為傳統中哲學的要旨便是探索並成全真善美。問題是官方的課綱提供了半數以上有關倫理學及人生哲學素材，如果再加上生死和宗教議題，對學生而言負擔不免沉重。既然生命教育有意指引學生，釐清並開創自身的生命意義和價值，那麼將另一種價值取向的美學論述納入其中，對倫理價值予以調和稀釋，似乎並不為過。然而生命教育畢竟源自倫理教育，接近德育而非美育；倘若要納入美育的精神，也應當以美感取向的德育為主，亦即加上審美倫理學途徑。

審美倫理學有意將人生美學化、藝術化；而在審美的同時，把握住行善的維度，希望體現美善合一的境界。大陸美學學者陳望衡（2007）對此有所闡述，他將自然美、社會美及藝術美對照於倫理善，以建構審美與倫理的親緣性。此乃引申之論，其實早在古希臘哲學的論辯中，就已經肯定了真善美具有相通之處。隨著強調神權、君

權至人權的社會變遷，思想與行動也有所轉化，科學、道德、藝術各自走出自己的道路，倫理同審美也就漸行漸遠。近來有學者提倡「審美道德和諧論」，其理由便是本源上的「美善相濟」（李詠吟，2006）。從生命教育的人學立場反思，審美倫理學正意味著我們如何把自己看成是一個「審美的自我」（張應杭，2007），從而去實現「審美的生存」（時曉麗，2006）。如此一來，生活得以美化成各種藝術型態。

伍、審美：生命情調的抉擇

一、靈性與性靈

　　哲學文章多重說理，鮮少抒情；當代文學家林語堂寫了一本談論中國人生哲學的書，原本想以《抒情哲學》為題，又以其太唯美、太個人化而覺不妥，乃名之為《生活的藝術》。這是林氏邁入中年之作，心境趨近道家，既提倡「幽默」，又獨抒「性靈」（王兆勝，2005）。性靈的提法主要指向晚明的寫作風格，它反映人的本然性情，表現為「我手寫我心」。而此一概念可上溯至六朝，《文心雕龍》便提到性靈，以其為人的天賦靈性（易聞曉，2003）。臺灣生命教育課程有「人格統整與靈性發展」一科，從作為西方心理學「第四勢力」的超個人心理學講起，強調一旦個體人格得以整全完善，作為精神主體始能充分發展。西方所謂靈性多指精神性，源自古希臘靈魂之說，通過中世紀影響而與基督宗教息息相關，但到了中土並不必然要根據此說。

　　我所關注的是華人生命教育，其內涵當以民族文化為依歸，同時主動與西學進行開放式對話。如果把求真的生存、行善的生活、審美

的生命看作是一道連續光譜式的生命教育宗旨，則真善美的實踐便顯示出從西學到中學的比重漸增之勢。人生可以無礙認識科學技術和倫理道德的各種道理；然而一旦走進具體生活實踐，則文化氛圍將無所不在。我們的生活型態雖已西化及外來化，但骨子裏終究還是華人，必須懷抱相應的價值系統，方能凸顯人格主體性。就生命教育所面對的人生之生老病死際遇，我提出真善美的因應之道；一旦達到美麗境界，則同時可見真率及善良個性的流露（吳兆路，1995）。晚明時代朝綱不振，文人遠離政治而以小品自娛，反映出獨特的處世模式（曹淑娟，1988）。今人若逢人生無可適應，則不妨反身而誠，開展性靈之美。

二、隱逸人格精神與人生藝術化

臺灣生命教育的最高境界是達到人格全面統整與靈性充分發展，這點值得我們在推廣華人生命教育時加以參考。我所提倡的華人生命教育之特色為「後科學、非宗教、安生死」，希望以具有「中國人文自然主義」內涵的「後現代儒道家」精神，採取「儒陽道陰、儒顯道隱、儒表道裏」的人生實踐，做一個有為有守、知足常樂的「知識分子生活家」。如今知識普及，只要能夠辨別大是大非、擇善固執立身行道，人人皆可為知識分子。至於生活家的境地，則為自覺體現隱逸人格精神，並努力通過審美倫理實踐，將人生加以藝術化。大陸文學學者徐清泉（2003）引申胡適的觀點指出，人格屬於小我的表現，隨著小我的死亡而消失；人格精神代表大我的理想，可擴充為社會性的不朽。中華文化長期維繫著一種隱逸人格精神的傳統，到如今應該通過生命教育加以復興。

「隱逸」的字面解釋乃是躲避和逃離，古代文人以此一生活態度來躲避為官及逃離庸俗。從孔子所在的春秋時代開始，具有「士」

身分的讀書人，不是上升為士大夫，便是下沉為士庶人。秦代以後長達兩千多年的皇朝帝制，讀書人除非通過薦舉或科考成為官吏，否則只好做小老百姓。問題是為官並不見得能安身立命，反而容易惹禍上身，於是有人選擇隱逸。事實上道家即源於此一傳統，其於政治不清、人心覺醒的魏晉時期大興並非偶然（許尤娜，2001）。二十世紀以後的中國廢除科舉，走向共和，官吏轉化為公務員，老百姓則包括城鎮的工商及鄉間的農民；大家不是朝九晚五便是日出日落，為謀生餬口而身不由己，使得隱逸生活仍然為人們所嚮往。隱逸在古代表現為一種生活美學（李天道編，2008），到如今則反映在文人的人生藝術化思想中（杜衛編，2007），有待生命教育發揚光大。

三、學者散文與知識分子生活家

唐代詩人白居易在四十四歲時，以知識分子的良知上書而得罪當道，被貶官為江州司馬，當了四年地方首長的副手。外放期間他發明了一個詞彙：「吏隱」，意指為官者不妨獨善其身，以審美超然的態度來轉換政治場域的行事邏輯（羅中峯，2001）。只要沒有誤事，不至尸位素餐，今天的上班族大可用這種隱於市井的生活型態，去面對此起彼落的俗事塵務。此般明哲保身與自求多福，不可下沉為打混度日，而應上升為表現出人生的修養美學，亦即反身而誠的「內審美」（王建疆，2003）。若以推廣生命教育的實際作法來看，我建議大家嘗試走向不斷閱讀和書寫，它相當簡單易行，毫不費事。閱讀可以從學者散文著手，因為它含有最豐富的「知識分子生活家」體會所得（喻大翔，2002）。

現代人既歷時又共時面臨後現代處境，可以廣泛涉獵，多元發聲。我發現小品散文最適於忙碌的上班族閱讀和書寫，它既可滿足閒賞，又能獨抒性靈（歐明俊，2005）；退為紙筆相硯的日記箚記，

進為上網分享的博客部落格網誌，如此既有天涯若比鄰的快意，又得無向外馳求的自適，何樂而不為？如今大多數人都過著中產階級的生活，其特色即是無所匱乏的平庸，亟待通過揮灑性靈以發展靈性，作為生命教育的最終落實。現今兩岸四地華人社會皆由執政黨治理政府，公務員及各行各業服務社會；華人生命教育視「知識分子生活家」為標竿，我們盡知識分子的職能去監督政府、關懷社會，同時用生活家的品味來創造美善。如是快樂幸福的人生盡在其中，而生老病死諸苦也得以自然化解矣！

結　語

　　我嘗試通過建構一套中國人學取向的生命教育哲學論述，以提供兩岸四地華人教師參考，一方面可由此設計課程，另一方面也可藉以安身立命。其實我的用心不只針對教師生命教育，更及於所有成年華人的生命教育；它延續了我在前一篇論文〈從學生生命教育到教師生命教育〉（鈕則誠，2008）的論點，並加以進一步開展。在我看來，中國人學即是中國人生哲學，它屬於華人應用哲學的核心部分，我已據此寫成多部著述，從學術專書到生活小品，其精神實一以貫之，即嚮往融合真善美的知識分子生活家之理想人生境界。我在過去十年以推廣華人生命教育為己任，生命教育近情意而遠認知，眼前這篇著述便多少表陳為個人生命情調抉擇的書寫，而這正是書寫者的自我生命教育，希望讀者朋友能夠受用。

參考文獻

丁祖豪等（2006）。《20世紀中國哲學的歷程》。北京：中國社會科學。

方志華（2004）。《關懷倫理學與教育》。臺北：洪葉。

王　嘯（2003）。《教育人學——當代教育學的人學路向》。南京：江蘇教育。

王兆勝（2005）。《林語堂‧兩腳踏中西文化》。北京：文津。

王建疆（2003）。《修養‧境界‧審美：儒道釋修養美學解讀》。北京：中國社會科學。

甘紹平（2002）。《應用倫理學前沿問題研究》。南昌：江西人民。

石　林等譯（2000）。《三種心理學——弗洛伊德、斯金納和羅傑斯的心理學理論》（R. D. Nye著）。北京：中國輕工業。

成復旺（1998）。《中國古代的人學與美學》。北京：中國人民大學。

朱　哲（2000）。《先秦道家哲學研究》。上海：上海人民。

朱　瀅等譯（2002）。《21世紀的心理科學與腦科學》（R. L. Solso編）。北京：北京大學。

朱建民（2007）。〈應用倫理學研究室成立經過回顧〉。《應用倫理研究通訊》，41，3-6。

何懷宏（2002）。《倫理學是什麼》。臺北：揚智。

但昭偉（2002）。《思辯的教育哲學》。臺北：師大書苑。

余　湧編（2002）。《中國應用倫理學（2001）》。北京：中央編譯。

吳兆路（1995）。《中國性靈文學思想研究》。臺北：文津。

李　崗（2008）。〈生命教育的概念分析〉。載於銘傳大學師資培育中心編，《教育部97年發展卓越師資培育計畫「認識新興重要教育議題」專刊》，頁14-25。臺北：銘傳大學。

李　維譯（2003）。《心理學史》（T. H. Leahey著）。杭州：浙江教育。

李　霞（2004）。《生死智慧——道家生命觀研究》。北京：人民。

李　難等譯（2002）。《生命科學史》（L. N. Magner著）。天津：百花文藝。

李　麗譯（2001）。《從靈魂到心理》（E. S. Reed著）。北京：三聯。

李中華等（2005）。《中國人學思想史》。北京：北京。

李天道編（2008）。《中國古代人生美學》。北京：中國社會科學。

李詠吟（2006）。《審美與道德的本源》。上海：上海人民。

杜　衛編（2007）。《中國現代人生藝術化思想研究》。上海：上海三聯。

杜奉賢等譯（1991）。《論社會科學的邏輯》（J. Habermas著）。臺北：結構
　　群。

尚　明（2004）。《中國古代人學史》。北京：中國人民大學

尚　明（2007）。《中國近代人學與文化哲學史》。北京：人民。

易聞曉（2003）。《公安派的文化闡釋》。濟南：齊魯書社。

祁志祥（2002）。《中國人學史》。上海：上海大學。

胡文耕（2002）。《生物學哲學》。北京：中國社會科學。

孫效智（2004）。〈當前臺灣社會的重大生命課題與願景〉。《哲學與文
　　化》，364，3-20。

徐敏雄（2007）。《臺灣生命教育的發展歷程：Mannheim知識社會學的分
　　析》。臺北：師大書苑。

徐清泉（2003）。《中國傳統人文精神論要——從隱逸文化、文藝實踐及封建
　　政治的互動分析入手》。上海：上海社會科學院。

徐復觀（2005）。《中國人性論史》。上海：華東師範大學。

時曉麗（2006）。《莊子審美生存思想研究》。北京：商務。

桂起權等（2003）。《生物科學的哲學》。成都：四川教育。

高宣揚（1990）。《哲學人類》。臺北：遠流。

塗長晟等譯（1992）。《生物學哲學》（E. Mayr著）。瀋陽：遼寧教育。

張文質（2006）。〈跨越邊界——生命化教育的一些關鍵詞〉。載於張文質等
　　著，《生命化教育的責任與夢想》，頁64-88。上海：華東師範大學。

張成崗譯（2003）。《後現代倫理學》（Z. Bauman著）。南京：江蘇人民。

張茂元譯（2005）。《社會科學——超越建構論和實在論》（G. Delaney著）。
　　長春：吉林人民。

張應杭（2007）。《審美的自我》。濟南：山東人民。

曹淑娟（1988）。《晚明性靈小品研究》。臺北：文津。

許尤娜（2001）。《魏晉隱逸思想及其美學涵義》。臺北：文津。

陳望衡（2007）。《審美倫理學引論》。武漢：武漢大學。

喻大翔（2002）。《用生命擁抱文化——中華20世紀學者散文的文化精神》。
　　北京：人民文學。

鈕則誠（2004a）。《教育哲學——華人應用哲學取向》。臺北：揚智。

鈕則誠（2004b）。《生命教育概論——華人應用哲學取向》。臺北：揚智。

鈕則誠（2005）。《教育學是什麼》。臺北：威仕曼。

鈕則誠（2008）。〈從學生生命教育到教師生命教育〉。載於郭實渝編，《第
　　八屆當代教育哲學學術研討會論文集》，頁2／1-11。臺北：中央研究院歐
　　美研究所。

馮建軍（2004）。《生命與教育》。北京：教育科學。

蒙培元（2004）。《人與自然——中國哲學生態觀》。北京：人民。

趙稀方譯（2004）。《人文科學導論》（W. Dilthey著）。北京：華夏。

劉濟良（2004）。《生命教育論》。北京：中國社會科學。

歐明俊（2005）。《現代小品理論研究》。上海：上海三聯。

鄭曉江（2007）。〈關於生命教育中幾個問題的思考〉。載於鄭曉江、鈕則誠
　　主編，《感悟生死》，頁82-98。鄭州：中州古籍。

魏英敏（2004）。〈應用倫理學的定位與特徵〉。載於吳國盛編，《社會轉型
　　中的應用倫理》，頁16-18。北京：華夏。

羅中峯（2001）。《中國傳統文人審美生活方式之研究》。臺北：洪葉。

關子尹譯（2004）。《人文科學的邏輯》（E. Cassirer著）。上海：上海譯文。

龔　群譯（2003）。《倫理學簡史》（A. Macintyre著）。北京：商務。

2-2

華人應用哲學取向
的成人生命教育
——以中產教師為典型

（2008）

引 言

　　我在此試圖提出一套帶有哲理思辨性質的成人教育論述，以華人社會中產教師為理想人格模式和主要訴求對象，希望對之進行華人應用哲學取向的成人生命教育。生命教育近年在海峽兩岸已蔚為討論熱點，多針對中小學生，其內容近於德育，需要經由教師課堂講授及引導體驗，教師本身的生命教育修養從而構成問題。由於教師培訓課程中鮮見生命教育課題，有待通過社會教育和自我教育，對身為成人的學校教師補強之。這屬於自反性的通識教育與素質教育，必須終身學習，始能不斷推己及人。我所提倡的成人生命教育，可視為華人應用哲學的實踐，其內涵係以儒道思想融會貫通的中國人生哲學為主調，取中產教師安身立命之所繫為標竿，向社會大眾推廣真善美的生活型態。

壹、華人應用哲學

一、中國哲學

　　哲學是一門古老的學問，主要關注宇宙與人生問題，希望發現或創造其中的真、善、美。開展於當代西方的應用哲學以應用倫理學為主軸，轉化成華人應用哲學，可視為中國人生哲學的實踐。張岱年（2005）將中國哲學分為宇宙論、人生論、致知論三大主幹部分，並謂其與西洋哲學相當，亦即形上學、倫理學、知識論三門分支。他強調中國哲學家所思所議，三分之二都是關於人生問題；即使考察宇宙，也以人生為依歸。近年關子尹（2008）更從漢字「哲」的考據中，引申出它乃是人生處境中道德決斷的思慮活動；至於其根本意

義，並非純「學」式的鑽研和討論，而是一套生活方式及一種生活態度。不過哲學到如今畢竟仍屬於學院象牙塔內的知識探究，但我所寄望的則是人生哲理能夠活學活用。

勞思光（1968）寫中國哲學史，主張系統性與自覺性為哲學的特色；因為孔子最先提出系統性自覺理論，所以視其為最早的中國哲學家。此外他一開始就批判胡適寫的中國哲學史僅有史論並無哲理，而胡適卻從老子講起。孔子和老子分別代表中國哲學的儒家與道家兩大傳統，孰先孰後，留給治史者去考證，其源遠流長，影響至今歷久彌新並無疑義。蔡仁厚（1994）論中國哲學係以生命為中心，主脈包括儒道佛三家；本土的儒道二家有主從關係，由印度傳入的佛家則居客位。我認為兩千年前傳入的佛家思想，以及兩百年來不斷引入的西方知識，二者皆屬外來學問，不必與中國哲學混為一談，但可以借題發揮；至於過去的儒道主從關係，至今可轉化為儒道互補互滲，以體現為「儒陽道陰、儒顯道隱、儒表道裏」的「後現代儒道家」思想理念與人生實踐。

二、應用哲學

中國哲學以儒道二家思想為核心，而無論是儒家式的「內聖外王」，或道家式的「反璞歸真」，都對人生實踐有指引作用。但不可諱言的，二十一世紀的後現代狀況，畢竟不能完全套用源自古代的思想來尋求解決之道，最佳辦法乃是秉持「中體外用」的原則信念，將中國人生哲學轉化成華人應用哲學來加以活學活用。後殖民的「中體外用」論述，不同於次殖民的「中體西用」觀點；後者指向抽象的「本體」和具象的「器用」，前者則強調反身的「主體」與主動的「運用」。換言之，華人社會的生活實踐者，只要自覺把握住中華本土文化的主體性，便得以充分利用外來思想和器物，而不致斲喪自身

的靈性與性靈。本乎此，中國哲學始能無礙向西方近年所發展的應用哲學求緣，以強化並擴充本身的正當性。

應用哲學創始於上世紀八〇年代英國哲學界，靠著一份《應用哲學學刊》維繫至今，呈現方興未艾之勢。在中國哲學界，它被視為重要的哲學前沿問題以待開拓，並且被寄望為中國哲學走向成熟和發展的標幟（陳志良，2003）。傳統哲學的重心落在形上學與知識論，應用哲學則以應用倫理學為主調；其內容一般包括對生命倫理、環境倫理及企業倫理的探究，近年則細分出諸如基因倫理、科技倫理、生態倫理、全球倫理等前沿問題（甘紹平，2002）。應用倫理學的興起，已對於中國社會價值觀念的變革產生了推動作用；尤其是在道德權衡模式和道德法則生成方式上，體現出與傳統的大不相同（黃浩濤編，2007）。像作為應用哲學具體操作的「哲學諮詢」及思想治療等，都是未來讓中國哲學大有作用的革新方向（歐陽謙，2007）。

三、華人應用哲學

哲學是一門人文學問，它與科學知識在性質上有所不同；前者多涉及民族文化，因此才會出現中國哲學、西方哲學、印度哲學的分判。然而當西風東漸後，西學凌駕中學；如今言及哲學則多指西方思想，否則必須強調專屬中國者。應用哲學亦然，它本源自西方，借來為華人社會所用，必須明白標幟。我主張「中體外用」的哲學進路，以中國思想為主體信念，外來論述為實踐綱領；彼此並非截然二分，而是融會貫通，由體至用呈現出光譜式的漸層轉化。本於此點，乃有「後現代儒道家」的中國人生哲學提法，以及「知識分子生活家」的華人應用哲學境界。這套構想係我在二〇〇三年秋天半百之際初步形成，並於一年內立即體現為三本專書的內容，合計約四十萬字（鈕則誠，2004a；2004b；2004c）。

我個人的哲學專攻為科學哲學，這是完全西方式的知識領域，前後涉足十五年。其後由純理論的科學哲學向實踐義的應用倫理學試探，並通過其中的生命倫理學開出生死學及生命教育論述，此又歷時十五年，但仍在西學中打轉。真正由主體自覺所形成的心智典範轉移發生於五十歲前後，豁然貫通乃有自家的教育學、生命教育、生死學、殯葬學等各方主張，成書十餘部，百萬言以上。總而言之，我以儒道融通的中國人生哲學為依歸，所建構的華人應用哲學論述，已經多方面具體呈現，其主要宗旨即繫於一以貫之的「後科學、非宗教、安生死」。這套思想可以藉著生命教育、道德教育、通識教育、素質教育等各種管道，及於兩岸華人社會各級學生（鈕則誠，2008）。而我目前所關注的，則是作為教育推手的中產教師，以及成人的生命教育。

貳、成人生命教育

一、生命教育

在漢語中文脈絡內的「生命教育」論述，無疑始自臺灣；雖然英語國家也有類似的提法，但與華人社會無甚關聯。明白標幟生命教育是一九九七年以後的事情，它在臺灣發展至今已蔚為高中正式課程；觀其內容，卻不脫倫理道德教育。事實上，生命教育的前身，正是一所天主教女子中學行之有年的倫理課（徐敏雄，2007）。由於臺灣官方的持續積極推動，加上媒體網路的迅速傳播，生命教育理念不斷向大陸擴散，同時也跟港澳地區類似教育活動相互呼應。它在大陸不但落實於各級學校教育，更反映在社會與成人教育方面，由哲學學者鄭曉江牽頭成立的「天津永安生命教育與殯葬文化研究所」便是一例。

該所推出一系列《永安生死哲學與生命教育叢書》，對成年人的生死迷惘，多少起到撥雲見日、移風易俗的啓蒙作用（鄭曉江，2007）。

大陸作為社會主義國家，十分看重德育；不但講個體性的道德教育，更提倡集體性的思想政治教育，亦即大德育。在個人道德教育方面，有學者提出「生命道德教育」的論點，主張一種關愛生命、感恩自然、追求生命意義的教育；尤其針對促進個體生命，使之成為優質的自己（劉慧，2005）。就常識觀之，一個人倘若連獨善其身的工夫都做不到，就不用妄想兼善天下，否則必然弄得天下大亂。對此我乃著書立說，嘗試推廣一套自我生命教育（鈕則誠，2007）。我在《觀生活》一書中，首先為自己的敘事立場定位，然後次第提出我的人學觀及其應用，進而闡述人生開展的諸層次和生活的本質，最後表明我的生活觀。這正是一名中產成人教師對生存基調、生活步調、生命情調的反思所得，可以提供同道參考。

二、成人教育

現今人們接受的正規教育，是循著小學、中學、大學漸次上揚；但是學校體制的發展卻正好相反，大學先行，小學最後出現。這一切皆在西方世界萌芽，大學是十二世紀左右天主教會的產物，用以培養學者和傳教士；中學至十六世紀基督教興起後出現，目的為教導成人識字以閱讀經書；小學更待十八世紀拿破崙時期，屬於對孩子進行社會化的愛國教育。當今言及教育，一般多分為家庭、學校及社會教育三階段。當個體邁入成年，如在念大學則仍視為學校教育；一旦畢業未深造直接去就業，所面對各種進修管道則多係社會教育。上世紀七○年代聯合國提出一份〈成人教育發展總條例〉，其中指出成人教育足以改變一個人在全面發展個性方面的態度及行為（李國斌，2001），這無疑為重視靈性與性靈的生命教育，提供了開闊的發揮空間。

　　成人教育的傳統，部分來自成人識字教育；從消除文盲中體現知識即力量的真義。當代對此貢獻最大的學者，相信以巴西的弗萊雷當之無愧。他所寫的名著《被壓迫者教育學》提出了「意識化」的概念，希望藉此教育出負責任的主體，通過擺脫現實壓迫因素的行動，尋得自我肯定（顧建新等譯，2001）。「意識化」意指一個人批判意識之覺醒，以對抗被外在與內在力量所宰制壓迫（鄧運林，2001）。弗萊雷當時所面對的處境為右派軍事統治，臺灣也曾出現過類似時期。如今雖已事過境遷，但資本主義全球化所創造的知識經濟，卻又形成另外一種有形無形的宰制與異化，亟待尋求知識解放，成人教育正好可以達到這種賦權及賦能的目的（林孝信，2000）。成人生命教育屬於靈性與性靈的成人教育，希望彰顯主體精神和促成自我實現，它很適於從中產教師著手。

三、成人生命教育

　　學校教師是收入穩定、工作安適的一群人，可視為中產階級的典型。學生生命教育要靠教師來推動，首先必須讓教師具備生命教育的修養；教師可以參加在職進修，但更重要的是進行自我教育，亦即從事意識化以產生意識覺醒的成人教育。成人教育屬於由民間社會所推動的非正規教育，民間社會意指一切非關國家與政府的活動組合。有現代意義的成人教育，便是在這種社會發展的脈絡中，找到了自己的定位（鈕則誠，2004d）。後現代的自我定位問題，即是現代的主體性問題（蘇永明，2006）。現代與後現代既歷時又共時，它們指涉的時期可能重疊，但是考察事物的心態卻呈現差異。簡言之，現代觀點可能趨於異中求同，後現代視野卻傾向同中存異。這種雙重要求，對於成人生命教育頗有啟發，亦深具挑戰性。

　　生命教育不能繞過個人生命體驗去講，而其部分內容亦由其中

通過反思所提煉出來。我任教職二十六年，幾乎占去半生歲月；反思
成人生命教育，勢必得由此而起。後現代反對獨斷且定於一尊的主體
性，卻也不樂見自我失位。持平作法是一方面維繫個人主體性的地
位，另一方面必須令其與其他主體保持開放的對話，亦即將之轉化擴
充為主體際性或互為主體性。獨斷的主體容易陷入唯我獨尊，只有開
放的互為主體方能體現個人主義，進而彰顯人文主義，這正是哲學家
將存在主義視為人文主義的理由（鄭恆雄譯，1999）。存在主義發
現主體際性，強調人生活在世界中，必須決定自己是誰，以及別人為
何。但分辨自己與他者的定位，需要一定思想依據，這些都來自學校
教育。教育不但通過社會化，把人們劃分階層；其本身內容，亦根據
特定階級的思維而設計（蔣衡譯，2002）。

參、中產教師生活

一、教育專業

　　臺灣官方版的生命教育，在哲學學者手中規劃下，一經推出，即
受到教育學者的嚴峻批評。其中一項指責，正是對它把中產階級價值
觀念全面推廣，不免顯得迂闊高遠，甚至是可望而不可及（但昭偉，
2002）。事實上，無論生命教育的發明者、推行者，還是批評者，大
多為學者專家，其本身即是教師；由於擁有專業訓練及身分，也使得
他們擁有中產階級生活的保證。專業與職業不同，一般職業的進入門
檻不高，專業卻呈現出一定的入行困難，例如必須考授證照，以及要
求執行由同行所認定的專業規準等。雖然在上世紀五○、六○年代，
有學者以醫師、律師為專業標竿，從而認定教師、護理師、社工師的
門檻不夠高，只能視為半專業。但是經過半個世紀的努力，教師專業

的理論與實務都已精進不少（楊深坑等，2005）。

專業化的推行固然是源於本行內部所形成的共識，但也同時需要有政府或國家的介入。以美國的教師專業為例，其專業化來自十九世紀初期的公立學校運動，這使得一些州開始頒授教師資格證書，並且興辦州立師範學校以培育專業人才（郭志明，2004）。再拿臺灣的心理師專業來看，它是由師範系統出身諮商學者所組成的輔導學會，透過國會遊說立法而得以運作，一開始便將門檻訂得很高，非要相關專門系所碩士方能報考，令有識之士譏為證照化綁架了專業化（劉惠琴，2006）。由於各種「師」級證書皆由國家藉由考試而頒授，不免會受到意識型態的影響；而各級教師為了維繫安定的中產生活，常不約而同配合政策行事。如此一來，當教師自我定位於社會化的角色時，自然也把學生馴化為社會的順民了。

二、中產階級

教育工作者當然不是要教導學生造社會的反，但是培養訓練其批判心態與能力，絕對有其必要。作為中產階級中堅分子的教師族群，非但不應該陷入中產人士一貫保守庸俗的心智狀態與生活型態，更需要表現出傳統讀書人的氣質與現代知識分子的良知。基於後現代性具有與現代性既歷時又共時的特色，我樂於藉用後現代性這種柔軟可塑且開放包容的敘事觀點，嘗試為中產階級的內涵，賦予更積極而豐富的意義。不過首先必須為中產階級定位。什麼是中產階級？一般多指從事腦力勞動的中高薪資白領，其上有資本家或資產階級，平行者為自僱的小資產階級，其下則有低薪雇員及以工農為主的體力勞動者。中產階級的出現和形成，與資本主義社會體制關係密切，主要表現為科層組織、專業化身分要求，以及設置專業經理人等（呂大樂等，2003）。

中產階級的價值、文化與意識型態之所以成為社會主流，是因為它們反映出一個「人人有機會」的開放社會體制。這點是彌足珍貴的，因為我們能有今天，靠的正是自己身兼生產者、消費者、納稅人和選民的腦力勞動階層，所努力工作建設的累積和擁有（劉真如譯，2007）。中產階級雖然是西方資本主義發展到一定時期所出現的產物，但是將其視為具有緩衝作用的中間階層，則早在古希臘亞里士多德的思想中即能得見。雖然此一概念創始於馬克思，用以指涉十九世紀間向下流動的一群，作為階級鬥爭的張本（周曉虹，2005a）；但是經過殘酷的「以階級鬥爭為綱」的十年文革，而後出現三十年的改革開放，如今中國大陸卻逐漸形成一批過著安定生活的中產階層，人數且在不斷擴增中（周曉虹，2005b）。

三、中產教師生活

馬克思所觀察到的中產階級，包括小工業家、小商人、小放貸者、富農、小自由農、醫師、律師、學者、神職人員，以及為數不多的管理者等；其中學者多以大學教師為主，至於中小學教師，在十九世紀中葉的當時，則尚未出現為一大群體。一百五十年後的今天，各級學校教師無疑都屬於中產階級，大家過著不相上下的中產生活。然而教師畢竟是讀書人，是知識分子，肩負著作育英才、教育下一代的重責大任；其生活樣態與品味，非但不能保守媚俗，更應該有所自覺表現得有為有守、清新脫俗。目前在臺灣的軍公教人員，敘薪呈現為標準化與層級化，收入相對穩定，較之民營業者、小事業主或自僱者，更符合中產階級定位；而這一切必須歸因於國民政府東渡來臺時，所帶來的整套文官建制（蕭新煌編，1989）。

既然學校教師過的是穩定的中產生活，同時肩負教養後人、傳遞文化的責任，就必須反思本身的知識分子角色。西方概念裏的知識分

子起於十九世紀末，它作為對啟蒙時期重振旗鼓的號召，屬於讀書人傳統的復甦，並具體化為求真、行善、審美的整合。現代性之下的知識分子，主要是對社會秩序模式進行立法，以搭配國家權力的運作；後現代知識分子則令兩者分離，並對權力流動加以詮釋及批判（王乾任譯，2002）。如果現代與後現代既歷時又共時，則知識分子的角色，至少要兼具社會化與非社會化兩種面向。大專教師以外，中小學教師也有必要終身學習，近年更被要求從事研究。例如在教育現場進行參與行動研究，目的則為解放教師的身心（陳桂生，2004）；如是可令其展現本真的人性，並彰顯出以此人性為基礎、超過個體的人類主體性（馮建軍，2001）。

肆、社會化與非社會化

一、社會與非社會

教師教導學生反身而誠，還其本來面目，盡量避免媚俗行徑，擇善固執進行存在抉擇，這便是生命教育的真義。若以此自我要求，則不啻教師生命教育；推廣至其他中產族群，再向上下擴散，即屬成人生命教育。我提倡華人應用哲學取向的成人生命教育，寄望華人社會的成人能夠在社會與非社會之間出入自如、收放自如。但是必須言明的是，二十世紀以前的華人心目中，其實並沒有「社會」概念；直到清末民初通過翻譯引進創生於十九世紀的社會學，人們才逐漸懷有社會意識。社會學被引入之初譯作「群學」，陳其南（1998）將現代的「群學」與傳統的「仁學」對照來看，以示過去華人只看重家庭倫常與人際關係，相當晚近才形成融入社群、關注社會的意念。以此觀之，過去教育的內容以倫理為主，西風東漸後始納入社會化的任務。

人生成長與學習過程即是社會化產物，社會化賦予每個人社會角色，並令其發展自我認同感，以及隨之而來的思考與行動能力。在開放社會中，社會化不必然要被動接受，更好是主動創造（趙旭東等譯，2003）；然而如此一來，主體自覺便顯得十分重要。不過當主體性在後現代被否定後，我們就必須學習在後現代狀況下，如何辨認和創造各種局部敘事，同時對傳統的宏大敘事加以質疑（謝立中等譯，2003）。簡言之，就是不要輕易相信有所謂放諸四海皆準的真理，而是在反身而誠中，形成主觀的個人知識。這種「六經注我」的態度，當然不應陷入唯我獨尊和自說自話，而是尋求開放性的對話；一方面在既有社會中展開跨階級友誼（陳心想等譯，2004），另一方面則不斷進行非社會性的自我內在探索與創造。就傳統思想觀之，這正是儒道二家所體現的不同修身工夫。

二、儒家為官與道家隱逸

雖然社會化與非社會化屬於現代西方觀點，但是在我所倡議的「中體外用」視野中，仍然可以無礙借用來討論古人的作為。華人應用哲學可視為中國人生哲學的實踐，認定中土文化的主軸只有儒道二家；至於佛家思想理當歸為來自南亞的宗教哲學，而與西方及中東宗教哲學並列。就社會化現象考察，儒家理想人格的完成，當以士人入仕為正途；尤其隋唐以後至清末間千餘年的科舉制度，將早在漢代便加以獨尊以作為國家意識型態的儒學，促成全方位發展與深化（張德勝，1989）。其具體作法是為官的高度入世與用世；若在治世當有所用，但在亂世恐適得其反，於是讀書人便選擇另一條途徑，亦即道家出世與避世的隱逸。「隱逸」的字面意義乃是躲藏和逃離，為官者主動詞官致仕，目的當然是避開混亂，以求明哲保身，這點在魏晉時代最為明顯。

西漢武帝獨尊儒術，規定只能談儒家的「五經」，學子們的思想受到極大限制。兩漢結束進入三國相爭，天下從魏晉到南北朝均不得安寧，令士人進取之心大減，提倡無為的老莊思想反而大興（戴燕，2008）。其後至今，雖然儒家思想蔚為顯學，但是道家傳統也不遑多讓。當前談起教師的教育哲學，仍將儒道二家列為教師的理想實踐與人生修養途徑。教育哲學屬於應用哲學的一環，闡述教育哲學也算是推動生命教育的作法。但昭偉（2006）指出，儒家首重教育問題，其目的在於瞭解與成就人際關係，方法和內容則為「尊德性」及「道問學」。這是典型的生命教育，可以通過「學而優則仕」加以落實。但是換從道家觀點看教育，則無為而治、功成身退才是主調（林秀珍等，2006）。持平地看，教師生涯若能採用儒道融通的中和態度，人生始能進退自如、收放自如。

三、集體社會主義與個人自由主義

生命教育要求我們珍惜生命、欣賞生命、愛護生命，它主要針對人，但在生態環保意識抬頭的現今，必須將其他物種一併納入，以維繫同體共生的真義。就人的生命教育而言，一般只及於個體自我安頓和人際關係和諧課題；若包含上述生態考量，可歸結為人與自然、人與社會、人與自己三大面向。這三個面向其實是渾然一體的，因為人畢竟無逃於天地之間，也難以抽離於社會環境遺世獨立。創始於西方的「社會」概念有輕有重，輕者作為個人活動的背景，重者則形成框架；它可以反映為極端的無政府或集權，不過現今華人社會乃居於中庸。以兩岸生活型態來看，大陸仍施行集體化的社會主義，至於港澳臺地區則步上個人化自由主義；無論是學生、教師或成人的生命教育，皆不能忽略這些前提與價值系統。

社會主義流派眾多，但大致皆以創造理想社會為目的（徐覺哉，

1999）；為達此目的，教育勢必帶有高度社會化的傾向，這點可由大陸較生命教育更廣義的素質教育之「培養社會主義新人」目的可見一斑。但是教育不能完全為社會化服務，從教育社會學中的衝突論觀點看，教育甚至應具備反社會化的任務（鈕則誠，2005）。華人應用哲學取向的成人生命教育，特別是針對中產教師而發的理念，主張彰顯反社會化在內的非社會化之可能。但昭偉（2008）作為大學教師反思自身處境，決定基於「個人自由和幸福生活的追求」，打算部分程度放棄固有儒家式的價值體系和文化認同，包括接納楊朱利己的道家式思想。問題是個人自由主義生活型態，必須放在穩定和平的社會環境中方能落實（郝名瑋等譯，2002）；這又涉及教師及成人個體，在社會化與非社會化之間如何拿捏了。

伍、安身立命之道

一、求 真

　　成人生命教育的內容無他，安身立命之道而已。以中產教師為典型標竿，理想人格即為「知識分子生活家」，它同時擁抱儒家式的進取用心和道家式的隱逸態度；落實於人生實踐中，則包括求真面「生活基調的鞏固」、行善面「生活步調的安頓」，以及審美面「生命情調的抉擇」三向度。就求真面向而言，知識分子理當追求知識，但是必須活學活用，駕馭知識而不被其宰制支配。具體地說，生命教育主要「從人生看宇宙」，亦即以人文的觀點和立場來善用科學技術。由歷史的角度看，科學思想原本是人文產物，後來人們過分相信科學，反而矯枉過正，把它抬舉成人文的相對面了（曹文彪，2008）。十九世紀科學技術大興，「科學家」一詞也應運而生；西方科技發達的結

果之一,卻是用船堅礮利轟開中國大門,讓中華文化受到重大衝擊和嚴峻考驗。

　　經過一百多年的科技掛帥時期,讓世人看見它的創造與破壞並存的兩面性;而顛覆既有迷思的聲音,也在西方社會浮現。從後殖民主義及女性主義的立場,對科學技術加以解構,顯示出科學獨霸的後遺症與危機,同時再度釐清科學乃是人文性的文化建構產物(夏侯炳等譯,2002)。一九五〇年代末,英國出現科學與人文「二元文化」的論述(郭俊立,2008),影響所及,導致七〇年代後期在美國所興起的通識教育運動;如今我們所提倡的生命教育,也屬於通識教育的一環,甚至可視為其核心(孫效智,2008)。事實上,人們只要仔細觀察,並用心反思,便可以確認科學技術絕非只是中立知識與客觀現象而已;它們已形成無孔不入的社會文化活動,需要由人心來加以規範,否則科技就會回過頭來宰制人的身心(洪曉楠,2008)。總之,無過與不及抱持「後科學」批判態度,可說是成人走上安身立命的第一步。

二、行 善

　　以「知識分子生活家」為理想人格、以中產教師為典型對象的華人應用哲學取向成人生命教育,其核心價值即是通過「後科學」以求真、「非宗教」以行善,最終達於審美的「安生死」境界。標榜非宗教並非反對宗教,而是表明以漢民族為主的華人社會,人們過的乃是「幾乎沒有宗教的人生」(梁漱溟,2000)。沒有宗教不見得失去信仰,華人崇信鬼神的現象隨處可見,此乃民俗信仰。民俗與宗教的差別在於後者必須靠團體維繫,而前者則屬個人「心誠則靈」的產物。宗教一旦形成團體,就容易造成權力鬥爭,而悖離了神聖境地,此即蔡元培(2003)主張「以美育代宗教」的理由。世上宗教系統相當多

樣，再加上分門別派，自古至今攻訐不斷，甚至引發大型戰事。相形之下，美感體驗比較平和，也容易契入。

華人社會成年人的安身立命，多少還是在儒家所影響的倫理生活中去行善避惡。馮友蘭（2003）指出，中華文化的基礎是倫理而非宗教。這種倫理生活表面上是儒家式的，骨子裏卻體現出儒道融通的和諧作用。美國哲學學者郝大維與安樂哲合寫了許多部討論中國儒道二家思想的書，他們把希臘哲學和希伯來信仰的融通，拿來與儒道融通對照來看，發現西方文化不斷擁抱宗教的超越性，中華文化卻始終維繫著倫理的內在性（施忠連譯，1999）。這是文化設計使然，雖然西學東漸，作為東方民族的我們，還是可以選擇傳統思想去安頓自己的生活步調。為了避免食古不化或民族主義作祟，我建議開發以「後科學人文自然主義」為內涵的「後現代儒道家」思想，它將指引我們澹泊安處生活，豁達接受死亡。

三、審 美

把審美活動當作生命情調的抉擇，並不一定要接觸藝術作品，而是把人生視為藝術品來創作。「審」意指判斷，審美即是決定美或不美，從而選擇在無所匱乏的生存條件下過著美好的生活。成年人在心路歷程中，會逐漸面臨死亡逼近的問題，必須通過反思自省來加以回應。美國哲學家諾齊克五十歲時寫成一本《經過省察的人生》（嚴忠志等譯，2007），第一個討論的主題便是死亡。他發現當一個人父母雙亡後，死亡即變得真實；因為我們總認為父母會先我們而去，一旦事情發生，下一個便將輪到自己。隨後他提及自己八十二歲臥病的老父，心想自己也會活到八十多歲。事實上他六十四歲就走了。生死學創始人傅偉勳曾經豪情萬丈宣稱至少要活到八十四歲，以完成個人整個學術體系的建構，結果六十三歲即撒手人寰。

　　成人世界充滿了變數，死亡如影隨行，無所不在，所以需要進行生命教育。華人應用哲學取向的生命教育強調「輕死重生，厚養薄葬」，生前應效法傳統文人，過著審美的生活方式（羅中峯，2001）；死後則追隨莊子的腳步，視死亡為自然之道而欣然接受（張海晏譯，2003）。佛教傳入前，中國思想中沒有「苦」的概念，反倒是充滿著尚「清」審美情趣，處逆境亦不改其志（何莊，2007）。「清」與「濁」相對，尚清即屬於生命情調的抉擇，它能讓我們離苦得樂。在後現代華人社會，「三十而立」以上的成人之中，擁有穩定專業工作的中產教師，身分地位頗似傳統文人。這群有機會、有能力推廣生命教育的教師們，理當先進行自我教育，再推己及人，為各級學生及社會大眾從事「安生死」的美好志業。

 ## 結　語

　　這是我最近有關教師生命教育系列著述的第三篇，計劃書寫尚有兩篇，即初步構築出我心目中較為具體明確的生命教育理念。這些都屬於「我手寫我心」的性靈書寫，有時用千字小品的形式表達，眼前則以萬字論著的格局呈現。身為中產教師，我這回用文獻考察的方式來支撐自己的經驗，關鍵重點在於非社會化。非社會化是我一系列論述的主題與主軸，主張人生必須不媚俗走自己的路。媚俗即是人云亦云，隨波逐流；我寫文章不是要讀者無條件接受我的觀點，而是希望大家盡量反身而誠通過對我的批判，而找出自己的立足點。我的生命教育就是「我」的生命教育，我為自己造橋，然後過河拆橋；各位要學得打造自己的人生道路、渡口及橋樑，否則只有望前興嘆。

參考文獻

王乾任譯（2002）。《立法者與詮釋者》（Z. Bauman著）。臺北：弘智。

甘紹平（2002）。《應用倫理學前沿問題研究》。南昌：江西人民。

何　莊（2007）。《尚清審美趣味與傳統文化》。北京：中國人民大學。

但昭偉（2002）。《思辯的教育哲學》。臺北：師大書苑。

但昭偉（2006）。〈儒家的教育思想與教師哲學〉。載於但昭偉編，《教師的
　　教育哲學》，頁1-20。臺北：高等教育。

但昭偉（2008）。〈文化認同與追求自由的教育〉。教育學系教育哲學研討會
　　論文。臺北：臺北市立教育大學。

呂大樂等（2003）。《香港中產階級處境觀察》。香港：香港三聯。

李國斌（2001）。〈成人教育在社會發展中的作用〉。載於梁文慧編，
　　《二十一世紀中、港、澳、臺成人教育的新議題》，頁39-49。澳門：澳門
　　大學。

周曉虹編（2005a）。《全球中產階級報告》。北京：社會科學文獻。

周曉虹編（2005b）。《中國中產階層調查》。北京：社會科學文獻。

林孝信（2000）。〈成人教育傳統中的知識解放〉。載於楊碧雲等編，《臺北
　　市社區大學教學理念與實務運作（一）》，頁3-11。臺北：臺北市政府教育
　　局。

林秀珍等（2006）。〈從道家思想談教師修養〉。載於但昭偉編，《教師的教
　　育哲學》，頁21-41。臺北：高等教育。

施忠連譯（1999）。《漢哲學思維的文化探源》（D. L. Hall與R. T. Ames合
　　著）。南京：江蘇人民。

洪曉楠（2008）。《科學文化哲學的前沿探索》。北京：人民。

孫效智（2008）。〈以生命教育為核心的通識教育〉。《通識在線》，19，
　　3-5。

徐敏雄（2007）。《臺灣生命教育的發展歷程：Mannheim知識社會學的分
　　析》。臺北：師大書苑。

徐覺哉（1999）。《社會主義流派史》。上海：上海人民。

郝名瑋等譯（2002）。《自由主義的終結》（I. Wallerstein等著）。北京：社會

科學文獻。

張岱年（2005）。《中國哲學大綱》。南京：江蘇教育。

張海晏譯（2003）。《論道者：中國古代哲學論辯》（A. C. Graham著）。北京：中國社會科學。

張德勝（1989）。《儒家倫理與秩序情節——中國思想的社會學詮釋》。臺北：巨流。

曹文彪（2008）。《科學與人文——關於兩種文化的社會學比較研究》。上海：學林。

梁漱溟（2000）。《中國文化要義》。上海：學林。

郭志明（2004）。《美國教師專業規範歷史研究》。北京：中國社會科學。

郭俊立（2008）。《科學的文化建構論》。北京：科學。

陳心想等譯（2004）。《後工業社會中的階級》（E. O. Wright著）。瀋陽：遼寧教育。

陳志良（2003）。〈哲學〉。載於劉大椿編，《中國人民大學中國人文社會科學發展研究報告2002》，頁51-61。北京：中國人民大學。

陳其南（1998）。《傳統制度與社會意識的結構——歷史與人類學的探索》。臺北：允晨。

陳桂生（2004）。《師道實話》。上海：華東師範大學。

勞思光（1968）。《中國哲學史第一卷》。香港：中文大學。

鈕則誠（2004a）。《教育哲學——華人應用哲學取向》。臺北：揚智。

鈕則誠（2004b）。《醫學倫理學——華人應用哲學取向》。臺北：華杏。

鈕則誠（2004c）。《生命教育概論——華人應用哲學取向》。臺北：揚智。

鈕則誠（2004d）。《生命教育——學理與體驗》。臺北：揚智。

鈕則誠（2005）。《教育學是什麼》。臺北：威仕曼。

鈕則誠（2007）。《觀生活——自我生命教育》。臺北：揚智。

鈕則誠（2008）。〈中國大陸高校「兩課」的教育哲學解讀〉。《哲學與文化》，408，95-108。

馮友蘭（2003）。《中國哲學簡史》。北京：北京大學。

馮建軍（2001）。《當代主體教育論》。南京：江蘇教育。

黃浩濤編（2007）。《人文社會科學100學科發展報告》。北京：社會科學文

獻。

楊深坑等（2005）。〈從教師專業理論論各國教師專業管理機制〉。載於中華
　　民國師範教育學會編，《教師的專業信念與專業標準》，頁55-87。臺北：
　　心理。

趙旭東等譯（2003）。《社會學》（A. Giddens著）。北京：北京大學。

劉　慧（2005）。《生命德育論》。北京：人民教育。

劉真如譯（2007）。《中產階級的戰爭：M型社會後，如何不當犧牲者，爭回
　　幸福？》（L. Dobbs著）。臺北：大是文化。

劉惠琴（2006）。〈吹皺一池春水：對臺灣諮商心理師證照化現象的觀察與省
　　思〉。《應用心理研究》，30，37-58。

蔣　衡譯（2002）。〈教育體制與思想體系〉（P. Bourdieu著）。載於謝維和
　　等譯，《知識與控制：教育社會學新探》，頁233-251。上海：華東師範大
　　學。

蔡仁厚（1994）。《中國哲學的反省與新生》。臺北：正中。

蔡元培（2003）。〈以美育代宗教說〉。載於張人傑、王衛東編，《20世紀教
　　育學名家名著》，頁738-742。廣州：廣東高等教育。

鄭恆雄譯（1999）。〈存在主義即是人文主義〉（J. P. Sartre著），載於陳鼓應
　　編，《存在主義》，頁300-326。臺北：臺灣商務。

鄭曉江（2007）。《學會生死》。鄭州：中州古籍。

鄧運林（2001）。《成人教育哲學導論》。高雄：麗文。

蕭新煌編（1989）。《變遷中臺灣社會的中產階級》。臺北：巨流。

戴　燕（2008）。《玄意幽遠——魏晉思想、文化與人生》。上海：復旦大
　　學。

謝立中等譯（2003）。《後現代社會理論》（G. Ritzer著）。北京：華夏。

羅中峯（2001）。《中國傳統文人審美生活方式之研究》。臺北：洪葉。

關子尹（2008）。《語默無常：尋找定向中的哲學反思》。香港：牛津大學。

嚴忠志等譯（2007）。《經過省察的人生——哲學沉思錄》（R. Nozick著）。
　　北京：商務。

蘇永明（2006）。《主體的爭議與教育——以現代和後現代哲學為範圍》。臺
　　北：心理。

顧建新等譯（2001）。《被壓迫者教育學》（P. Freire著）。上海：華東師範大
　　學。

夏侯炳等譯（2002）。《科學的文化多元性——後殖民主義、女性主義和認識
　　論》（S. Harding著）。南昌：江西教育。

歐陽謙（2007）。〈哲學與思想治療——當代「哲學諮詢」及其理論應用綜
　　述〉。載於馮俊編，《哲學家·2006》，頁68-81。北京：人民。

2-3

生命教育理念新詮
——「人文的自然」之
「生命的學問」

（2008）

引 言

　　「生命教育」就像「哲學」、「文學」一樣，屬於空泛的概念，任何人都有權利將自己的想法置入其中，海闊天空、自由自在說與別人聽。聽不聽但憑別人的喜好，但是生命教育、哲學、文學等等，並不是學院象牙塔中那些所謂學者專家的專利。自從十九世紀西方發明了「科學家」一詞後，人類知識開始被瑣碎分工，至二十世紀以大學系所學科、專門專業學會、學術論著書刊等形式框架，不斷增生發展，終至見樹不見林。可悲的是，人文方面「生命的學問」也依樣畫葫蘆，在知識的構築上亦步亦趨，結果不但與智慧漸行漸遠，甚至連常識也顯得匱乏。此乃係民間發聲，為生命教育賦予嶄新詮釋，作法是將知識歸零，自常識出發，向智慧求緣，讓生命彰顯其「人文的自然」之本來面目。

壹、生命教育理念

一、生存基調的鞏固

　　何謂「生存基調」？此即你我趨吉避凶、逢凶化吉的生存策略。人終不免一死，至今尚屬事實；如果不是無聊而自尋死路，則起碼的生存條件必須滿足。生存為個體在天地時空環境中的分寸拿捏，若有重大閃失，性命便會不保。古今中外天災人禍無所不在，但現今人類有一部分確實比古人及其他當前活在生存水準以下的同類要來得幸福，這些人就是散布在全球各地的中產階級。中產人士容或溫飽有餘，但恐怕靈性不足、人生空洞，亟待通過生命教育改善之。有人批評生命教育傳達的正是中產自以為是的價值觀，沒有照應到弱勢邊緣

族群（但昭偉，2002）。但中產畢竟是相對廣大的一群，且為弱勢希望遊移的方向；因此生命教育的理念無須自中產移開，反倒必須背負起改革創新中產價值觀的責任。

　　中產是成人的理想與寫照，然而一旦碰上全球金融危機與經濟不景氣，個體和社會及政府都應未雨綢繆防治自殺。自殺可分為外因性與內因性兩大類，前者肇因於外在條件的闕如而感覺失落，一旦獲得補償，則自毀意念便會打消；後者反映出「境由心生，心隨境轉」的惡性循環，陷溺於憂愁的情境中不斷自苦，難以超拔，一旦有機會就容易尋短。因此推行生命教育要先懂得分辨自殺原因的類型，究竟是「功利式的」還是「存在式的」，兩者的解決方案實大異其趣。當然一個人不想活下去的外在與內在因素並非截然二分，但仍然可以辨識出各有所偏。善自而非苟且活下去，乃是鞏固個體生存基調的第一步。存在主義認為放棄做出存在抉擇的苟活，即屬於慢性自殺（陳鼓應，1999）；於是生命教育在協助人們解決現實問題外，也必須賦予理想。

二、生活步調的安頓

　　人生包含生存、生活、生命三層次，分別涉及人的「生物／心理」、「社會／倫理」，以及「靈性／性靈」三面向，如果能夠和諧統整，則將達到真善美三合一的圓融無礙境界。個體在生存層次，要注重身心整全的健康：到了生活層次，則要學習如何安頓待人處世的步調。生命教育對此著重於勿媚俗造作；在關懷社會的人文化成中，隨時保有一份純真自然的本性。「人文的自然」在西方表現為善用科學技術、不問超性之事的人文自然主義精神，在中華文化的脈絡中則體現出儒道融通的理想（施忠連譯，1999）。兩岸華人的養成教育中，除了三民主義或社會主義思想外，終不脫以儒道二家思想為內容

的傳統文化;而這些教養,又幾乎內化成每一個人的倫常舉止和進退之道,也就是身處社會中所建立的倫理關係。

　　依常識觀點看,人際相處的最佳狀態,應是「執中道而行,無過與不及」。套句俗話講,就是「有點黏,又不太黏」;前者的態度屬於儒家式主動積極的建立與維繫人際關係,後者則採取道家式的無所為而為、為而不有,甚至從人際中抽離。談生命教育並非不食人間煙火,而是攸關人的一生性命。孔子對人生流程有「吾十有五而志於學」的一系反省所得,值得我們「通過孔子而思」(何金俐譯,2005)。古代中國思想對安頓人們身心有著相當強烈的企圖和豐富的作用,尤其是儒道二家,幾乎已內化成華人的為人處世風格。由此觀之,在華人社會推廣生命教育,理當扣緊民族文化的脈絡與脈動,不應一味套用西方觀點,將之強加於學子身上。高度西化只會造成與生命情調的不相應,當然也就無法妥善安頓生活的步調了。

三、生命情調的抉擇

　　「生命情調的抉擇」說法出自當代學者劉述先(1974),他提倡文化哲學,近年也被歸入新儒家學派。儒家鼓勵人們成聖成賢,希望過著「內聖外王」的生活;這種人生抉擇是相當入世的,以至於從「修身、齊家」一躍而達「治國、平天下」的理想。劉述先本人抉擇的對象是儒家,他甚至認為道家否定文化而陷於悲觀消極,與宗教出世否定現實人生的態度無異。這種看法形成於一九六○年代並無可厚非,但走到二十一世紀後現代的今天,也許足以讓人從事生命情調抉擇的理念與方向可以更形多元,同時也容許相互融滲。像我基於對中華民族文化的認同,便主張儒道融通式的人生觀,亦即通過「儒陽道陰、儒顯道隱、儒表道裏」的人生策略,努力成為一個實踐「後現代儒道家」思想及理想的「知識分子生活家」。

　　「生命教育」作為一個概念，有著不同的解讀，其中臺灣官方論述雖然成功發展為一套高中正式課程，但它同時也凝聚起以高度西化倫理教育為主的意識型態。如今臺灣生命教育已出現由民間發聲，針對官方意理的路線之爭，這毋寧是件好事。此處代表我近年來所覺察並堅持的「華人生命教育」路線，強調「後西化、非宗教、安生死」的生命情調之抉擇。「生命」有實質義及引申義，與劉述先同窗的傅偉勳，曾效法新儒家學者牟宗三（1970）努力耕耘「生命的學問」，到晚年更希望開創純中國的「生命學」。此種生命的學問或生命學，正適用於華人社會推廣流行的生命教育。它即使是在課堂上呈現，也屬於潛移默化性質的情意教育；其內容除著眼於道德教育外，也應當兼顧美感教育，尤其是人生美學。

貳、人文觀

一、人文思想：文史哲

　　實質的生命包括所有物種的生命；在保護生態、關懷生命的前提下，將各個物種一併納入考慮的生命教育，確實有其必要。不過一旦對焦於反身而誠的內化生命，則專指人類而言，生命教育因此而為人生教育及人文教育。「人文」一詞在西方與「人本」、「人道」相呼應，在中國則與「天文」相對照，以彰顯「人文化成」的文化性質。「文化」在西方體現為一個民族的生活方式，在中國則表現在各種人文教化活動中，生命教育當作如是觀。一旦把生命教育放在更大範圍的人文教育脈絡裏面看，則它不能只是哲學教育，更不應窄化為倫理教育。一般講人文至少涵蓋文史哲三方面；在西方傳統內，它們早在古希臘時期就已經分門別類了（倪梁康，2007）；而考察中國學問傳

統，則在清末西學東漸以前，始終是文史哲不分家的。

今日大學內的文學系、史學系、哲學系，雖然歸屬於文學院或人文學院之下，但大多各自為政，不太樂於主動對話，這多少是受到西式知識分工體制影響。因為各學門都有自己的專門領域，而學科建制也不希望學者撈過界，所以大家只好謹守分際。然則如此一來，卻斲喪了生命學問的生命。依常識觀之，文學帶給人們審美的悅樂，史學提供人類經驗的教訓，哲學則足以反思人性的利弊得失，三者相輔相成，方得以組成生命的學問。既然是生命學問，則生命教育的落實，理當以文史哲不分家的人文思想為內容，而非偏重哲學。事實上中國在十九世紀末以前，本無西式「哲學」名實；古之「道術」、「義理」，並不等同於哲學。倘若採用「思想」一詞，則較「哲學」更富有包孕性質（葛兆光，2004）。

二、中國人文思想：經史子集

我在臺灣接觸生命教育十餘年，雖然知道它是在地產物，卻始終未能擺脫西方的觀點與方法去對待它。直到最近產生意識覺醒，心想再也不必跟人起舞、隨波逐流，乃嘗試正本清源、推陳出新。若從「生命情調的抉擇」及「生命的學問」觀點和立場來看「生命教育」，則臺灣流行這一套，大抵皆未足恃，更不足道。因為其中的西化與宗教色彩太過濃厚，而與華人的生命與文化底蘊不甚相應。我心目中的生命教育暫不涉及海外華人，而以兩岸四地的「中國人」為對象。臺灣人是文化上的中國人，這是我所認知的「本土化」之底線。一旦考量到本土化的生命教育，則廣大中土才是主要發揚光大之場域；相形之下，臺灣在地作法便無足輕重了。何況臺灣生命教育長期充滿著宗教氛圍（徐敏雄，2007），不免局限住它的揮灑空間。

我對生命教育理念的重新詮釋很簡單，彰顯「人文的自然」精

神,以體現「生命的學問」真諦而已。其精義留待後文發揮,在此先觀照中國的人文思想。傳統思想是文史哲不分的「通人之學」,它以「經、史、子、集」的「四部」歸類,但不像西方「專門之學」那般分目(左玉河,2004)。歸類仍成一體,分目則劃清界線;通人之學的經史子集,一旦落在現今的專門分目框架中,只好勉強以「國學」加上文、史、哲學三科相比附。古代僅有學派而無學科之分,像儒、道、墨、法、名、陰陽家皆屬之。至今儒道二家之分猶存,但它們都是生命的學問。至於「四部」歸類最早出現於晉代,主要是為區別各種典籍而設;迄清代編纂《四庫全書》時,已經呈現出一整套洋洋大觀的中國古代人文思想所匯總的知識系統了。

三、人文化成:文史哲不分家的視野與方法

受到西學東漸的影響,「四部之學」逐漸退場,「七科之學」開始興盛,流傳至今依然當道。「七科」係指「文、法、商、理、工、醫、農」,這是西方學術的第一層分科,明顯體現於當前大學的學院設置。以文學院為例,下隸「文、史、哲」諸系;而理學院則見「數、理、化、生」等系。中國古代官府有官學,民間有書院,但未見西式大學的型態;現代意義的大學出現於十九、二十世紀交會時,其與古代最大不同,便是學科分化與院系設置(左玉河,2008)。由於學系建置的確立,傳統讀書人轉型為現代的知識人,以知識生產為職志,同時通過專門教育培養後繼者。西式大學教育在中國發展百餘年,伴隨科技掛帥的時代潮流,各門知識都無可避免沾染上功利色彩;而文史哲等人文學問置身其中,則更顯得不切實際了。

傳統文史哲不分家的人文化成思想,多少都屬於生命的學問;如今既然落在西式大學體制中,無法充分發揮所長,只好退而求其次,努力在大學裏推行人文教育。大學人文教育無法單靠文學院或人文學

院來主導，必須由校方統籌辦理；它在臺灣納入「通識教育」實施，大陸則列為「文化素質教育」的一環（甘陽等編，2006）。如果各學系傳授的是不斷分化的專門知識，則通識或素質教育便凸顯出學科統整的綜合學問；人文教育及生命教育唯有放在這個脈絡中來運作，始能發揚光大。人文教育要求的是科際整合的視野，以及意義詮釋的方法，可以視之為廣義的「人文科學」，而與「自然科學」相對。不過我認為文史哲不分家至少要兼顧理性、感性與經驗性，三者齊備才有可能達到人文化成的境地。

參、自然觀

一、自然思想：天人地

生命教育主要關注人類這個物種，但是地球上有六十七億人口，盡談些普遍共相的問題，其實搔不著癢處。也有人認為應該像存在主義一樣，完全針對實存個體而發；不過如此一來，生命教育就很難教了。我的主張是「異中求同，同中存異」、「大處著眼，小處著手」、「各自表述，各取所需」，將生命教育視為是中國人的教化活動；由於中國人占全球人口五分之一，光是兩岸四地便已足夠發揮。生命教育的核心概念與對象乃是「人文的自然之人生」，它指引人們如何在其一生中，順應自然發揚人文精神，亦即後面要闡述的「性靈揮灑」。文明人係透過人文教化去認識自然，其方式為「類比」，西方學者發現文明史當中先後出現三種類比：有機的、機械的，以及演化的自然觀（吳國盛譯，2006）。

中國古代典籍《管子》、《易·繫詞》中均提及「天、人、地」為「三才」；其中天地即指宇宙時空，而人則是存活於其中的主要生

命體。西方的自然觀從古希臘的素樸有機類比，發展到通過基督宗教創造設計構想下的近代機械類比，再到科學觀察下的現代演化類比。相形之下，中國的自然觀則始終走在有機類比的道路上；人作為一個小宇宙，是與天地這個大宇宙和諧呼應的。別的不說，如今中醫仍然以此模式進行辨證論治。由於十九、二十世紀以來中國不斷從事西化，文化思想和自然觀普遍受到科學與技術的影響；但是進入二十一世紀的後現代，「走向自然生命」的呼聲逐漸興起，希望能促成中國文化精神再生（成復旺，2004）。這種時代風氣的轉變，或許能夠提供生命教育一個揚棄西化、回歸本土的全新途徑。

二、中國自然思想：道與德

　　一般將中國人文思想的闡發歸於儒家，而將自然思想的提倡列為道家；如此說法雖不盡然，但以生命教育的要求仍說得通。生命教育不看重思辨論證，而有意借題發揮；因此與其說我在鋪陳儒道思想，不如說運用國人知曉的常識之見，引申發揮為生命的學問。順此提到中國自然思想，不妨從道家切入，由道與德二者談起。如今人們一見「道德」兩字，便聯想起「倫理」；把「倫理道德」連結，用以解釋儒家，甚至西哲皆不差，但於道家卻另有所指。簡言之，「道」指的是生命形成的自然根源，「德」則為生命存在的現實根據；道是體，德為用（李霞，2004）。將此納入生命教育來看，即是提示大家認識人生在世，必須主動發掘天地與自我相通的自然本性，然後依此本性，並配合現實條件去妥善自處，勿多事造作。

　　也許有人會覺得用道家的方式處世不免消極，但是生命教育的理念，乃是儒道融通的「人文的自然」，有為亦有守，始能無過與不及。綜觀世局，當前非但不能謂之清明，反倒有幾分渾濁；於此際提倡生命教育，多少有其深意。我在推廣生命教育時，經常強調「萬物

靜觀皆自得」；這是宋儒程顥的詩句，卻體現出道家式的尚清審美情趣。「清」與「濁」相對，「尚清」便是追求清風明月般的美感體驗生命情調（何莊，2007），相信為今人所欣賞與嚮往。尤其是現今自然環境已受到科技的大幅破壞，回歸大自然不復可能，只有反身而誠，始無向外馳求之誤。至於如何因應外在世界，我想把回歸自然轉化為生態保育，或為可行之道。道與德在自然觀和人文觀之內可作不同解，但有其相輔相成的作用，此即「人文的自然」之奧義。

三、自然無為：天人地相融通的意境與觀照

時下兩岸四地推行生命教育，多著眼於未成年人及青年學生；我卻希望正本清源，從教師和家長等成年人下手。畢竟如此一來，生命教育可以脫離學校體制的束縛以及課程教學的框架，走向海闊天空的家庭與社會教育，真正實現潛移默化的理想。多年經驗積累下我發現，生命課題獨立開科設課，並不見得比融入其他課程來得更有效果，問題在於教師有沒有相應的修養去循循善誘。於是在我看來，教師及成人的生命教育，比學生及孩子的生命教育更為迫切重要。針對年輕人要能夠「抒情」，於成年人更可以「說理」；而生命教育的理念中，其實充滿了各種情趣。具有人道關懷的漫畫家豐子愷曾經表示，美的態度即是在對象中發現生命的態度（易健，2000）。我們要用發現生命之美，取代對自然與生命的侵凌，如此方能達到天地與人心相互融通的境界。

「三才」彼此融通的意境與觀照，大致反映在自然無為的人生中；無為並非沒有作為，而是「有所為，有所不為」，以及「為而不有」的通達人生態度。當代文學家林語堂可視為代表，他將自己的書房題為「有不為齋」；其人生一方面用幽默作風以靜制動，另一方面則表現為詩情畫意的積極主動（王兆勝，2006）。人是社會的動物，

積極入世或許功成名就，但也可能遍體鱗傷，此時隱逸念頭便會浮現。「隱」是躲藏，「逸」是逃離；古人還有山林自然可逃，今人只得逃向內心深處。生命教育對失志的成年人而言，或許能提供「退一步海闊天空」的精神安頓效果。尤其當人年紀越大，除了事業發展的問題外，身心狀況也會走下坡；以順應自然、閒賞生命的態度過活，相信足以福至心靈，怡然自得。

肆、人文的自然

一、生物／心理面

　　人的生命形成於自然，向人文開展；自然科學把形成的過程用演化來解釋，人文社會科學則將演化觀擴充用於文化活動上。科學思想與方法源自西方，屬於舶來品而非中土產物；本著「中體外用」的學問立場，自然科學向外求緣沒有疑義，社會科學及人文學則必須通過本土化再拿來討論，否則容易不相應。學術本土化是以中華文化本土意識為基準的治學之道，其思想與方法理當堅持「中體外用」原則；此一原則係「中體西用」的轉化與擴充，我在其他文章中已有所闡述，不再贅述。回到問題上面來，人是有形物體，我們的身體受到自然法則限制，尤其是生物性法則。生物系統較無生物複雜得多，除了涉及物理上的因果與必然性外，還需要考量演化上的機率和偶然性（桂起權等，2003）。換言之，生命個體都是獨一無二的，其「命」或許受限制，但「運」卻充滿著各種可能性。

　　命運說常被人們掛在口中，甚至打心底相信；但仔細分析，它其實意味兩件事。一般多言「命中注定」，這表示個體人生有些條件

確實在先天就被決定；近來更由於基因科技的研究，進一步深化此一觀點。然而人生在世，並非完全受限於先天條件，後天努力也扮演著吃重的角色，亦即從事某些運作。「運」指運氣，「氣」表氣勢，「勢」乃勢之所趨；一個人必須先看清自己的人生趨勢，再順其形勢加以運作，如此始能事半功倍。除此之外，還得培養審度環境變遷的能力；能做到內外兼顧，生命潛能也就得以大幅開發。開發自我正是一種「人文的自然」之努力，需要通過心理建設來達成。西方心理學看重行為和認知，中國心理學則展現出豐富的人性論思想（燕國材，2002）。人性導引著個體的發展，自覺與自決於是變得很重要。

二、社會／倫理面

「人文與自然」可引申指涉每一個人類生命個體，為生命教育的關注焦點所在。我嘗試把人分成三方面來考察：「生物／心理面」的「身——心關係」、「社會／倫理面」的「人——我關係」，以及「靈性／性靈面」的「靈——性關係」。上節談到人的生物／心理面，其身——心關係建立在我們對命與運的認識和把握上。命是先天條件，體現於身形之中；運是後天努力，藉著心智判斷而由意志表達出來。但是個人並非孤伶伶存活於天地之間，周邊還有許多同類；如何與別人和諧相處，便構成社會／倫理面的人——我關係。「社會」概念源自西方，為中土過去所無；中國人喜講「人世」、「世間」，一般多以儒家為「入世」，而視道家為「出世」或「避世」。社會學又稱「群學」，中國傳統上看重的是倫理性的「仁學」，至明末始見「群學」思想萌芽，迄清末大幅轉化（陳其南，1998）。

「仁」指二人，代表人際關係，但不必然等於「群」。中國文化向來重視「仁」的情感連結，卻相對忽視「群」的法理責任；生命

教育雖然帶有濃厚的情意成分，仍須對現實情境保持清明的理智。簡言之，傳統觀念較看重「自己人」的關係，由此建立起一整套親疏等級的倫理網絡；而西方人心目中的社會與國家，則屬於不見得有血緣維繫的「人之積」，大家都是法律面前人人平等的一分子。提出「差序格局」論點，來解釋「自己人」與「外人」關係的社會學家費孝通（2005）發現，中國人的世界觀係在由外而內、由表及裏的差等中體現；「人——我關係」向內一層即達「我——心關係」，於是我們理當學會「將心比心」。此說對生命教育頗有啟發意義；既然每個人都是「心之器」，則不管認不認識，都應當相互尊重，由是社會關懷便彰顯出同體共生的倫理情愛。

三、靈性／性靈面

　　作為「人文的自然」的生命個體有三面：生物／心理所反映的自身面，社會／倫理所體現的人倫面，以及靈性／性靈所觀照的心性面。心性面代表一個人反身而誠所流露的本心本性，若能由此銜接上傅偉勳（1993）所講的「心性體認本位」生死學，便多少有機會參悟到「了生脫死」的境界。靈性乃是精神性，性靈則指真性情。人的精神層面不同於心理層面；心理牽連著感官知覺，而精神卻屬於心領神會；如果心理反映出人的感性，精神就達於悟性的高度。而當一個人對生存、生活、生命之種種皆有所領悟，其本心本性便得以開顯，且容易達至知行合一的境地。中國文學裏有著不少性靈書寫，大多「我手寫我心」；但一心之發用，仍應具有基本的靈性水平，否則即使是真情流露，依舊無法做到清新脫俗。

　　綜上所述，中華文化本土化之下的生命教育，可以視為激發「人文的自然」生命個體之本心本性的人生教養，亦即「生命的學問」。

它由一個人的生物／心理面出發，以感官知能安頓身心求生存；其次通過社會／倫理面的關係建立，以應對進退方寸拿捏過生活；但最重要的則是開啟靈性／性靈面的本心本性，以反身而誠回歸自然來彰顯生命。關鍵意義在於這一切皆無涉於宗教信仰，而歸於中國人從來便具有的精神性和人生態度（劉長林，2001）。人生態度源於人生信念，人生信念多為內在的精神性，少談外在的超越性。一般凡夫俗子的人生信念不足，需要信仰寄託，可以走進民俗信仰去禮拜神明；但必須充分把握主動性，切莫被制度化的宗教團體所宰制利用。宗教為團體活動，信仰屬個人抉擇；選擇走自己的路，不從眾加入教團，這才是人生實踐的中心主旨。

伍、人生實踐

一、求 真

　　行文至末節，要提出我對人生實踐的看法與建議，這也正是我心目中的生命教育、人生教育或人文教育的內容。依常識之見，把人生分為求真、行善、審美三部分來討論大致不差。求真的實踐至少必須滿足最根本的生存之道，然後才談得上改善生活及充實生命。對此我認為懂得養生之道和躬行生態環保，乃是相輔相成的事情；亦即將天、人、地「三才」統整考量、無所偏廢的人生實踐策略。它既指向也及於人的生物／心理面向，對此最好是採取一種「心理的生物」生命個體之觀照或建構。我們非但要擺脫「心為形役」的困境，更希望看見「世界一」受到「世界二」主導以形成「世界三」，即由心智來指引身形以創造文化（范景中、李本正譯，1998）。一般所說的「知情意行」，其中知、情、意都屬於心理和精神活動；由深思熟慮來指

引身體去行動，始能無過與不及。

此處所言容或有些抽象，不過我卻相當認同上述由當代英國哲學家波普所提出的「三個世界」理論。他把物質能量、心理意識、社會文化三者，分別稱為「世界一、二、三」，並強調文化對人心，以及人心對身體的積極作用與影響。這種觀點與生命教育頗能呼應，亦即實踐人生的自我，一方面可以通過小我的心理意志去修身養生，另一方面也必須顧及倫理／社會面有形無形的大我聯繫。倫理實踐下文再談，現在先看人生「求真」部分，除修身養生外，作為另外一個重點的生態環保。「求真」為的是「存其真」，也就是順應、回返自然之道；修身如此，環保亦當如此。西方的應用倫理中有環境倫理或生態倫理的分支，由早先「同情共感」的痛苦中心，逐漸發展成「同體共生」的生命中心與自然中心觀點（甘紹平，2002），不啻為人性與人生的一大突破。

二、行　善

我所彰顯的「人文的自然」，進一步引申解釋，便指向「具有人文關注知能與關懷情意的自然生命個體」；其人文面接近存在主義所指的足以從事「存在抉擇」的人，而自然面則體現出莊子筆下的「至人、神人、聖人」。依此觀之，「心理的生物」即「能夠主動從事心理建設的生物人」，而「倫理的社會」則為「積極改善倫理關係的社會人」，至於「性靈的靈性」乃及於「不斷流露性靈的靈性人」。討論到人生實踐的「行善」部分，我希望強調主動「改善」倫理人際關係。過去中國人多談「五倫」，連「朋友」都有「自己人」的意味；至一九八〇年代在臺灣開始倡議「第六倫」，推動改善與素昧平生的第三者之關係，亦即群己關係（韋政通，2005），這就把傳統上一向忽視的「社會」，列入關心的對象。

「社會」係西方觀念，含有「社群」及「生活共同體」的意義，其成員不必然親連或相識。中國古代也有「社會」之說，指一群人在神廟前聚會，但缺少西方那種整體意識。西方社會成員認為人類個體均為上帝受造物，於是產生超越性的連結；中國人則看重血緣所形成的家庭、家族及宗族關係，講究倫理認同的內在性連結。百餘年前西學東漸，於是不但見到用「社會」觀點考察中國之種種，更有以「社會主義」改造中國之努力，國民黨和共產黨的革命皆本於此。然而從傳統「儒家式社會」向「社會主義中國」轉化，多少是用鮮血和人命換來的（宋榮培，2003）。主張行善人間的生命教育，寄望二十世紀中國兩輪的流血革命，是三千七百年前商湯革命以來的最後一回合，從此人們只要做改善現狀的革新努力就足夠了。

三、審 美

最後一小節是寫作主旨之所繫。我對近年在華人社會流行的生命教育進行重新詮釋，是本著「後西化、非宗教、安生死」一貫理念而思索。過去我談「後科學」，如今嫌其不足涵蓋現狀，乃擴充為「後西化」，亦即對「外來化──西化──現代化──全球化」的現象加以反思批判。在上述針對生命教育而發的理念陳述中，「後西化、非宗教」只是前提，「安生死」才是結論。我的目的是想找出一套在中華文化本土化以內的安身立命之道，引領人們活得充實滿足，死得坦然豁達。就像李天命（2008）所言「善死生」的境界：淡永自得，來去安怡。「安生死」所得到的乃是一種「成己之美」；把人生歸零的過程視為美感體驗，反身而誠，不假外求。生命教育或人生教育走到這一層，面對的即是和諧的圓滿。

人生實踐的三部分，求真可貼近實在，行善可領略融洽，審美則臻於和諧。人生境地至此已轉化為審美境界。此處所指的審美境界

屬於「內審美」型態，亦即不依靠外在對象或不通過外在感官而獲得的審美體驗；以老子和莊子所開創的道家人生境界，正是這種內審美生成變化的典型（王建疆，2006）。老子講究無為，莊子看重自然，這些乃是人生實踐的智慧睿見。中國原本就沒有西方的創造觀與印度的輪迴觀，儒道二家思想都著眼於現世，只是儒家入世而道家避世而已。凡人過的皆為俗世生活，世俗價值往往會被年老、生病及死亡所蠶食，亟待培養一套脫俗清新的人生觀作為因應之道。用審美的眼光去從事生命情調之抉擇，正是了生脫死的「安生死」智慧表現。果真如此，也就不假外求了，而「後西化、非宗教」的真義亦得以彰顯。

結　語

這是我最近所撰寫的第四篇有關生命教育系列著述，從具體的教師與成人生命教育的提倡，到抽象的生命教育理念之闡述，一以貫之的即是我對審美性靈生命情調之抉擇。我的學問道路從求真的科學哲學，走向行善的生命倫理學，再到審美的人生美學，共歷時三十年，第二次轉向是最近才開始發生的，系列著述所呈現的正是其中心路歷程。生命教育的概念原本空泛，因此可以各自表述，各取所需，我也樂得盡情揮灑。在此我提示「人文的自然」生命個體作為人的性質，就其生存、生活、生命三方面，拈出「心理化的生物人」、「倫理化的社會人」，以及「性靈化的靈性人」三者相輔相成的人生實踐途徑。其最重要的目的乃是為了安頓生死；人一旦對死亡豁達，生命便充滿無限的可能性。

參考文獻

王兆勝（2006）。《林語堂大傳》。北京：作家。

王建疆（2006）。《澹然無極——老莊人生境界的審美生成》。北京：人民。

左玉河（2004）。《從四部之學到七科之學——學術分科與近代中國知識系統之創建》。上海：上海書店。

左玉河（2008）。《中國近代學術體制之創建》。成都：四川人民。

甘　陽等編（2006）。《中國大學的人文教育》。北京：三聯。

甘紹平（2002）。《應用倫理學前沿問題研究》。南昌：江西人民。

成復旺（2004）。《走向自然生命——中國文化精神的再生》。北京：中國人民大學。

牟宗三（1970）。《生命的學問》。臺北：三民。

何　莊（2007）。《尚清審美趣味與傳統文化》。北京：中國人民大學。

何金俐譯（2005）。《通過孔子而思》（郝大維、安樂哲合著）。北京：北京大學。

但昭偉（2002）。《思辯的教育哲學》。臺北：師大書苑。

吳國盛譯（2006）。《自然的觀念》（R. G. Collingwood著）。北京：北京大學。

宋榮培（2003）。《中國社會思想史——儒家思想、儒家式社會與馬克思主義的中國化》。北京：中國社會科學。

李　霞（2004）。《生死智慧——道家生命觀研究》。北京：人民。

李天命（2008）。《從思考到思考之上》。北京：中國人民大學。

易　健（2000）。《人的詩化與自然人化》。海口：南方。

施忠連譯（1999）。《漢哲學思維的文化探源》（郝大維、安樂哲合著）。南京：江蘇人民。

范景中、李本正譯（1998）。《通過知識獲得解放——波普爾關於哲學、歷史與藝術的演講和論文集》（K. R. Popper著）。杭州：中國美術學院。

韋政通（2005）。《倫理思想的突破》。北京：中國人民大學。

倪梁康（2007）。《理念人：激情與焦慮》。北京：北京大學。

徐敏雄（2007）。《臺灣生命教育的發展歷程：Mannheim知識社會學的分

析》。臺北：師大書苑。

桂起權等（2003）。《生物科學的哲學》。成都：四川教育。

陳其南（1998）。《傳統制度與社會意識的結構──歷史與人類學的探索》。
　　臺北：允晨。

陳鼓應（1999）。《存在主義》。臺北：臺灣商務。

傅偉勳（1993）。《死亡的尊嚴與生命的尊嚴──從臨終精神醫學到現代生死
　　學》。臺北：正中。

費孝通（2005）。《費孝通在2003：世紀學人遺稿》。北京：中國社會科學。

葛兆光（2004）。《思想史的寫法──中國思想史導論》。上海：復旦大學。

劉長林（2001）。《中國人生哲學的重建──陳獨秀、胡適、梁漱溟人生哲學
　　研究》。上海：華東師範大學。

劉述先（1974）。《生命情調的抉擇──中國哲學智慧的現代意義》。臺北：
　　志文。

燕國材（2002）。《中國心理學史》。杭州：浙江教育。

2-4

智者逸人
——成人生命教育的境界

（2009）

引 言

　　生命教育在臺灣已經推行十餘年，於大陸則方興未艾；這份教養主要針對年輕學子，但是成年人更需要它。目前兩岸四地無論政治意識型態為何，走在市場經濟道路上的腳步則完全一致；而如此一來，就難以避免資本主義全球化所帶來的生命異化弊端。不管如今是現代抑或後現代，人類的生老病死無不受到各式各樣科技工具的驅策，倫理及社會關係益形疏離，靈性與性靈更不斷受到斲喪。過去人們可以修身養性、自求多福，時下卻顯得人在江湖、身不由己，不得已才要推廣生命教育；但它並非時髦流行的口號，而是化危機為轉機的自我改善之道。我嘗試提出「智者逸人」的理想人生境界，作為成人生命教育努力的目標方向。希望成年人能夠心領神會，豁然開朗，再推己及人去影響下一代。

壹、生命的教育

一、學生與學校教育

　　「生命教育」語意含糊，卻有容乃大，足以讓人們「各自表述，各取所需」。這主要是因為「生命」概念具有多重涵義，它既指有形的生命個體，又反映無形的生命價值。近年來兩岸四地各級學校紛紛開設相關課程，其性質頗有將傳統德育翻新的味道；若說生命教育是德育的「新瓶裝舊酒」，也不致太過偏差。從「五育並重」的理想看，撇開智育與體育不談，時下流行的生命教育，可視為德育與群育的融合，卻明顯缺乏美育的內容，我即針對此點多所著墨。生命教育可以是潛在課程或融滲課程，然而一旦成為學生與學校教育的正式課

程，它就必須有所依託。臺灣生命教育在高中開立正式課程，向上銜接大專通識教育，並期望促成生命覺醒、心靈陶成的通識教育目標（孫效智，2008）。

通識教育係相對於專門教育而設，因為大專以上授課偏重專門；反觀中小學則面面俱顧，可說正是在傳授通識。臺灣的通識教育類似大陸的素質教育；素質教育為中國所獨創，既有扭轉「應試教育」時弊的目的，更懷抱著提升民族文化素質的理想。而通過提倡生命教育以豐富素質教育的內容，也成為大陸教育工作者努力的方向（胡修金，2007）。環視兩岸所推行的生命教育，大致是以瞭解生命的意義和價值入手，進而開展生命化的教育。換言之，就是先藉由既有的教育管道引進生命課題，再嘗試將現存的教育活動轉化為具有生命化精神的人生教養。問題是今日教育活動多以傳授知識為主，且偏重科技方面的智育，想加以轉化並非易事。眼前的權宜之計，還是先從「人文與科技對話」做起，較有可能收到效果。

二、教師與進修教育

「人文與科技對話」可視為生命教育的務實進路，臺灣的高中生命教育課程中，便有兩學分的「生命與科技倫理」一科。不過在校學生所學未足，即使是大學生也很難主動對話，因此希望就得放在教師身上。然而教師雖學有所專，卻不見得具有生命化的意識，也鮮見接受相關培訓者。近年臺灣正積極開發生命教育類科，對此有志的中小學教師，必須修習三十多個學分方能領證授課。只是教師無法單憑此類課程謀生，充其量僅算得上是第二或第三專長的副科，因此並不能為廣大教師群帶來積極學習的誘因。如果教師無意花一兩年時間進修生命教育專門課程，那麼在師資培育及在職教師進修的教育哲學相關課程中，融入生命議題，使其足以激發人文關懷，提升人文素質，也

算是有所成效（石中英，2007）。

　　成人生命教育可以自學，學生及學校生命教育多少得靠教師傳授；各級學校教師皆為成人，其生命修養既能經由自學，也有機會通過進修教育管道培訓。培訓教師的教育乃是教師教育，分為職前培訓與在職進修的前後階段；前者在臺灣名為「師資培育」，後者在大陸稱作「繼續教育」。自一九七〇年代開始，教師教育的改革係從繼續教育走向終身教育再到終身學習，而理想的教師類型也從技術員一路進展到設計者及反思者（陳永明，2003）。反思型教師具有批判本身所學知識及所教課程的能力，以發現其不足，進而不斷加以充實強化。如果將生命教育視為一種「生命化」的薰陶，則它應當是每個以作育英才為志業的教師之必備教養。人們不是常說教育為「百年樹人大計」嗎？如是它又豈能淪為只限於一技之長的職業訓練呢？

三、成人與社會教育

　　為移風易俗，推陳出新，世紀初海峽兩岸不約而同推展生命教育；臺灣強調其中的倫理教育成分，大陸則視之為涵蓋較廣的道德教育。生命教育可以有狹義廣義及正式非正式之分。狹義的正式教育即指在各級學校所傳授的相關課程，廣義的非正式教育則多用於成人，尤其是傳道授業解惑的教師們更為需要。我嘗試提出成人生命教育逐漸落實時，所可能達到的高妙人生美感境界──「智者逸人」，也就是「以隱逸精神生活為依歸的有智慧的人」或「有智慧的隱逸文人」。如何實踐留待後文討論，現在先來考察成人教育。成人教育注重自我導向學習，希望通過不拘形式的實務取向，以激發成人學習者的自動性與自我指引（黃富順，2000）。這點正適合生命教育的三大實用目的：生存基調的鞏固、生活步調的安頓、生命情調的抉擇。

　　一般所指的教育活動，若以對象區別，則分未成年人與成人教

育；而用場域來界定，則有家庭、學校、社會教育三者，其中且有階段性。成人教育通常不到學校去，卻可以在家裏隔空學習；事實上臺灣以成人為對象的空中大學，便屬於社會教育的一環，由此可見三者並不見得截然劃分。重點在於終身或終生學習，它有時基於社會需要，有時更應當形成為社會風氣；前者如為失業或待業者設計的技能培訓，後者就像生命教育。臺灣生命教育的發起推動有其社會意義，那便是自殺防治；至於近年大學內興起的服務學習，也有貢獻社區與社會的生命教育旨趣。也許我們可以效法韓國，把社會教育人員轉化為終身教育教師（楊國德，2007），讓生命教育從學校普及至社會，令廣大成人受惠才是。

貳、人文的自然

一、科學與自然

以上所論，主要是為彰顯成人生命教育的可行性與必要性。生命教育對成人而言，即是生命化的終身學習，它包含三大實用目的：生存基調的鞏固、生活步調的安頓、生命情調的抉擇。此三者反映出人生的真、善、美三面向，而人生的圓滿實現，乃是達到「智者逸人」的境界。「智者逸人」屬於「知識分子生活家」，其典型為「後現代儒道家」，以體現出「人文的自然」之道。「人文的自然」之道的西方版為「人文自然主義」，主張善用科學、發揚人文、揚棄對超自然的迷思，表現出「非宗教」立場。這種西式解讀可以融入我所倡議的「中體外用」方法綱領，以肯定「自然先於人、人先於自然科學」的提法（林安梧，2004），從而善用科學。「善用」在器具面為「馭物而不馭於物」，在思想面則把握「後科學、後西化」的文化主體性及

批判意識。

探討科學與自然的關係，不免涉及技術器用；別的不說，光看現今人們須臾離不開手機和電腦便可見一斑。身為現代人，我承認這些科技工具帶來不少方便，而醫藥方面的進步也造福人群；世界是不可能走回頭路了，我們必須與科學思想及科技產品和平共存。不過事情還是可以分出利弊得失，先後緩急，像最近「全球暖化」議題甚囂塵上，「節能減碳」、「隨手做環保」等口號，正是生命教育的豐富素材。我所提倡的生命教育希望大家順應自然，勿多事造作；使用科技工具不妨適可而止，倒是對於科學知識探索宇宙、追求真理的精神應有所瞭解。理解之道除了直接學習科學外，多涉獵「科學學」也是有效途徑。科學學包含科學史、科學哲學、科學社會學等分支，是「讓科學回歸人文」的批判性反思（吳國盛，2003），值得我們學習。

二、人文與自然

把科學與人文二分，乃是西方學界英美傳統的作法；科學主要指自然科學，勉強包括效法自然科學的社會科學，但絕不納入人文學問。不過在英美傳統之外，另有歐陸傳統，走的也是二分路線，卻將科學等同於知識；於是科學便分為自然與人文二者，後者也包含社會科學。知識的分類在學界由於學者爭論不斷，至今仍莫衷一是。然而一般人根據常識即可判斷出，我們所生存的世界，確實有著人文與自然的差異。人文世界具有文化內涵，需要用心解讀；自然世界常為人心所嚮往，卻越發不可求。不過「自然」的概念在中西也各有認知；西方思想傳承自古希臘的宇宙觀，認為「自然」指向一個具體存在的世界（吳國盛譯，2006），而中國思想裏像老子所強調的「自然」，大致反映的乃是事物本來的面目。

西方的自然觀由自然哲學發展為自然科學，所見日小，卻相當深

入。值得注意的是，自然科學背後那種探索真理的精神，由古希臘一
貫而下，至現代為歐美國家發揚光大。事實上它所體現出來的，乃是
一種獨特的文明創造歷程和文化心靈視野；這可以視為特定的人文化
自然觀。西方文化追求對於自然世界的瞭解與改變，相形之下，中華
文化則表現為對人與自然和諧共生，以及順應自然的態度之嚮往，由
此發展出不同於西方「戡天」式的「天人合一」自然與生態觀（蒙培
元，2004）。進一步深思，當下世人的觀點雖知有人文與自然之分，
卻因為受到西方影響，而將二者對立起來，不免造成自然界的斲喪，
同時也傷害到我們自己。如今理當回過頭來，發揚中華文化，用人文
去關切自然，方能使得二者免受割裂之苦，進而互利共榮。

三、人文的自然

在一個連外太空都漂浮著人工垃圾的時代裏，想在地球上尋訪
自然樂土，可說是難上加難了。當前最佳狀態乃是一方面節能減碳，
隨手做環保，另一方面則反身而誠，勿向外馳求。臺灣有宗教界提倡
「心靈環保」，但是宗教活動必然涉及團體；宗教團體靠著宗派領袖
加上意識型態領導，有可能宰制信眾，也容易在心境上濃得化不開。
對此我有所保留，存而不論；擱置宗教信仰，轉而倡議一種「人文的
自然」人生信念。信仰必須堅定鞏固，信念則可以開放揮灑。我贊成
對大自然多所瞭解，但反對造作破壞；從「中體外用」方法論的立場
來看，西方的「人文自然主義」思想，最好能夠積極跟中國的「人文
的自然」境界融通。它的終極境界，便是無為、無知和無欲；以人文
的理解，持續保持對於自然的尊敬（何金俐譯，2004）。

不能否認地，人是自然的產物，並且受到自然規律所制約；但
是人心一旦由自然中演化生成，便回頭去操弄自然，甚至破壞自然
了。我提出「人文的自然」之用意，正是希望人們多充實一些人文素

養，以認清維護自然的重要，同時建立順應自然，勿多事造作的人生
態度。如今成人多過著或追求中產階級生活型態，它在物質面可謂有
餘，精神面卻顯得不足，結果流於庸俗，缺乏文化上的品味和深度。
我身為中產大學教師，避免自命清高，更要自覺反省；以通過人文化
的閱讀和書寫，來進行自我生命教育，進而提升人生的自然境界。由
於現代人的思想與生活已經深受科學和科技影響，不可能回歸素樸的
自然狀態；只有藉由人文反思及批判，有意維護與貼近自然。我追
隨融思、史、詩於一爐的文史哲不分家的人文科學途徑（李維武，
2007），寄望由此達於順天應人、縱浪大化之境。

參、後現代儒道家

一、後現代思潮

我嘗試提出成人生命教育一旦落實，可能達到的典型人格意境，
即是「智者逸人」。「智者逸人」係指「有智慧的隱逸文人」，於當
今體現為「知識分子生活家」，其文化素質的理想可視作「後現代儒
道家」。儒道二家思想自先秦傳承至今，早已深入民心，無疑成為
廣大華人的精神支柱。有人戲稱一個人得意入世時屬於儒家，若是失
意出世即轉成道家；此話非但不無道理，更有機會在眼前時下加以操
作。今世常指「現代」或「當代」，但在時代精神上，則另有「後現
代」為其表徵。「後現代」與其指歷史分期，不如說是代表一種思維
方式；其特性為使用未知、不確定、複雜、多元的世界概念，來取代
傳統內既定的世界觀，因此其中的相對性遠多於絕對性（王治河，
2006）。

「後現代」作為一種思維方式而流行，其實已形成為強大的思

潮；以其多元的「後現代性」去對抗單一的「現代性」。現代性興起
於西方，糾結起文藝復興、資本主義、海外殖民、民主萌芽、科學技
術、啟蒙運動、工業革命等一連串歷史印記，匯聚成豐盛的內涵，由
是衍生出二十世紀的現代化、全球化霸權（黃瑞祺編，2003）；而在
東方的我們，因此格外容易感受到其中的外來化與西化的文化入侵。
好在中國如今非但未停留在二十世紀初期的前現代、次殖民的弱勢局
面，更於二十一世紀伊始大幅崛起為後現代、後殖民的強大勢力。不
過當前中國人並不像過去的西方人那樣侵凌擴張，反倒是強調與世人
和平共存。繼臺灣經濟奇蹟後，大陸的和平崛起更令人矚目。在這種
契機下，連華語漢字都蔚為流行，能將儒道思想順勢傳播出去，可謂
此其時矣。

二、儒家思想與生活

中國人的生活型態大致受到儒、道、佛三家人生信念所影響，於
宗教信仰則多歸於佛、道二教，另有雜糅二者及鬼神崇拜的民俗信仰
流行。而當我在思考如何向兩岸成年人推廣生命教育，以構建一套可
以企及的人生境界時，心中浮現的便是在生活實踐上彼此融通的「後
現代儒道家」。儒道二家在此與其視為哲學論辯的對象，不如看作是
指引生活實踐的思想標竿。仔細觀之，儒家思想貫穿古今兩千五百多
年，其性質頗似基督宗教在西方世界所占的主流地位。縱使西潮東漸
百餘年，但至少儒家思想在臺灣社會尤其是教育活動上，仍居於主軸
（但昭偉，2006）；而大陸近年也在社會主義旗幟下逐漸復興儒學，
甚至興起國學熱。由於儒家思想看重的是社會倫理，因此有助於建立
並維繫社會的倫常關係。

儒家思想深入生活各層面，並不僅限於華人社會；東北亞的日
本、韓國，以及東南亞的越南，皆受其潛移默化。儒家倫理自古即為

以「士」為主的讀書人所看重並躬行實踐，其於個人、社會、國家三階段無所偏廢，有學者遂以為其不似道、墨、法三家各執一偏（蔡仁厚，2005）。先秦時代墨家與法家的精義，於後世已逐漸融入儒家傳統內，終於形成儒道二家長存的並行局面。至於佛家思想由西土傳入並大興，則是七百年以後的事情；而它在本土轉化過程中，由於不斷與儒道思想衝擊碰撞，更刺激了儒道二家的改革創新與擴充包容。時至今日，世俗化的儒家思想，仍然以「四維八德」等德目教化，不斷影響及社會大眾的生活諸面向。成人生命教育倘若能順此開展，因勢利導，或能收事半功倍之效。

三、道家思想與生活

如今正統儒家學者仍視道家思想過分看重個人，無視於國家社會，屬於一偏之論。此事固然無可厚非，但回到根源處觀察思考，似乎對道家有些不公平。從先秦的處境看，孔、老同生於春秋時期，兩人甚至有機會切磋論學；面對當時諸侯並立共存的政治生態，兩位聖人則各以自身所見所思，拈出待人處世因應之道。相對於孔子的積極進取，老子所採取的以退為進，其實同樣可以在國計民生上著力。真正見出思想差距的，應屬戰國時代的孟、荀和莊子。其時諸國爭戰，社會動盪，孟、荀於人性理想與現實的堅持固然各有所見，但熟悉儒家的莊子卻提出了大異其趣的批判觀點，而將社會關注全面轉向個體人生的安頓（孫以楷等，2001）。由於老、莊二人對於道家思想的貢獻各有所長，不能一概而論；而整個道家思想的影響，其實覆蓋了國家、社會與個人各層面。

古籍有「諸子出於王官」之說，雖然不見得體現出各家思想的傳承與深度，但卻足以看出其脈絡及廣度。像儒家源自禮官，道家出於史官文化，皆有一定的可溯性和可塑性。後世指陳老子「出史入

道」，意謂其人在長期觀察記錄世事人情之後，始能透徹體認文明之病，進而興起從根本救起的宏願。至於莊子思想的高遠玄妙，則與南方的巫覡文化相呼應（朱哲，2000）。時至今日，雖然儒家的入世倫理，仍然決定著華人的生活型態，但是道家出世甚至避世的身心嚮往，卻不時滲入並影響及我們的精神狀態。至於後世在中土成功轉化出來的佛家禪宗思想，亦與道家相呼應，從而使儒、道、佛三家思想，融會形成中國傳統士人的骨、肉、血。傳統士人發展至今，逐漸成為現代知識分子；在西化的薰陶下，後者已具有一定的西式意涵。

肆、知識分子生活家

一、知識社會

「知識分子」是一個源自十九世紀的西方概念，其所強調者，為一個讀書人的智性修養和擇善固執，翻譯成「知識分子」，似乎有所窄化。尤其是進入資訊時代後，「知識」一詞被納入資本主義社會的價值體系中，泛指「智力資本」或「組織學習」（樊春良等譯，1998）。身為對傳統隱逸文人理想境界有所嚮往的後現代讀書人，面對資訊工具不斷向世人滲透的現實環境，我非但不提倡採取置身事外的態度，反倒主張積極推廣「中體外用」的觀念與作法，以「馭物而不馭於物」。「中體外用」係指以中華文化及讀書人身分為立身行道的「主體」，而對源自西方的思想文化與器物工具善加「運用」。時下人們不可或缺的電腦與網路，即當作如是觀；至於人手一機的通訊方式，也應驗了「天涯若比鄰」的情境。

重點在於行事個體的主動能動性，要懂得如何駕馭西方文明產物，而不為其宰制。像兩岸有以「民主人權」或「社會主義」為普世

價值，不免流於抽象；然而一旦加上「臺灣經驗」或「中國特色」，就容易加以操作運用。不過如此一來，「普世價值」便轉化且淡化為「局部知識」，具有本土性，甚至在地性。此種轉化與淡化，是很典型的後現代狀況，我們必須深切體認。近年臺灣不斷提倡知識經濟，希望通過知識管理，以創造一個知識型社會。這一連串的「知識化」，其實只反映出「數位化」（尤克強，2001），離「知識分子」的境界尚遠；其間鴻溝無疑存在，但也沒必要將之擴大。數位化的知識社會並非迷宮，後現代知識分子非但無須保持距離，更可涉入一探究竟。時下網路社群和博客部落格的風行，其實有利於知識分子傳播其理念，進而擴散個人影響力。

二、知識分子

「知識分子」有廣義與狹義之分，可得正面及負面之解。如今人人都受過教育，學到或多或少的專門知識，並且賴以謀生餬口，皆可謂讀書人或知識分子。但西方學界所認定的知識分子，毋寧說是一些具有公共性、代表性，最重要的是要有批判性，且帶有表現型才華的知識生產者（單德興譯，2002）。這些都是極為正面的社會角色，相形之下，大陸在文革結束以前，往往把知識分子視為工農兵之外、自以為高高在上的一群人，因此要將其貶為「臭老九」加以清算鬥爭。好在這一切已事過境遷，被稱為「新時期」的後文革時代，由於強調改革開放，知識分子不但受到重用，更有蒸蒸日上、扶搖直上之勢；連執政的共產黨官員，都以取得博士學位為榮。至於臺灣，想上大學的人幾乎百分之百有學校念，無疑已進入讀書人滿街跑的境地了。

我心目中的知識分子角色比較單純，能夠「家事、國事、天下事，事事關心」，並且明辨是非、知行合一，如此便已足夠。畢竟社會上大多數皆屬小市民，有機會受到高中甚至大專以上的教育；除非

參政，否則只能善盡公民的責任。理想上，我樂見每個成年人都朝向知識分子的境界前進，但是人們需要有些典型標竿人物可以參照效法，而這種典型即是生命教育教師。生命教師與一般教師不同，如今後者多數在授業解惑，而前者則重視傳道。生命教師是傳統「士」的當代再現。「士志於道」非但不可或缺，而且是「任重而道遠」，這就與西方知識分子典型不謀而合了（余英時，1993）。依此觀之，生命教育不能僅止於溫情主義式的關心照顧，而是必須開放心胸，海闊天空學得如何在後現代狀況下安身立命。

三、生活家

生命教育若是針對未成年的學生而發，其構面格局小、文化底蘊少，尚且無可厚非；一旦落在要為生活打拼、面臨激烈競爭的成年人身上，就必須教導如何頂天立地、知所進退之道。試想一個人因為失業而尋短見，此刻西式自殺防治下的輔導諮商如果不管用，就該試試中式的「安貧樂道」工夫，以自救的方式度過難關。當然這是從最壞的情況設想，一般人的生活大多過得去，需要瞭解與實踐的，乃是如何從身心的簡化與淨化中知足常樂。此即我所反思到的「生活家」意境，它可以跟古代隱逸文人的處境與作風相互呼應。古代文人以入仕作官為業，一旦致仕，詞官就算失業；但是他們不會想到尋短，而是盡可能獨善其身（孫邁民等，2008）。「生活家」過著最恬淡的物質生活，卻享受著最富足的精神生活。

相對於知識分子的入世，生活家選擇的是出世與避世；此兩者非但不致衝突，反而得以在同一個人身上充分實現。仔細觀想，現今人們的生活並非一帆風順，卻未必無路可走；大多數人都是進可攻、退可守的，所以我才倡言以「知識分子生活家」的複合生命型態，作為成人生命教育的實踐途徑。而其最高境界，則是下面要介紹的「智者

逸人」。「知識分子生活家」的根本理念，係結合社會倫理學與人生美學而成。中國人的審美境界同人生境界，自古以來便傾向於合一；而人生美學化的理想，也在儒、道、佛三家思想中得到體現（李天道編，2008）。知識分子太投入，會變得充滿憂患意識，惶惶不可終日；生活家太超然，會走向閒雲野鶴，不知所終。唯有「知識分子生活家」的人生途徑，才有可能創造「智者逸人」的生機與意境。

伍、智者逸人

一、愛智與智者

　　成人生命教育可分為「生存基調的鞏固」、「生活步調的安頓」、「生命情調的抉擇」三大方向，它們分別針對人的「生物／心理」、「社會／倫理」、「靈性／性靈」三個構面，實踐「後現代儒道家」的生存策略、「知識分子生活家」的生活型態，以及「智者逸人」的生命境界。有關上述人生方向與構面，我已在其他論著中予以闡述，此處僅就三種實踐的理念支撐，提出主觀的詮釋。相較於學校生命教育的系統設計規劃與教學，成人生命教育重在反身而誠式的自我教育。人既無逃於天地之間，就應該學會如何頂天立地；在華人社會推廣生命教育，當以中華本土文化為主要依據。我提倡的三種人生實踐，無不反映中國式「人文的自然」觀點；此處的人文觀點指向「中國人文科學」，其特色乃是文史哲不分家的一門整體學術（李幼蒸，2008）。

　　我雖然受的是哲學專門訓練，但自認始終屬於人文通識學者和教師。中國在十九世紀西潮東漸以前，原本是文史哲不分家的；而西方哲學從古希臘直到十七世紀科學革命，則為無所不包的「愛好智慧」

之學。如今我們既然處於時代精神已呈現多元發聲的後現代狀況中，則倡言「後西化、後科學」的統整性「人文的自然」學問道路，可謂此其時矣！作為愛智弟子，我並不嚮往在哲學專門領域中成為有深度的學者，而始終在追求面面俱顧有廣度的智者境界。智者便是有智慧的人，與其說是在從事哲學研究，不如視為要闡發思想所得。中國古代「士志於道」的所思所得，匯聚成一部思想史，也許較哲學史更為包孕和寬廣（葛兆光，2001）。成人生命教育的第一步，便是要求自己能夠獨立思考與判斷，並且知行合一躬行實踐，此乃「智者」的起碼條件。

二、隱逸與逸人

一個人的常識豐富、見識寬廣、通識紮實，就離「智者」的境界不遠了；而知識深入的人，所表現的則是聰明才智。才智不同於智慧，智慧屬於慧見與慧智，是與生存、生活、生命須臾不離的；相較於才智集中關注於事物的焦點，慧智則覆蓋著整體人生，兩者各有所長。雖然現今成年人在受過系統化教育後，有機會躋身中產階級，具備廣義知識分子的風貌，但是不必然要做學者，卻可以努力成為智者。一個智者能夠對自己的中產生活多所安排，以做到進退自如、出入自如、收放自如。今人不似古人，大多不為官，但卻普遍被收編在各式各樣的公民營組織中，成為行政或管理體制內的一員，身家性命全繫於此。若不巧遇上金融海嘯或景氣低迷的衝擊，只能退一步想。古之士人面對乖違困頓，一旦退一步想，便可能成為「隱士」（王博，2007），至今或可轉化為恬淡自處的「逸人」。

成年人要養家活口，其生命教育須顧及現實面，不同於對未成年學生所談的理想性。如今兩岸成人大多追求相對安定的中產生活，同時依靠社會福利的保障。然而人生不如意者，雖非十之八九，卻總有

十之四五；換言之，吉凶各半。人生處順境自當充分發展，若陷入逆境也需要有精神支柱；而凡此種種，無不以「順應自然」為上策。順應自然並非無力地認命，而是無為地知命；亦即孔子所言「盡人事，聽天命」。「無為而無不為，為而不有」，這是對儒家式「盡人事」的道家解；放在現實生活中考量，它所提供的乃是一種從困頓中抽離、全身而退的藝術，亦即「隱逸」。隱逸自古以來便形成為一種彰顯主體獨立性的文化傳承（徐清泉，2003），於今更有待復興，以因應個體所面臨的各種可能變局。

三、大隱的智慧

　　成人生命教育主要通過自我反思和生活實踐，以達到教化與安頓的目的。我從自己的經驗中，體悟出其中道理：「享閒賞情趣，親性靈體驗；做隱逸文人，過澹泊生活。」身為大學教師，這套簡化與淨化的人生理想較易實現；對其他職業中產人士而言，即使雖不能至，相信也具有參考價值。反身而誠，我的生存基調乃是儒道融通的，它表現為「儒陽道陰、儒顯道隱、儒表道裏」的後現代多元化樣態，由此開出「知識分子生活家」的實踐，以及「智者逸人」的境界。相對於儒家始終為顯學，道家經常被人們所忽視或遮蔽，視其為悲觀消極之論。好在近年大陸上吹起「新道家」之風，用以批判社會上的浮誇心態和委靡人生，並且進一步發揚人的自由意志和純真個性（劉小平，2007）。這無疑帶來一種推陳出新的契機，對那些渾渾噩噩的中產人士，或能起到振聾啟聵的作用。

　　身心健康的中國人，表面上應當開展儒家仁義，骨子裏體現道家隱逸，亦即表現出既入世又出世的「大隱」、「中隱」、「吏隱」、「朝隱」之意境（霍建波，2006）。在資本主義蔓延、商品經濟流行的時代裏，個人經常被異化成符號數字，價值大多反映在價格上，

早已沒有「鞠躬盡瘁，死而後已」的餘地。置身如此異化的處境，中產成年人必須學會退一步想，盡量擺脫壓力源，尋求海闊天空的可能。小隱隱山林，大隱隱市塵；如今已無山林好退避，只好隱逸到自己的精神生活中，去抒發性靈之美。大隱的智慧乃是「行到山窮水盡處，坐看風起雲湧時」，重點在於「當行則行，當止則止，無過與不及」。儒家進取，道家無為，兩者融通則進退有據，收放自如；如此的人生，才是真正健康的人生。

結 語

這是我有心探討成人生命教育系列論述的第五篇，也是完結之作。這五篇文字在五十五歲前後次第完成，其間一以貫之的，乃是為個人尋找當下安身立命之所繫，並嘗試設身處地、推己及人。成人生命教育主要通過自我反思與實踐而落實，它需要放在華人社會的中產生活內加以開展。當中產生活成為人們心之所嚮，以及生涯遊移的方向，生命教育勢必得以此為搭掛。但是躋身中產的代價，卻是不斷競爭和遭受異化；智者必須經由高度自覺來因應，並努力以逸人姿態尋求擺脫。我所提出的因應之道，希望大家能夠「取法乎上，得之其中」，那便是取「智者逸人」的人生境界為寄託和依歸。「智者逸人」的生命抉擇與「知識分子生活家」的生活安頓，還有「後現代儒道家」的生活鞏固，在本質上都屬於「人文的自然」之體現與彰顯，此即我所領略的「一貫之道」。

參考文獻

尤克強（2001）。《知識管理與創新》。臺北：天下遠見。

王　博（2007）。《無奈與逍遙——莊子的心靈世界》。北京：華夏。

王治河（2006）。《後現代哲學思潮研究（增補本）》。北京：北京大學。

石中英（2007）。《知識轉型與教育改革》。北京：教育科學。

朱　哲（2000）。《先秦道家哲學研究》。上海：上海人民。

何金俐譯（2004）。《道不遠人——比較哲學視域中的「老子」》（安樂哲、郝
　　大維著）。北京：學苑。

但昭偉（2006）。〈儒家的教育思想與教師哲學〉。載於但昭偉編，《教師的
　　教育哲學》，頁1-20。臺北：高等教育。

余英時（1993）。《文化評論與中國情懷》。臺北：允晨。

吳國盛（2003）。《讓科學回歸人文》。南京：江蘇人民。

吳國盛譯（2006）。《自然的觀念》（R. G. Collingwood著）。北京：北京大
　　學。

李天道編（2008）。《中國古代人生美學》。北京：中國社會科學。

李幼蒸（2008）。《歷史和倫理——解釋學的中西對話》。北京：中國人民大
　　學。

李維武（2007）。《人文科學概論》。北京：人民。

林安梧（2004）。〈「自然先於人、人先於自然科學」：記一段科學史的學問
　　因緣〉。《鵝湖月刊》，344，25-29。

胡修金（2007）。《「中小學生命教育的理論與實踐研究」課題指南》。北
　　京：京師弘博文化教育研究院。

孫以楷等（2001）。《道家文化尋根——安徽兩淮道家九子研究》。合肥：安徽
　　人民。

孫效智（2008）。〈以生命教育為核心的通識教育〉。《通識在線》，19，
　　3-5。

孫適民等（2008）。《中國古代士文化與知識分子現代化》。長沙：湖南人
　　民。

徐清泉（2003）。《中國傳統人文精神論要——從隱逸文化、文藝實踐及封建政

治的互動分析入手》。上海：上海社會科學院。

陳永明（2003）。〈教師教育課程的國際比較〉。載於李其龍、陳永明主編，
　　《教師教育課程的國際比較》，頁211-255。北京：教育科學。

單德興譯（2002）。《知識分子論》（E. W. Said著）。北京：三聯。

黃富順（2000）。《成人教育導論》。臺北：五南。

黃瑞祺編（2003）。《現代性 後現代性 全球化》。臺北：左岸。

楊國德（2007）。〈國際終身學習的特色與發展趨勢〉。《教育資料與研究雙
　　月刊》，77，141-158。

葛兆光（2001）。《中國思想史‧第一卷：七世紀前中國的知識、思想與信仰
　　世界》。上海：復旦大學。

蒙培元（2004）。《人與自然──中國哲學生態觀》。北京：人民。

劉小平（2007）。《新時期文學的道家話語》。北京：中國社會科學。

樊春良等譯（1998）。《知識經濟》（D. Neef編）。珠海：珠海。

蔡仁厚（2005）。《新儒家與新世紀》。臺北：學生。

霍建波（2006）。《宋前隱逸詩研究》。北京：人民。

輯 三

轉——大陸探詢

3-1

後現代華人生命倫理
新話語的可能

（2009）

引 言

　　基於對生命品質的要求，生命倫理學已蔚為交叉學科中的一門顯學；它不但在學術界呈現出頻繁研討交流的盛況，也彰顯出在教育活動內予以開展深化的必要。時下人們生命品質的維繫及提升，與衛生保健專業息息相關，生命倫理教育在醫學院校遂體現為更專門的醫學倫理教育。事實上，西方現代的生命倫理學實源於傳統的醫學倫理學；如今作為醫學基本專業課程的醫學倫理學，乃有必要向範圍更大的生命倫理學，甚至應用倫理學汲取養分。由於衛生保健專業服務的對象為人類個體，其生存、生活、生命必然涉及民族文化及社會語境，此中倫理人文關注不宜全盤西化。我嘗試為已步入後現代的華人社會，提出一套可能實踐的嶄新生命倫理話語。新話語在傳統思想中汲取活水源頭，為當今構建和諧社會，尋思個人安身立命之道。

壹、既有的生命倫理學

一、醫學倫理學

　　講倫理道德是中國古老傳統，但從事倫理學、醫學倫理學、生命倫理學、應用倫理學等學科建設，則為西方產物。如今華人社會流行西醫，即使中西醫整合，在形式上也以西醫為標竿。西醫於十九世紀初期拈出醫學倫理學，無非即是系統表述古希臘以降的醫師道德實踐。它探索了醫師誓言的意義，促成明文的醫學倫理守則，再發展出更有學理根據的生命倫理原則（鈕則誠等，2004）。醫學倫理學作為一門科目或一套課程，大多在醫學院校內開授，屬於專業倫理與職業道德教育。倫理道德於西方世界表陳為個體行為規範，但是對華人而

言則指向人際關係。醫生和護士的操守固然重要，但是其與病患的良性互動，更是決定醫療品質及生命品質的重要因素。醫學倫理不只應納入醫護專業教育，更需要推廣為病人的素質教育。

倫理學屬於哲學的三大核心分支之一，其餘二者為形而上學及認識論。西方倫理學在上世紀逐漸陷入語言分析的窄巷，一度形成元倫理學當道，反而置現實人生於不顧。相對地，醫療科技發達的結果，卻又出現讓人痛不欲生、苟延殘喘的倫理困境。一九八〇年代初期，美國分析哲學家圖爾明退一步海闊天空，洞識兩者整合的可能，乃撰寫一篇題為〈醫學如何挽救了倫理學〉的論文（張業清譯，1990），將醫療專業與哲學思辨的結合向前推進了一大步，從而置於新興的應用倫理學架構下。應用倫理學主要包括生命倫理、企業倫理、環境倫理三部分，而生命倫理學則涵蓋醫學倫理在內。醫學倫理學既然主要作為醫學院校的專業基礎課程，理當偏重臨床倫理與醫學道德。至於生命倫理學，則可列入素質教育通識課程加以推廣普及。

二、生命倫理學

一如醫學倫理學是醫學與倫理學的交叉，生命倫理學則為生物學與倫理學的交叉。英文的「生命倫理學」一詞最早出現於一九七〇年，它的直譯應為「生物倫理學」；不過後來生物學發展擴充深化為生命科學，也就名正言順了。生物學或生命科學皆為基礎醫學的一環，但不必專屬於醫學專業；其實它是探索大自然奧祕的自然科學的重要分支，為物理學、化學等物質科學以外的廣大知識領域。而科學研究本身的目的，也不僅止於探索自然奧祕而已；它更希望改善現狀、扭轉乾坤，於是形成了多元面貌的生物技術。生物技術可作為生命科學契入臨床醫療的介面，其中具有諸多倫理議題，在大陸被視為生命倫理學的基本核心部分，包括輔助生殖技術、人類基因組研究、

基因治療、幹細胞研究、器官移植、生命維持技術、轉基因食品、人體研究等（邱仁宗、翟曉梅編，2003）。

上述核心議題，除了基因組研究和轉基因食品兩項較接近生命科學，其餘均被列入國家規劃的醫療相關專業醫學倫理學教材之內；此外，醫學倫理更大篇幅討論醫學道德、醫患關係、公共衛生，衛生政策與改革等議題（盧啟華等編，2006）。由此可見，生命倫理學一方面以其「生命」面向，跟生命科學及基礎與臨床醫學互通有無，另一方面則以「倫理」面向，在哲學人文及社會科學的土壤中汲取養分。這其中涉及人生處境的問題；天、人、地謂之「三才」，人既無逃於天地之間，就該學會如何頂天立地。當今人們至少必須面對層出不窮的疫疾侵擾、無所不在的經濟活動，以及必須共同維護的地球生態；生命倫理乃與企業倫理、環境倫理三者共同構成更大範圍的倫理抉擇處境，此即應用倫理學所關注者。倫理原本就有實踐意義，冠上「應用」二字，無非是強調學理與實踐不可偏廢罷了。

三、應用倫理學

西方的傳統倫理學即是道德哲學，具有強烈的規範作用；其根據雖可上溯至古希臘蘇格拉底「知德合一」的理性傳統，但通過中世紀即不可避免沾染上基督宗教的色彩。中世紀以後復古式的文藝復興，逐漸從古代傳統中發掘出近代思想的理性與經驗兩大主脈；通過現代至當代，乃形成歐陸與英美兩大流派。英美學派受到邏輯經驗論和語言分析的影響，將規範倫理學轉向經驗性的描述倫理學及元勘性的元倫理學，使得倫理思考與生活實踐脫鉤。至上世紀後半葉，英美學派內部出現了不同的聲音，重返規範意義的應用倫理學和應用哲學乃應運而生。不同於元倫理學在歐陸沒有市場，應用倫理學在性質上可以銜接歐陸傳統，以較為廣闊的西方觀點，去處理當前許多具倫理爭議

的前沿問題，例如基因改造、複製人、墮胎、安樂死、科技時代的責任倫理、生態倫理、全球倫理等（甘紹平，2002）。

　　新興的應用倫理學不只是傳統倫理學的應用，它本身即擁有自家理論與實踐，可以自成一格。近年清華大學組織了一批學者，共同撰寫一冊近六百頁的應用倫理學教材，大致仍沿用生命倫理、企業倫理、環境倫理等基本區塊的分野；其餘如公共健康倫理、科技倫理、經濟倫理、行政倫理、網絡倫理等，皆能融入上述基本框架；至於專章討論宗教倫理議題，則可視為對於價值信念的反思（盧風、蕭巍編，2008）。應用倫理學扣緊現實議題和時代脈動的多元發聲，已非現代式的線性知識積累，更好說是後現代話語的辯證發展。前現代、現代、後現代等概念的提法，固然有其西方語境，但仍可自覺用於反思中國現狀。生命倫理學在中華文化內非但不必劃地自限，更得以開創新意。我在提出「後現代華人生命倫理新話語」之前，擬先對「後現代話語」加以闡述。

貳、後現代話語

一、後現代

　　「後現代」是高度西方的概念，從字面上看，它似乎指稱「現代」之後，具有時序的延續；但就其性質而論，「後現代」最好被視為一股到處蔓延的時代風潮之表徵，它與「現代」其實既「歷時」又「共時」。就西方哲學的歷史發展而言，一八三一年黑格爾去世以後便進入現代，至二十世紀更屬於當代。有人把去世於十九世紀最後一年一九〇〇年的尼采看作後現代哲學家，這無疑是從他反傳統的意義上看；至於將後現代思潮列為「晚期資本主義的文化邏輯」，則著眼

於它的多樣性。王治河（2006）將後現代思潮歸納出十一種，並以其不安於室及辯證否定為共同特徵。總而言之，後現代觀點乃是「質疑主流，正視另類；肯定多元，尊重差異」的，它對往往傾向於定於一尊的科學知識，具有一定的啟蒙意義和批判作用。

生命倫理學雖然從事哲學人文方面的探究，但其議題卻來自科學；生命科學家及醫學工作者有可能以其科學思維，去對其所面對的倫理抉擇做出判斷。由於科學傾向於放諸四海皆準的「巨型敘事」，常引來後現代觀點的不滿和批評；但有時卻衝過了頭，走向反科學的相對主義，甚至鬧出像「索卡爾事件」的風波（蔡仲，2004）。該事件係一物理學者撰寫一篇充滿後現代語彙的物理學詐文，投稿至著名後現代學術期刊中，竟通過審查而被刊出，凸顯出人文學界對科學的無知。這當然充滿作弄後現代思想的意味，但也讓人們看見，科學與人文兩大陣營需要更積極的溝通對話，以尋求瞭解與合作，共同為科技落實於人生，創造雙贏的契機。當前生命倫理學有意解決生物醫學為人類帶來的困境，通過後現代的觀點加以批判性思考，無疑將產生正面效益與意義。

二、話　語

「話語」是後現代思潮中的重要概念，它也被譯作「論述」或「言說」。話語不單是指語言文字所表達的內容，它已超出了字彙與文句，而進入表達的實踐。人的話語既是表達實踐，也是生活事件；它涉及歷史、文化、社會、政治、制度、階級、性別諸面向，具有意識型態的霸權性，需要通過自我覺醒加以解放（滕守堯，2004）。後現代思潮發現居於主流的各種學說觀點，往往主導著該領域或學科的討論方向，不免形成話語的宰制。而後現代話語正是希望表達不同於主流的另類觀點多元發聲，以期達到「百花齊放、百家爭鳴」的盛況

與效果。生命倫理學在西方學界已發展出主流話語，傳到中國來既無
必要照單全收，更需要針對其中的話語宰制予以批判顛覆，以令其更
能適應本土語境，進而造福國人。

　　生命倫理學作為話語實踐，並非紙上談兵，而是生死攸關，不宜
等閒視之。我嘗試本著後現代多元發聲的精神，以初步構建一套適用
於華人的生命倫理新話語。後現代思潮促成一種新的學術要求，它要
求本土學者反思源自西方的啟蒙、理性、元話語的意義，並對自我的
主體身分與價值訴求加以審理（王岳川，2004）。雖然後現代的概念
同樣來自西方，但是它的反身而誠，以及尊重差異性的特質，使其非
但不會淪為宰制霸權，更有促成多元話語並陳共榮的作用。因此我乃
積極援引，以激勵在中華文化氛圍中生活實踐的本土學者，能夠就本
身的主體性與價值觀有所反思，進而在學術生產上得以突破創新。後
現代話語中的生命倫理學，既要彰顯生命，又要改善倫理，這些都必
須通過一定的教化始得為功。

三、教 化

　　教化指的是最大範圍的教育，它不只要求立竿見影的效果，更期
待潛移默化的作用。生命倫理學主要應用於醫療保健方面，與國人生
老病死息息相關；因此就醫療與病患雙方都需要接受相關的教育。此
種倫理道德教育一方面可以通過學校內的素質教育、通識教育、生命
教育落實之，另一方面則體現於更廣泛的社會教化與個人教養內。西
方和中國的教化活動，都以德性或德行的推廣為始點；蘇格拉底和孔
子所開展的皆為倫理道德教育。這是一種對於價值判斷的教化，哲學
乃成為價值地思考生活的存在方式（金生鈜，2003）。生命倫理學屬
於科學與哲學的交叉學科，它可以作為素質教育傳授給學生，作為專
業教育以培育教師，更重要的是對廣大人民群眾的教化。華人社會大

眾是生活在中華文化土壤之上的,必須有相應的教化以克竟其功。

　　「教化」一詞始見於儒家經典,「教」指上行下效,「化」則指教育行動。傳統教化從多元並立走向儒道並存,後來更有佛家思想滲入,形成以儒家為主、三教融合的局面,至晚清西學東漸才面臨挑戰(黃書光編,2005)。在此之前,中國並沒有西式學校建制,現今的制式教育在古代主要是以民間教化形式呈現,私塾之外就靠各種文化活動勸人為善了。傳統上官方考試或民間教化皆是以讀聖賢書為主調,這些都屬於倫理道德方面的教化。倫理道德原本就為安頓人際關係而設,即使至今強調應用的生命倫理學,也有很大一部分涉及醫患關係的處理。由於病患的資訊與醫療保健人員相當不對等,生命倫理學乃作為介面平臺,令雙方瞭解溝通、互利共榮。後現代華人生命倫理新話語的提倡,正有其積極的教化意義與作用。

參、中國生命倫理學

一、儒　家

　　作為哲學倫理學的應用面向,取中國倫理話語來規範生物醫學種種活動,無疑具有一定正當性。要構建後現代華人生命倫理新話語,通過對於現代中國生命倫理話語的檢視與融通,或為一條可行進路、一道方便法門。綜觀當前中國生命倫理話語,可以得見哲學與宗教思想兩種取向。哲學思想以儒、道二家為主,宗教思想則歸佛、道二教;道教雖源於道家,但其後所論實大異其趣,必須分別觀之。就儒家而言,倫理學不是去講共通的道德規範,而是處理各異的人倫關係,亦即「五倫」(余錦波,1997)。當西方倫理學積極主張並提倡放諸四海皆準的倫理道德原則規範,乃是屬於「異中求同」的努力;

而儒家倫理學則先行確認與之互動者應歸入何種關係再予以安頓，此可視為「同中存異」的堅持。

儒家學者李瑞全（2006）借用美國神學家田立克的「終極關懷」概念，指出儒家心中生命的最高意義，正是人之所以為人的價值，亦即道德方面的表現。由此出發，個人作為道德行動者，人間世界則是一道德共同體。孔子據此提倡仁道，孟子則進一步揭示不忍人之心，從而發展出仁、義、禮、智諸原則，而與西方生命倫理學的自主、無傷、仁愛、正義四大原則相互呼應。這是把儒家思想納入西式原則規範架構的努力，對於西方生命倫理學落實於華人社會的「大處著眼」，多少有所助益；亦即在政策制定、資源分配上，納入文化考量。然而一旦涉入個人處境，需要「小處著手」時，太講究原則往往無視於個別差異，就不免使得倫理實踐產生疏漏。西方重視原則的作法被歸入「正義倫理」，與此相對應的乃是注意語境脈絡的「關懷倫理」，後者適足以對華人倫理推陳出新。

二、道 家

我從事生命倫理學相關教研工作已超過二十年，前面十五年追隨西方主流話語進行思考，至五、六年前出現意識覺醒，乃改弦更張，拈出「儒陽道陰、儒顯道隱、儒表道裏」的「後現代儒道家」融通進路。我強調後現代儒道家不認為人生是苦海及火宅，而是一連串的存在抉擇，從而主張「當行則行，當止則止，無過與不及」的中庸態度，並採行「自然無為，獨善其身；仁民愛物，推己及人」的儒道融通作法，但其深層的義理支撐則在道家而非儒家（鈕則誠，2005）。此一以「後現代儒道家」為內涵的華人生命倫理新話語，我將在後文再行引申，此處只須先行宣示，我所倡議者乃以道家為內斂核心、以儒家為外爍表現的華人生命教育及新醫護生死學之可能。生死學與生

命教育在大陸皆有學者大力推動，我所努力者，則是對此賦予多元旨趣的新話語。

　　道家思想的源頭在於老莊學說，尤其是經常談生論死的莊子。莊子認為生死流轉只不過是氣聚氣散，因此對妻子去世也能鼓盆而歌，淡而處之。這種淡而處之的生死態度，其實正是道家生命倫理學的基調。道家看重的是一心的「知道」，至於與心知相對的身形則無甚重要。也因此有學者認為道家並不反對器官移植（王邦雄，1997），相較於儒家「身體髮膚，受之父母，不敢毀傷」的教訓，在生命倫理學方面就明智多了。西方生命倫理學應用於臨床實務上，最要緊的是作成生死抉擇，尤其是決定要好死善終，還是繼續苟延殘喘。這種對死亡的決斷，多少反映出一個人對於生存、生活及生命的態度。儒家於此會考慮孝道，相形之下，道家思想便顯得相當豁達。由於華人言行長期受到儒家影響，提出道家以融通之，無疑具有相輔相成的效果。

三、佛教與道教

　　佛教思想是源自印度的外道，傳入中國已近兩千年，與兩百年前的西學東漸，皆大幅改造了華人的思想和言行。漢化的佛家在根源上雖不脫佛教奧義，但中印文化相互碰撞，卻為當今生命倫理實踐帶來頗為豐富的啟發；尤其在打破人類中心主義方面，更產生醍醐灌頂的效果。簡而言之，佛家生命倫理以「眾生平等」為基調，便一步到位的打破了人類中心的迷思（釋昭慧，2007）。人類中心不等於以人為本，前者把人類地位提升到眾生之上，不免會走向凌駕萬物的宰制；後者肯定是由人的觀點體察萬物，並經由反思為自身適當定位，同時瞭解並實踐尊重各物種的生命樣態。佛家與前述的道家，都在一定程度上把生命倫理同生態倫理整合擴充，使得天、人、地「三才」無所偏廢。這種經過擴充的生命倫理新話語，在日本也有人提倡，值得我們注意。

　　源自印度的佛教屬於制度化的宗教，僧團體制嚴格，傳到中土以後，不斷有人皈依出家，為看重家族與家庭的華人社會帶來了相當強烈的文化衝擊。至於其主張輪迴轉世的教義，也為人生歸宿提供另類解釋。由於佛教團體日益壯大，本土漢人文化乃起而抵制，對抗的結果是模仿佛教創立道教團體。佛道相爭自魏晉至今千百餘年，終達和平共存的局面。道教的生命關懷頗為獨特，其重點在於尋求延年益壽的養生修煉工夫，以追求長生不死。雖然不死神仙至今未見，但養生之道的流行，卻為中醫的發展與綿延，帶來長遠的影響與助益（鄭志明，2006）。有人稱中醫屬於哲學思辨的醫學，但既然是醫療活動，就有其經驗基礎和生命倫理問題。像民間流行的民俗療法，雖然不科學卻具療效，其倫理議題恐怕需要一些新話語方能契入。

肆、建構新話語的可能

一、存本真：反思本土的後西化中國特色

　　前面紹述了生命倫理學在中國之種種，不免掛一漏萬，但僅勾勒出一道背景而已，為的則是提出構建新話語的可能。新話語對「生命」與「倫理」二端的內涵與外延皆有所創見，嘗試通過後現代精神在主流之外提出另類話語，以期增益造福華人社會。新話語取西哲傳統的「求真、行善、審美」為標竿，將之轉化為中華本土話語，寄望達於「存本真、積吾善、成己美」的境界。西方的「真」以追求真理為鵠的，終於在科學知識與技術應用上大放光芒，當今醫療科技的不斷進步便是一例。然而，無論是醫學倫理或更廣泛的生命倫理話語，皆透顯出科技與人文的張力。人文具有「人文化成」寓義，與本土文化緊密關聯，必須發掘出其間的「中國特色」，用以檢視及批判西化

之不足。「後西化」的新話語要求超越「真理」，彰顯「真人」，亦即以「人學」包容「科學」（鈕則誠，2009a）。

　　「真人」的境界為莊子所提倡，「真人」擁有體認生死智慧的「真知」，便得以了生脫死。生死議題屬於生命倫理學的核心部分，哲學學者傅偉勳於上世紀九〇年代在臺灣推動「生死學」的學科建設，至今已見兩岸蔚為流行，山東大學醫學院的醫學倫理學者即曾撰文建議，在醫學院校試點開授生死學課程。而傅偉勳（1993）則推崇莊子為「中國生死學的開創者」，由此可見，西化的生命倫理話語若要向本土具中國特色的新話語轉向，就必須秉持後現代「質疑主流，正視另類；肯定多元，尊重差異」的精神，祭起「後西化」的大旗，向本土文化求緣。在此一轉向下，「生命」一詞將不局限於生物性，更好是指向新儒家學者牟宗三心目中「生命的學問」，以及劉述先反身而誠式「生命情調的抉擇」；至於「倫理」話語，則通過西方新興看重語境的「關懷倫理」向儒家靠攏，同時擺脫主流原則主義話語的宰制。

二、積吾善：反身而誠的非宗教人文關懷

　　西方意義下的真、善、美強調求真、行善、審美，可以科學、倫理學、美學相對應。西方倫理學主要包括傳統的德性論、義務論、效益論，以及新興的關懷論四大學派。當代關懷論視古代德性論為「關懷倫理」的同路人，而將形成於十八、九世紀近代的義務論及效益論歸於相對面的「正義倫理」。一般多視儒家倫理接近德性論，而關懷倫理亦在相當程度上與儒家相互呼應，兩者皆重視鮮活的人倫關係，而非執著於抽象的原則規範（方志華，2004）。綜上所述，後現代華人生命倫理新話語的構建，當由結合關懷倫理的儒家思想契入，進而達於「儒顯道隱、儒表道裏」的道家意境。如果說儒家是「反身而

誠的非宗教人文關懷」，道家則為「反璞歸真的安生死自然觀照」；「後科學、非宗教、安生死」的學問取向，正反映出「後現代儒道家」所體現「知識分子生活家」理想人格的特質。

後現代華人生命倫理新話語的構建，本身就意味著重要的教化意涵；從事生命倫理學的教研工作，即是落實生命教育。生命教育不只及於學生，更應反身於教師；一旦教研工作者有所意識覺醒，則生命倫理學及生命教育的內容，便得以轉化與擴充（鈕則誠，2008）。以生命倫理學應用於臨床實務為例，西方講個體自主，源自個人自由主義，其中尚有基督宗教背景。而在華人社會看重的則是家庭關係與人際和諧；這種重視倫常的人文關懷，並不具有宗教的超越性，反而多訴諸良知良能的內在性。不過一旦人之將死，其心必然向善，期待善終。而當事人雖然面對外界的關心照顧，但終究要成為孤單的「向死存有」；此時道家式「反璞歸真的自然觀照」，也就較之儒家式「反身而誠的人文關懷」更為迫切而重要。決定生死品質的良窳，正是生命倫理的終極關注。

三、成己美：反璞歸真的安生死自然觀照

「存本真、積吾善、成己美」都是自己的事，別人無法代勞；這種「存在抉擇」可與西方生命倫理「尊重自主」的要求相互呼應，但其文化背景則大異其趣。如今中國實施「中國特色社會主義」，將宗教及民俗信仰大幅淡化，不予提倡，的確是明智之舉。自古以來，作為中國人生信念的儒道二家思想，均具有「非宗教」的性質，而儒家的「安生活」及道家的「安生死」皆頗具特色。在現代社會主義國家正視傳統中華文化精神的大好情勢下，通過後現代觀點以建構華人生命倫理新話語，可謂此其時矣！新話語的內容並非特立獨行的標新立異之論，而屬於傳統智慧的安身立命之道；它同樣適用於標榜集體社

會主義和個人自由主義的華人社會，由是可發展成為一套為追求中產生活人們打造的成人生命教育（鈕則誠，2009b）。

　　成人生命教育的最終目的，乃是達到「成己之美」的境界。成年人散居於社會各角落，大多不能也不願回到學校去進修。在講究「終身學習」的時代裏，利用社會教化的渠道，進行自我學習成長，也許是一條可行途徑。「成己之美」的境界即是人生藝術化，由此去追求一種擺脫世俗價值觀念、充滿個性生命情趣的生存狀態（杜衛編，2007）。在「成己之美」的自然觀照下，「安生死」的修養工夫，便是將生命倫理學轉化擴充為人生美學。任何個體終不免單獨承受臨終過程與死亡到來，生命倫理遂不是普遍意義下生命人倫之理，而是個別意義下的自我反身而誠。在華人大多沒有特定宗教信仰的情況下，蔡元培在九十年前提倡的「以美育代宗教」說，就值得後現代華人深思熟慮了。「成己之美」在此屬於自我美感教育，「萬物靜觀皆自得」，「輕死重生，厚養薄葬」而已矣。

伍、華人生命倫理新話語

一、後現代儒道家

　　我的寫作目的，是想在神州大地之上，利用學者專家交流溝通的機會，引介推廣一套我已構思多年的生命話語。作為生長及受教於臺灣的哲學學者，我在過去三十年間，從科學哲學走向生命倫理學，再達於生死學與生命教育，始終都是西方主流話語的追隨者；直到六年前赴大陸講學，見到兩岸政治經濟情況的重大反差，乃發心探索華人安身立命之道。六年來於自家本事的學問積累稍有所得，已化為十餘冊專書，一以貫之的即是儒道融通的後現代生命實踐；就社會教化而

言，可視作「人文的自然」之「生命的學問」（鈕則誠，2009c）。
儒道融通的嘗試，即是形成一套「人文自然主義」觀點；而「生命學
問」的提倡，則意味在現代主流「生命」話語之外，嘗試構建另類的
新話語。新話語的活水源頭，乃是古老的中國智慧，不假外求，歷久
彌新。

　　華人生命倫理新話語的推廣，在素質教育內表現為華人生命教
育，於專業教育中則開發出新醫護生死學。生命教育具有「生存基調
的鞏固」、「生活步調的安頓」、「生命情調的抉擇」三大取向，據
此構建「後現代儒道家」的生存策略、「知識分子生活家」的生活型
態，以及「智者逸人」的生命境界。「智者逸人」意指「以隱逸精神
生活為依歸的有智慧的人」，他不一定要具備專門知識，但是常識、
見識與通識不可或缺。「智者逸人」境界的提倡，係針對高度異化的
「外來化──西化──現代化──全球化」華人社會大眾，所做的本土
化革心與革新之努力（鈕則誠，2009d）。生命倫理學經常被窄化為醫
學倫理學，但其實它可以放寬為人生哲學；講授生命倫理學不只要人
懂得消極了生脫死，更能夠積極安身立命。

二、華人生命教育

　　生命教育在臺灣已經推行十餘年，於大陸則方興未艾；這份教
養主要針對年輕學子，但其課題則適用於各年齡層的人士（鈕則誠，
2004）。目前兩岸四地無論政治意識型態為何，走在市場經濟道路
上的腳步則完全一致；而如此一來，就難以避免資本主義全球化所帶
來的生命異化弊端。不管如今是現代抑或後現代，人類的生老病死無
不受到各式各樣科技工具的驅策，倫理及社會關係益形疏離，靈性與
性靈更不斷受到斲喪。過去人們可以修身養性、自求多福，時下卻顯
得人在江湖、身不由己，不得已才要推廣生命教育；但它並非時髦流

行的口號，而是化危機為轉機的自我改善之道。我嘗試提出「智者逸人」的理想人生境界，作為成人生命教育努力的目標方向。希望成年人能夠心領神會、豁然開朗，再推己及人去影響下一代。

　　成年人要養家活口，其生命教育須顧及現實面，不同於對未成年學生所談的理想性。如今兩岸成人大多追求相對安定的中產生活，同時依靠社會福利的保障。然而人生不如意者，雖非十之八九，卻總有十之四五；換言之，吉凶各半。人生處順境自當充分發展，若陷入逆境也需要有精神支柱；而凡此種種，無不以「順應自然」為上策。順其自然並非無力地認命，而是無為地知命；亦即孔子所言「盡人事，聽天命」。「無為而無不為，為而不有」，這是對儒家式「盡人事」的道家解；放在現實生活中考量，它所提供的乃是一種從困頓中抽離、全身而退的藝術，亦即「隱逸」。隱逸自古以來便形成為一種彰顯主體獨立性的文化傳承（徐清泉，2003），於今更有待復興，以因應個體所面臨的各種可能變局。

三、新醫護生死學

　　後現代華人生命倫理新話語，嘗試將既有的主流話語向上下游延伸；其下游可擴充為以華人生命教育為內容的素質教育，其上游則深化為以新醫護生死學為架構的專業教育。「生死學」由傅偉勳於一九九三年在臺灣所創，原本屬於西方科學性質的「死亡學」主流話語之引申；兩年後他反思及人文性質的「生命學」另類話語之可能，卻不幸於次年去世，而未及開展。事實上，「生命學」的提法早在一九八八年即由日本哲學學者森岡正博所提出。日本人對生命倫理有自己的主見，他們相當晚近才不得已接受西方行之有年的「腦死判準」，而森岡正是這方面的專家。他對西方生命倫理的主流話語宰制人心非常不以為然，乃提倡以另類生命學取代生命倫理學，藉以

彰顯「生命」的意涵，同時避免被西方話語霸權長期宰制（蔡耀明，2008）。

　　森岡正博在二十年間撰寫了十餘種專書，貫穿其中的即是他始終「質疑主流，正視另類；肯定多元，尊重差異」，譬如希望將環境倫理與生命倫理統整、對女性主義的認同，以及為殘疾人請命等。尤其難得的是，他對宗教信仰的存而不論，從而用現世主義的心態，對一些普世價值加以肯定，據此打破學界主張東西文化二元對立的迷思。對照於日本學者希望以生命學取代生命倫理學，我則立足於中華文化，建議將醫護生死學視為華人生命倫理新話語的主要部分。六年前我曾出版《醫護生死學》一書，同樣採用女性主義的另類觀點探討問題，算是其後一連串著述的起點（鈕則誠，2003）。該書對於臺灣護理專業教育中的倫理反思，起到一定的影響與作用。如今我進一步倡言並且身體力行，努力構建一套新醫護生死學，以作為後現代華人生命倫理新話語。

結 語

　　過去人們大多生在家裏，死於家中，如今生老病死大事幾乎全部託付給醫院，醫療照護及衛生保健活動遂與社會大眾息息相關。西方生命倫理學在全球開展至今近四十年，始終圍繞著醫學倫理發揮，頂多納入生物科技倫理及研究倫理等方面的議題。身處華人社會，卻不曾反思深化至具有中華本土文化底蘊的「生命學問」，如是「生命倫理」充其量只不過是「生物倫理」。我以臺灣觀點建議大陸生命倫理學界，考慮將既有話語擴充至生死學及生命教育之可能。經過擴充的後現代華人生命倫理新話語，一方面批判接納既有話語，一方面也自覺避免被西方主流話語霸權所宰制，從而彰顯本土文化與華人生活的

主體性。這是一種頗具「中國特色」的學問道路，值得兩岸四地學者集思廣益，從而移風易俗，推陳出新，讓國人能夠了生脫死，進而安身之命。

參考文獻

方志華（2004）。《關懷倫理學與教育》。臺北：洪葉。

王邦雄（1997）。〈從道家思想看器官移植〉。《應用倫理研究通訊》，2，
　　17-22。

王岳川（2004）。〈後現代問題與中國思想拓展〉。載於王岳川編，《中國後
　　現代話語》，頁序1-13。廣州：中山大學。

王治河（2006）。《後現代哲學思潮研究（增補本）》。北京：北京大學。

甘紹平（2002）。《應用倫理學前沿問題研究》。南昌：江西人民。

余錦波（1997）。〈倫理與道德〉。載於陶黎寶華、邱仁宗編，《價值與社
　　會‧第一集》，頁3-13。北京：中國社會科學。

李瑞全（2006）。〈從儒家之終極關懷論生命倫理學之方向〉。《應用倫理研
　　究通訊》，37，57-63。

杜　衛編（2007）。《中國現代人生藝術化思想研究》。上海：上海三聯。

邱仁宗、翟曉梅編（2003）。《生命倫理學概論》。北京：中國協和醫科大
　　學。

金生鈜（2003）。《德性與教化——從蘇格拉底到尼采：西方道德教育哲學思
　　想研究》。長沙：湖南大學。

徐清泉（2003）。《中國傳統人文精神論要——從隱逸文化、文藝實踐及封建
　　政治的互動分析入手》。上海：上海社會科學院。

張業清譯（1990）。〈醫學如何挽救了倫理學〉（S. Toulmin著）。載於石毓彬
　　等譯，《現代世界倫理學新趨向》，頁323-343。北京：中國青年。

傅偉勳（1993）。《死亡的尊嚴與生命的尊嚴——從臨終精神醫學到現代生死
　　學》。臺北：正中。

鈕則誠（2003）。《醫護生死學》。臺北：華杏。

鈕則誠（2004）。《生命教育概論——華人應用哲學取向》。臺北：揚智。

鈕則誠（2005）。〈生死關懷〉。載於鈕則誠等編，《生死學（第二版）》，
　　頁301-314。臺北：空中大學。

鈕則誠（2008）。〈從學生命教育到教師生命教育〉。載於郭實渝編，《第
　　八屆當代教育哲學學術研討會論文集》，頁2╱1-11。臺北：中央研究院歐

美研究所。

鈕則誠（2009a）。〈真善美——中國人學取向的生命教育哲學〉。載於王聰智編，《銘傳大學2009國際學術研討會共同教育組論文集》（光碟版），頁01／1-11。臺北：銘傳大學。

鈕則誠（2009b）。〈華人應用哲學取向的成人生命教育——以中產教師為典型〉。載於柯金木編，《2009品格教育研討會論文集》，頁4-20。臺北：致理技術學院。

鈕則誠（2009c）。〈生命教育理念新詮——「人文的自然」之「生命的學問」〉。第十六屆國際中國哲學大會論文。臺北：輔仁大學。

鈕則誠（2009d）。〈智者逸人——成人生命教育的境界〉。「敬老侍親：尊重生命研討會」論文。臺北：中國家庭教育協進會。

鈕則誠等（2004）。《醫學倫理學——華人應用哲學取向》。臺北：華杏。

黃書光編（2005）。《中國社會教化的傳統與變革》。濟南：山東教育。

滕守堯（2004）。〈話語〉。載於王治河編，《後現代主義詞典》，頁303-306。北京：中央編譯。

蔡　仲（2004）。《後現代相對主義與反科學思潮——科學、修飾與權力》。南京：南京大學。

蔡耀明（2008）。〈生命與生命哲學：界說與釐清〉。《臺灣大學哲學評論》，35，155-190。

鄭志明（2006）。《道教生死學》。臺北：文津。

盧　風、蕭　巍編（2008）。《應用倫理學概論》。北京：中國人民大學。

盧啟華等編（2006）。《醫學倫理學》。武漢：華中科技大學。

釋昭慧（2007）。〈佛教「生命倫理學」研究：以動物保護議題為核心〉。《應用倫理研究通訊》，43，27-43。

3-2

醫學人文話語釋義

（2009）

引 言

　　醫學是科學技術，也是人文關懷；如今醫學比起歷史上任何一個時代，跟人們的生老病死各種處境，可說是更為息息相關了。不同於傳統上人是生在家裏、死於家中，現代人大多生在醫院、死於病房，醫學人文遂成為生命中必須承受之重。我在臺灣從事相關教研工作三十餘年，碩、博士論文寫科學哲學，教授評職稱歸醫學哲學，學科建設搞生命倫理學，一以貫之，皆可視為醫學人文方面的學問思想關注。近年因為擔任一所大型醫院醫學倫理委員會的外部委員，真正參與醫學人文實踐，乃不揣淺陋，將多年教研心得形諸文字。我嘗試通過後現代話語哲學釋義的觀點與方法，對包括科學哲學、醫學哲學、生命倫理學諸面向的科學人文，進行理念檢視和思想創新。

壹、科學哲學話語

一、自然哲學

　　醫學人文化的努力構成醫學人文學，其反身將有助於人文醫學的實踐。在醫學人文的諸多面向內，我通過自己的教研經驗，勾勒出其中的科學哲學、醫學哲學、生命倫理學三個面向，並嘗試構建一方新面向，亦即本土化的人生美學。在科學哲學方面，必須從自然哲學講起。事實上，十七世紀為「科學革命」奠定基礎的牛頓經典力學著作，就名之為《自然哲學的數學原理》。西方哲學裏的自然哲學，後來發展出自然哲學；而從哲學觀點考察、反思及批判科學的形式與內容，又促成了科學哲學。從哲學到科學再回返哲學，呈現出思想上的辯證，而恩格斯則在這種辯證過程中，發現了自然界的辯證法。「自

然辯證法」的創立，進一步發展並完善馬克思主義的理論與實踐（張怡編，2004）。

　　演繹、歸納、辯證三者，構成人類三大思維方法；自古希臘萌芽，至今仍運作不輟。「自然辯證法」是一套對自然界進行思辨研究的自然哲學學說，它形成於恩格斯在十九世紀七〇、八〇年代斷續撰寫的未完成手稿中，卻在百年後中國步入改革開放之際，轉化擴充為「科學技術哲學」而大放異彩。作為今日科學哲學話語的活水源頭，自然哲學固然對於自然科學諸學科，由整體哲學中逐漸分化出來做出了貢獻。但是從哲學史及科學史所勾勒出來的人類思想和知識足跡反思，我們必須自覺且謹記的，乃是「自然先於人，人先於自然科學」的道理（林安梧，2004）。退一步看，往深處想，科學其實同樣屬於人文創作，而文化多少由突破自然的限制中發生。例如農業以人力改造自然環境，英文「農業」一詞的字根即是「文化」，這其中似乎也有著辯證寓義。

二、科學哲學

　　科學諸學科自十七世紀「科學革命」以後，逐漸從哲學中分化出來，多少與當時西方世界的政治革命與社會革命有所呼應。它可視為思想上的大轉變，為人心所觀照到的自然界，賦予了全新的圖景（楊愛華等譯，1992）。這場革命持續了兩百年，到十九世紀更帶動了社會科學的興起。社會科學以模仿自然科學起家，而自牛頓以降，自然科學就被視為知識真理的典型。不過在二十世紀高校學術體制成熟之前，「科學家」的研究工作始終不是學院內的專業，而是對自然哲學有興趣者的業餘活動。許多偉大的發現與發明，都屬於個人心靈智慧的體現。為有系統理解並規範科學發展，英國地質學家衛惠爾在一八四〇年創立一門稱作「科學歷史與哲學」的新學科，初步構建了

後來以科學本身為探討對象的學科「科學學」之內的兩個分支：科學史學、科學哲學，另一支則為科學社會學。

受到大學裏面學系建制分工的影響，在上世紀六○年代以前，從事科學史與科學哲學研究的兩批人，分屬於歷史系和哲學系。他們非但不相往來，且連心智活動也大異其趣；科學史暨科學哲學家庫恩，即曾對此有所描述。不過，也正因為庫恩以科學史學家的身分著書立說，撼動了科學哲學的地基，而使其由邏輯主義走向歷史主義，從看重內在理路轉而注意外在語境（郭貴春、成素梅編，2008）。這種由內向外的轉折，標幟出科學哲學研究的後現代轉向。後現代與現代既「歷時」又「共時」；它既顯示出現代之後的各種可能，也屬於現代之內的多元發聲。「話語」即是後現代重要概念之一，它強調詞彙和語句的表達，不僅應理解其字面意義，更須關注表達者及其對象的生活實踐。換言之，語境也必須加以考量。

三、科技哲學

醫學人文可以視為科學與哲學的對話，當然醫學只是科學的一支，而人文範疇則較哲學大得多。我在此僅對科學哲學、醫學哲學、生命倫理學三種話語加以釋義，希望摸索出本土語境中醫學人文的可能發展方向。在科學哲學話語方面，中國的情形是有些獨特的。西方國家的科學哲學，一方面屬於學術共同體內部的研究旨趣，一方面也在知識生產的市場機制中浮沉。而中國則受到意識型態的影響，使得「自然辯證法」得以獨樹一幟，且於近年更以「科學技術哲學」為名迅速發展。此一在中國學界「戶口」極為穩定的學科，簡稱「科技哲學」。它既非科學哲學，也不完全等同於科學哲學加上技術哲學，而是一套多元發展的學術建制；其學科建設尚未形成範式，只是大略分化成哲學和社會學兩組群體，分頭進行各自的建設（吳國盛，2005）。

簡稱「科技哲學」的「科學技術哲學」就是「自然辯證法」，它屬於中國特有的學科，具有豐富的教化旨趣；就像中國獨具的「素質教育」一樣，受到廣泛的關注。前文曾提及，自然辯證法是一種自然哲學學說，它由恩格斯所創，標幟著以辯證的觀點看待自然界。其中的自然觀直接指向自然界，與時下以自然科學知識為研究對象的科學哲學有所出入（林德宏，2004）。平心而論，較大範圍的科技哲學確實比西方既有的科學哲學來得更具包容性；它同時兼顧科學上游的自然界及下游的技術應用，予人更為寬廣的視野。作為醫學人文諸多面向之一的科學哲學話語，通過二十世紀西方科學哲學的平臺，將十九世紀具有自然哲學性質的自然辯證法，轉化擴充為適用於二十一世紀中國的科技哲學，不啻為思想與知識的普及和深化。

貳、從科學哲學到醫學哲學話語

一、生物哲學

醫學人文話語不只在於說，更強調去做；同時要看是誰在做，以及做了些什麼。換言之，理念必須有實踐支撐才算數。我個人的教研生涯由讀碩士開始，前後歷經三十二年，從科學哲學走向醫學哲學，再到生命倫理學；如今總的來看，可以概括為醫學人文途徑。在鋪陳醫學人文話語之前，我根據自己的學問路徑，回頭檢視了中國學術共同體的既有話語；其中的醫學哲學面向，是取其廣義而論。廣義的醫學話語，理當涵蓋基礎醫學的生物學，以及同為衛生保健專業，而與醫療實踐相輔相成、密不可分的護理學。現今醫學主要採用「生物醫學模式」而運作，但也為「生物——心理——社會醫學模式」保留了空間。作為醫學基礎的生物學，讓我們看清人的生物性生命之種種；而

生物哲學則探討諸如人類在物種進化中的位階，以及目的論與目的性的分判等問題（胡文耕，2002）。

仔細觀之，生物哲學並不全然等同於生物學哲學；前者直接指向生物個體的生命現象，後者則主要在於對生物學以及生命科學知識進行科學哲學探究（桂起權等，2003）。不過生物學知識一旦碰上哲學，就不純然是實證經驗性知識，而成為推理思辨活動。像生物學教材會從遺傳及分子的觀點說明進化現象，但不太會深入討論生命是否有目的的問題。目的問題可以形而上地講，也足以引申到倫理學之中。如此一來，就涉及對人生意義和價值的探討。而最後要提出的醫學人文話語，正是人生美學。作為醫學哲學上游話語的生物哲學，與科技哲學類似，同樣兼具有自然哲學和科學哲學的介面，為我們提供了多元視角與反思課題。人類的生物性個體既無逃於天地之間，就該學會如何頂天立地，同時順應自然，而與天地合其德。

二、醫學哲學

生物學說明了我們的生物性身體之可能與限制，而生物哲學則從生物學知識中發掘出哲學問題。這類哲學問題又可分作兩個層次：一層是思辨看待事物實質的問題，另一層則是分析地看科學知識的問題。科學知識乃是實證地探索事物實質的經驗積累，與哲學思辨對象相同，但取向迥異。在西方學界，這兩層哲學問題有著較明顯的區隔；但是在中國，受到自然辯證法影響下的科技哲學卻有容乃大。以此考察大陸醫學哲學的發展與創新，可以看見它從西化走向本土化的軌跡。西化過程主要是透過翻譯引介西方主流思想，像邱仁宗（1986）組織了一批學者，將美國一九七八年出版的《生命倫理學百科全書》譯出約六分之一，另取書名為《對醫學的本質和價值的探索》，可視為改革開放初期醫學哲學的代表作；而這也是從生命倫理

學話語中，回頭整理出醫學哲學話語的努力。

　　進入二十一世紀，中國學界益發感受到生物醫學模式的割裂性與宰制性，乃積極提倡醫學人文關注，並開發人文醫學知識。由此所構建的醫學哲學話語，便呈現出相當豐富的哲學思辨和本土實踐。例如東南大學所編纂的一套「醫學人文社會科學系列叢書」中，劉虹等（2004）編寫的《醫學哲學》一書，便分為醫學之形而上、醫學之本、醫學之思、醫學之重、醫學之道、醫學之路等六編。尤其將中西醫並列而無所偏廢的作法，更令我們覺得深受啟發。立足於後現代來看，中醫雖然屬於哲學化醫學，但是其「辨證論治」模式仍然具有高度經驗性；它即使在西方主流之外被視為另類，卻在中土因為得到群眾肯定而歷久彌新。依此觀之，中醫有可能為本土化的醫學哲學話語賦予嶄新面貌。

三、護理哲學

　　受到西方醫學強勢話語的影響，醫學哲學非但少談中醫之種種，對護理學及護理專業彷彿也視而不見。但在現實的西式衛生保健體制裏，中醫容或另類，護理卻不可或缺；保健服務乃是醫療與照護相輔相成、密不可分的。因此，我要特別強調護理話語，而個人的治學途徑，也是從護理哲學的視角去觀照醫學哲學的。嚴格說來，我所從事的研究課題，乃是護理學哲學或護理科學哲學（鈕則誠，2003）；至於護理哲學，一般多指帶有思辨性質的護理理論或護理哲理。不過，從最廣義的醫學人文關注與關懷著眼，醫學哲學及護理哲學其實不必太過細分，而後者更可以納入前者而論。我即本於此一包容性，而將護理哲學納入醫學哲學話語之內。醫生和護士雖然對治療與照顧各有所偏重，但這些乃是對促進病患的健康均有所助益且不可偏廢之事。

　　無論中醫西醫，自古至今源遠流長，而且背後皆有許多對人體

形而上的假定，作為其理念支撐。相形之下，護理成為一門專業，則是相當晚近的事了。在西方世界，照顧病人除了家庭就是教會的責任；即使到了十九世紀中葉南丁格爾創立現代護理學，仍然帶有強烈的宗教情操。過去訓練護士乃是醫院而非學校的事，直到上世紀五〇年代，有護理學者想從事學科建設，以樹立專業主體性，才開始提出帶有抽象思辨性質的護理理論。由於護士絕大多數為女性，受到女性主義思潮的影響，西方護理學界在一九八〇年代拈出「關懷」作為核心價值，而與醫學的「療癒」觀點加以分判區別。源自女性主義而看重真實語境的「關懷倫理」，與傳統講究抽象原則的「正義倫理」相對。它對長期追隨醫學倫理的護理倫理話語（叢亞麗，2004），相信有所啟發，更可助其擺脫原則框架。

參、從醫學哲學到生命倫理學話語

一、醫學倫理學

　　倫理學屬於哲學的支脈，哲學作為一級學科，倫理學則為其下的二級學科；與倫理學平行的二級學科，還有科技哲學、美學等。我嘗試提出新的本土醫學人文話語，其進路即是從科技哲學走向倫理學再達於美學。依照上述關聯來推論，醫學倫理學理當源出於醫學哲學，但事實卻不然。西方的醫學倫理學出現於一八〇三年，由一位英國醫師所創，目的是對醫師的行為加以道德規範；它直接指向實踐義，完全無涉於哲理思辨（鈕則誠等，2004）。由於醫學哲學和醫學倫理學都是交叉學科，而且大多由醫學方面主動建設，因此不必然依循哲學的內在理路而發展。如此一來倒也有其好處，因為如今一論及哲學就想到西方的學科框架，但早期中國哲學幾乎沒有形而上學和認識論，

有的就只是倫理學，卻不能說中國沒有哲學。

　　中國古代哲學偏重倫理學或者人生哲學，這點早已為胡適及馮友蘭等人明白指出。時至今日，講規範、重實踐的倫理學，與講義理、重思辨的形而上學及認識論脫鉤，未嘗不是一件好事。以目前流行的生命倫理學話語來看，此一學科肇始於一九七〇年，由美國生物學者所創；最初接近環境生態倫理，後來才大幅向醫學倫理靠攏，如今兩者幾乎已密不可分。從醫學哲學走向生命倫理學，起到關鍵作用的不是哲學或倫理學，反而是醫學。美國哲學家圖爾明在一九八二年撰文明示〈醫學如何挽救了倫理學的命脈〉，即反映當時倫理學已走進語言概念分析的死胡同，需要通過對醫療活動中生死攸關的情境加以正視與思考，從而起死回生。此後醫學倫理學不單規範醫師道德，更深入涉及生物與醫療科技所帶來的道德難題和倫理抉擇（盧啟華等編，2006）。

二、生命倫理學

　　作為醫學人文話語構面之一的生命倫理學，既可以回頭到醫學界的傳統醫學倫理學發掘靈感，也能夠向前在哲學界的新興應用倫理學尋求對話。應用倫理學及以其為核心的應用哲學，大約在上世紀八〇至九〇年代間，形成於英美哲學界。西方哲學長期有歐陸與英美學派之分，後者發展至以語言分析為主，已流於瑣碎；為改弦更張、推陳出新，乃有朝應用面發展之勢。應用倫理學主要包括生命倫理、企業倫理、環境倫理三大區塊；以生命倫理學為例，哲學界的應用倫理和醫學界的醫學倫理，通過兩者交叉形成的生命倫理平臺而順利對話。雙方藉著哲學人文的多元思考，全方位處理生物醫學所產生的道德困境（邱仁宗、瞿曉梅編，2003）；這其中蘊含著豐富的醫學人文關懷，值得進一步轉化為本土話語，以利於社會實踐。

　　醫學哲學、醫學倫理學、醫學人文學三者都觸及醫療處境；而現今的醫療處境，並非局限於醫療場所，而是遍布於生活各層面，且涉入生老病死諸階段。因為當前的「醫學」概念已不僅指臨床而已，還包括預防醫學、公共衛生、生物科技、衛生政策、保健管理各方面，於是以此為課題的生命倫理學話語，遂逐漸擴充其內涵。像近年大陸出版的一冊生命倫理學教科書，除介紹醫師道德、臨床醫學倫理、生物科技倫理外，還納入護理倫理、死亡倫理、衛生經濟倫理、預防醫學倫理，以及環境生態倫理等（孫慕義等編，2004）。如此多面向、全方位引介有關「生命」的議題，通過醫學專業教育為之，無形中將會大大開闊了醫學生的知識視野，同時激發出更豐富的人文關注。由此看來，生命倫理學要更朝應用倫理學靠攏，以吸納更多哲學養分，方能讓醫學人文發揚光大。

三、應用倫理學

　　不同於醫學倫理學和生命倫理學多在醫學院校講授，應用倫理學主要是哲學系所的課程。西方哲學自詡為「愛好智慧」的學問，自古便以追求真、善、美為鵠的。依照現代學科分工來看，科學、倫理學、美學三者，分別反映出哲學求真、行善、審美的大方向。如今科學雖然不屬於哲學，但它在歷史上由哲學所派生則無疑義；何況當前西方任何一個科學家，其所取得的最高學位仍稱「哲學博士」。主要在於行善的倫理學，早先多看重人性中的道德本質，古希臘三傑和中國儒家都可歸於「德性論」。「德性論」與近代所發展出來強調原則的「義務論」、「效益論」不同調，反而和當代的「關懷論」相呼應。此即倫理學四大取向，又可分為「原則主義」下的「正義倫理」，以及「語境主義」下的「關懷倫理」；時下應用倫理學主要仍歸於正義倫理途徑（盧風、蕭巍編，2008）。

　　應用倫理學從正義倫理途徑契入，因為有既定的原則可以遵循，所以好講、易懂。但是人有個別差異，後現代思潮尤其強調「肯定多元，尊重差異」，因此在倫理規範和道德實踐上，不能完全拿原則硬套。這點西方應當同中國學習；西方講究原則要「異中求同」，不同的人遵守相同的原則；中國重視關係乃「同中存異」，同一個人面對不同倫常關係應分別對待。此二者各有所長，理當相輔相成、互補互利。過去倫理學常談大原則，今後不妨多看小語境。尤其應用倫理學有些前沿問題，已經走得很遠、很複雜（甘紹平，2002），不能再一概而論。此刻提倡關懷倫理，無疑將對醫療處境中的人文關懷產生一定的助益。醫學人文話語從科學哲學走向醫學哲學，再到生命倫理學，是一段不斷敞開的學問途徑和心智過程，值得進一步闡釋其意義。

肆、話語釋義

一、哲學釋義學

　　前面三節簡單扼要勾勒出當前醫學人文話語的三個面向：科學哲學、醫學哲學、生命倫理學。當然醫學人文學的範圍遠大於此，但非我所能全面處理。在此僅就個人學術生涯中所走過的途徑加以發揮，目的則是嘗試在本土語境中另行提出一套新穎話語，開發一種新興面向，亦即人生美學取向。從生命倫理學再往前一步，走向人生美學，需要通過話語釋義及範式轉換，讓不斷西化的醫學人文話語回返本土語境，通過後現代反思與批判，從而形成新話語。後現代話語本土化要從釋義出發，「釋義」即詮釋文本意義，原本用於解讀《聖經》文本，據此發展出釋義學。「釋義學」又稱「詮釋學」或「解釋學」，

它作為一門指導文本理解和解釋規則的學科，已經從人文領域延伸至科學領域（洪漢鼎，2001）。換言之，科學技術文本也有釋義的揮灑空間。

承繼著經典釋義的精神，哲學釋義學在十九世紀下半葉逐漸形成，它與同一時代創生的現象學相互激盪，發展出二十世紀人文社會科學三大取向之一：「釋義──現象」途徑；其餘二者為「實證──經驗」途徑、「辯證──批判」途徑。釋義學超越了對語言或文字等符號的細部考察，直接指向話語和語境，同時關注於交換資訊雙方的互動。符號所組成的文本在溝通中被賦予意義，詮釋即針對此而發（陶遠華等譯，1987）。以醫學人文話語為例說明，醫師以其專業診斷病情，投以藥物或施行手術進行治療，目的當然是希望患者盡快痊癒。而病患痊癒靠的則是醫療措施，加上本身的免疫復原能力。如今醫患關係已經從權威式的家長主義走向關照式的人本主義，病情告知遂成為重要作為。醫師有必要對醫學知識文本進行人文釋義，讓病患多所瞭解自身狀況，從而配合醫囑以早日康復。

二、後現代話語

醫學人文化的努力，是把醫學中的科學主義轉化為人文主義及人本關懷，使得醫療活動更貼近人情，更滿足人心，更符合人性。由於現代醫療的生物醫學模式，受到十七世紀近代法國哲學笛卡兒「身心二元論」影響甚深，診療人體遂與修復一臺精密機器的情況類似。醫師除了表現出仁心仁術外，並不覺得有必要與病患進行深度溝通；醫學從而停留在科學技術層面，無法達到人文藝術層面。醫學的近代機械性話語，到了十九、二十世紀的現代轉化為倫理性話語，卻始終不脫原則主義正義倫理的窠臼；直到一九七○、八○年代後現代思潮勃興，才有機會接觸語境主義下的關懷倫理話語。源自女性主義的關懷

倫理屬於後現代話語,後現代性不只想消解理性,更希望揚棄現代性的遮蔽(王岳川編,2004);關懷倫理因此從感性常識出發,超越理性知識而達於悟性智慧。

後現代思潮為「話語」和「語境」賦予了嶄新的意義,它不但替語言及文字的表達添加生活實踐的背景,更批判地提倡「質疑主流,正視另類;肯定多元,尊重差異」。哲學釋義學在後現代哲學興起時,便朝著它轉向,而海德格爾更在其中納入個人存在的考量(王治河,2006)。海德格爾師承現象學創始人胡塞爾,也被沙特視為「無神的存在主義者」,近年更被歸入後現代釋義學陣營。它獨樹一幟將個體的存在性質詮釋成「朝向死亡的存有」,為醫學人文關懷帶來極大啟示。人一出生便迎向死亡,死亡乃是生、老、病的最後結局,誰也阻攔不了它的到臨。過去醫療的努力乃是讓患者治癒,一旦被視為「不治」,醫學便隨之放棄。這並非妥當的人文理想與人道措施,醫學理當延伸至臨終關懷;而後現代的醫學人文話語,也應該納入死亡學或生死學的範疇。

三、範式轉換

在後現代思想的觀照下,形成於現代的醫學人文話語,勢必要面對既有信念朝向新興價值所進行的範式轉換。「範式轉換」一說來自美國科學史學暨科學哲學家庫恩,他從科學史的研究裏發現,物理學的進展中,新興思維替換陳舊觀念的過程,乃是一種信念系統的革命。「範式」即指信念系統,自然科學學科擁有可替換的單一範式,社會科學學科則多元範式並立,至於人文學術已無範式可言。「範式轉換」之說來自科學史,卻改造了科學哲學;它包含一定非理性成分在內,與哲學強調理性思辨及邏輯論證大異其趣。庫恩因此被視為是科學哲學從邏輯主義走向歷史主義的推手;從本世紀回顧他的貢獻,

又多少可將之列入後現代科學哲學的代表人物（金吾倫譯，2005）。由於「範式轉換」已被廣泛應用於解釋學科建設，我藉此對醫學人文從事話語釋義，應該具有正當性。

我希望強調的，正是想提出醫學人文學的範式轉換之可能。但因為醫學人文學屬於醫學與人文學的交叉，且在性質上偏向人文而非科學，照理說不應有範式轉換的問題，充其量只會表現為多元範式並立的局面。然而後現代性的特徵之一，乃是力求擺脫既有話語霸權的宰制；而主流醫學人文話語即使從科學哲學走到生命倫理學，仍無法擺脫一種尊奉理性、謹守原則的態度。我並非認為這種態度不好，而是有所不足。醫學人文所面對的，經常是個體性命生死攸關的抉擇；而個人所存活的社會文化處境，又有著多樣性及相對性，不宜拿原則硬套，而應考量個別差異，並以關懷態度對待。事實上，學科的範式轉換也有著社會文化多樣性及相對性背景（王書明、萬丹，2006），最好是納入本土語境來推陳出新。以下即是我的嘗試與努力。

伍、本土語境中的醫學人文：人生美學取向

一、新科學哲學：從知識走向價值

現代醫學益發走向尖端科技，即使其出發點是為了人好，但到頭終不免只看見病；為了彌補醫療科技見樹不見林的缺失，乃有醫學人文的提倡。醫學人文化的取向產生了醫學人文學；由於人文學不是單一學科，而為涵蓋文史哲在內的整套學問，且屬人類三大知識領域之一，醫學人文學遂得以細分為醫學史、醫學哲學、醫學倫理學、醫學美學等學科。而作為跨界的交叉學科，為的又是對醫學進行人文關注，對病患加以人道關懷，這些交叉學科的性質，多少已從知識走向

價值。它們所體現的乃是科學的人文價值，而從「自然先於人，人先於自然科學」的觀點看，科學知識本身即是人心與文化的產物，科學與人文原本就不應被割裂。但事實上，兩者在上世紀內彼此割裂的情形相當嚴重，導致科學高度凌駕人文之勢，亟須通過「第二種科學哲學」加以批判和重構（吳國盛，2003）。

既有的科學哲學著眼於科學方法論，多為科學話語服務，批判力道不足；另類科學哲學屬於科學本體論，追問科學的本質，踏出科學人文化的第一步。至於我所提倡的後現代新科學哲學，則可視為「第三種科學哲學」，定位在科學價值論，這是從追求科學「如何」走向「何為」再到「為何」的一系列努力結果。雖然有人擔心在中國提倡具有某種反科學意味的後現代思潮，既有違國情，更不利於科技發展（孟建偉，2000），但是後現代話語有容乃大，並非不負責任光是破壞，它也有其建設性的一面。受到後現代思潮啟發的新科學哲學話語，秉持一貫的「質疑主流，正視另類；肯定多元，尊重差異」精神，努力尋找讓科學技術紮根於本土語境的可能。它不單希望科學技術呈現於本土，更要求其話語真正達到本土化，亦即將中華文化價值融入西方科技知識。

二、新醫學哲學：從科技走向人文

人人都具有一個生物有機性身體，但是主導這個身體順利運作的卻是我們的心智慧力；一旦心靈失去作用，身體多半只能任人擺布。身心在本體論上當視之為一，但在認識論上卻可歸於不同面向。事實上，我更進一步主張「生物──心理──社會──倫理──靈性一體五面向人學模式」。此一模式乃是由「生物──心理──社會醫學模式」與「身──心──靈護理模式」，再加上醫護雙方共同關切的倫理問題統整而成，呈現出一套從科技走向人文的新醫學哲學觀點。醫學哲學

追問醫學的屬性；人們多以為醫療屬於科學技術，但是根據對病人的調查反映，醫療過程中所面臨的難題，八成以上歸於人文社會問題，只有不到兩成係科學技術問題（何倫、王小玲編，2005）。換言之，以人為對象的醫學活動，雖然運用了大量科技產品和工具，但終究還是一種具有豐富人文社會性質的文化活動。

「文化」在西方指「一個民族生活方式之總和」，在中國則體現為「人文化成」，即以人文活動教化民眾。現代的科技醫學若要走向後現代的人文醫學，必須在教育與教化方面改弦更張、推陳出新，包括在醫學院校改革專業教育、對一般學生推廣素質教育，以及為廣大人民群眾提供社會教化等。就本土語境中的醫學人文而言，重點理當放在助人了生脫死的「生死教育」上。如今大陸已有山東大學醫學院試點推動，其內容包括解讀生命、瀕死體驗、死亡與宗教、死亡與審美、自殺及其預防、臨終關懷、安樂死、抗癌、永生文化、人生重大事件之應對等（王雲嶺等，2007）。當前中國每年死亡多達八百五十萬人以上，其中又有四分之一是因為罹癌去世；醫學人文話語著眼致力於生死教育，可謂既恰當且迫切。

三、新生命倫理學：從行善走向審美

就知識分工來看，人文學主要包括文、史、哲，社會科學則指法、政、經、社諸科；依此而論，醫學人文學可限於人文醫學方面，而與醫學社會科學及社會醫學區隔。若通過文、史、哲的人文視角考察，醫學史、醫學哲學、醫學倫理學之外，還存在著醫學文學及醫學美學。哲學中的倫理學和美學分別朝向行善與審美實踐；由於重在實踐評價，它們乃一道歸於哲學的價值論，而與本體論、認識論並列。我在此要強調的是，當醫學人文一旦碰上生死抉擇問題，勢必會涉及個人的信仰或信念；而在一個實施「中國特色社會主義」的無神論國

度內，如果不鼓勵宗教信仰，就只有彰顯人生信念一途。人生信念除了行善的道德實踐外，也可以走向審美的美感體驗，甚至將兩者融而為一，構成審美倫理的人生旨趣（陳望衡，2007）。本土語境中，醫學人文話語的新生命倫理學面向，如果能從行善走向審美，將更能展現其生命意境。

美的形態可分為現實美、藝術美和形式美三方面，而現實美則包括自然美、生活美及道德美。醫學人文有醫學美學一項，它可以指美容醫學、美學療法、藝術治療，也可以指以醫學為對象的藝術，或醫療本身的技藝，但我在此要提倡的，乃是從生命倫理學轉化而來的人生美學。胡適及馮友蘭都將倫理學視為人生哲學，由醫學倫理學發展擴充而來的生命倫理學，不能只是生物倫理學，而應該銜接上牟宗三所稱「生命的學問」，貼近與走進人生哲學。中華本土的人生哲學追求和合完美的自由境界，亦即自我生命得到和諧發展的審美境界（李天道編，2008）。醫療照護活動的目標是助人恢復健康，達致身心靈的和諧發展，這可視為一系「盡人事，聽天命」的努力。本土語境中的醫學人文話語，若能從生命倫理學進一步走向人生美學，就更能助人朝向海闊天空、自由自在。

結 語

作為一個生長並受教於臺灣的哲學學者，我在三十多年的教研生涯中，學問途徑係從科學哲學走進醫學哲學，再延伸至生命倫理學，如今則踏入人生美學園地。一路行來，我發覺這並不只是學理認知過程，更多屬於情意體驗把握；如果把這一切總結於「醫學人文」之下，它也不只是一門或一組學科，而是深具中華本土文化性質的「生命的學問」。我心目中「生命的學問」以儒道融通的人生理想境界為

依歸，它包括「存本真」之「生存基調的鞏固」、「積吾善」之「生活步調的安頓」、「成己美」之「生命情調的抉擇」三大面向，我已另行撰文〈後現代華人生命倫理新話語的可能〉闡述之。此處屬於接續探討的系列之作，整體目的是幫助面臨生死抉擇的醫生、護士及病人，尋得安身立命之所繫。這正是我在臺灣高校創立「生死學研究所」，並從事學科建設十二年來的用心與真諦。

參考文獻

王岳川編（2004）。《中國後現代話語》。廣州：中山大學。

王治河（2006）。《後現代哲學思潮研究（增補本）》。北京：北京大學。

王書明、萬　丹（2006）。《從科學哲學走向文化哲學——庫恩與費耶阿本德
　　思想的後現代轉型》。北京：社會科學文獻。

王雲嶺等（2007）。〈在高等醫學院校開設生死教育課程的嘗試〉。《醫學與
　　哲學（人文社會醫學版）》，334，55-56。

甘紹平（2002）。《應用倫理學前沿問題研究》。南昌：江西人民。

何　倫、王小玲編（2005）。《醫學人文學概論》。南京：東南大學。

吳國盛（2003）。《讓科學回歸人文》。南京：江蘇人民。

吳國盛（2005）。〈「北京大學科技哲學叢書」總序〉。載於韓連慶等譯，
　　《技術批判理論》，頁總序1-2。北京：北京大學。

李天道編（2008）。《中國古代人生美學》。北京：中國社會科學。

孟建偉（2000）。《論科學的人文價值》。北京：中國社會科學。

林安梧（2004）。〈「自然先於人、人先於自然科學」：記一段科學史的學問
　　因緣〉。《鵝湖月刊》，344，25-29。

林德宏（2004）。《科技哲學十五講》。北京：北京大學。

邱仁宗編譯（1986）。《對醫學的本質和價值的探索》。北京：知識。

邱仁宗、瞿曉梅編（2003）。《生命倫理學概論》。北京：中國協和醫科大
　　學。

金吾倫譯（2005）。《庫恩與科學戰》（Z. Sardar著）。北京：北京大學。

洪漢鼎（2001）。《詮釋學——它的歷史和當代發展》。北京：人民。

胡文耕（2002）。《生物學哲學》。北京：中國社會科學。

孫慕義等編（2004）。《新生命倫理學》。南京：東南大學。

桂起權等（2003）。《生物科學的哲學》。成都：四川教育。

張　怡編（2004）。《自然辯證法概論》。上海：上海教育。

郭貴春、成素梅編（2008）。《科學哲學的新進展》。北京：科學。

陳望衡（2007）。《審美倫理學引論》。武漢：武漢大學。

陶遠華等譯（1987）。《解釋學與人文科學》（P. Ricoeur著）。石家莊：河北

人民。

鈕則誠（2003）。《護理科學哲學》。臺北：華杏。

鈕則誠等（2004）。《醫學倫理學——華人應用哲學取向》。臺北：華杏。

楊愛華等譯（1992）。《科學革命史》（I. B. Cohen著）。北京：軍事科學。

劉　虹等編（2004）。《醫學倫理學》。南京：東南大學。

盧　風、蕭　巍編（2008）。《應用倫理學概論》。北京：中國人民大學。

盧啟華等編（2006）。《醫學倫理學》。武漢：華中科技大學。

叢亞麗（2004）。《護理倫理學》。北京：北京大學。

3-3

彰顯人性
——「生命的」教育之可能

（2009）

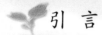 引 言

　　教育為百年樹人大計，也是提升全民素質、創造國家生產力的
重要作為。就人類社會而言，從矇昧走向講理，從無知步入文明，都
需要通過教育實踐。有形制式的教育乃是靈活多樣教化的一部分，但
無論如何率皆以人為本。教化與教育無不希望彰顯人性、提振人心，
讓個人和社會逐漸臻及止於至善的境界。人性即是「人之所以異於禽
獸」的特出部分，在傳統中國是講倫理道德教化的核心主題，到了現
今科技掛帥之下卻變得隱而不顯。如果教育的目的包括增長國民素
質、構建和諧社會，則不能不重視人性議題。教育不只要考量人性，
更應該人性化。過去十餘年間在臺灣地區，保守的倫理道德教育已大
幅轉化為多元的「生命教育」；它不但影響及港澳與大陸，且已出現
多處試點。我在此即是對該現象加以反思和引申。

壹、教育中的「人性」問題

一、教育學觀點

　　教育是培養人的一種社會活動，是承繼社會文化、傳遞生產經驗
和社會生活經驗的基本途徑。而教育學則是一門研究教育現象、教育
問題和教育規律的社會科學，目的是深化人們對教育的認識，更新人
們的教育觀念，並為教育的發展和改進提供決策依據，為提高教育管
理水平和教學水平提供理論選擇（袁振國編，2005）。源自西方的教
育學之學科建設，一般多以德國哲學家赫爾巴特於一八○六年出版的
《普通教育學》一書為標竿。他是採哲學中的倫理學為教育活動樹立
宗旨，取心理學為教育研究提供方法；而在十九世紀初期，心理學仍

屬哲學的一支。作為哲學的心理學和倫理學，講人的本心本性及其規範自無疑義。至於當代心理學家回頭去檢視中國傳統心理思想，發現其中主要討論的正是人性論。

西方傳統的教育目的，主張讓人的一切能力和諧發展；其以人性為出發點，此一人性乃指人的自然本性（陳桂生，1997）。中國古代則將「性」與「習」列為一對心理思想範疇；「性」指生性或先天的自然本性，「習」指習性或後天的社會本性。由此可見，「教育與人性」不必然為兩件事，也可以是一回事；亦即從哲學角度分判，它們在形而上學是一回事，卻得以在認識論層面分別觀之，且探索彼此的關聯。我據此思考「教育與人性」的問題，發現它足以發展出兩個面向，即「以教育彰顯人性」以及「彰顯人性的教育」。前者屬於涉及道德教育發展的「教育的『生命』」問題；後者則為從事學科建設的「『生命的』教育」問題。我將在第三節對此有所辨明，並在其後的四、五節內加以闡述引申。

二、教育哲學觀點

教育哲學是教育基本理論及教育學的重要組成部分。大陸學者指出，由於中國的教育學缺乏有關人的知識，和對教育與人之關係的深入思考，教育學知識遂成為「沒有根的知識」。為了替個人幸福、社會進步和民族中興大業打下堅實基礎，教育哲學理當把人生與教育關係的探討放在其他一切問題之前。由此出發，教育應該努力提升人生境界；而人生境界直接反映出人作為人的存在問題，包括人性本然所必須面對和因應的死亡、奴役、有限、孤獨、自我認同等問題（石中英，2007）。這是一種對教育學知識紮根的呼籲與努力，目的既是希望擺脫知識失根的困境，更為了彌補人性失落的窘態。人性乃是人之所以為人的根本條件，社會上有些人空有滿腦袋知識，卻拿來作奸犯

科，甚至泯滅人性，反而成為教育與知識所帶來的禍害。

在教育學的學科建設之初，赫爾巴特即是以哲學中的倫理學作為教育學的根基。這是一種哲學化的教育學，而當後來科學化的教育學應運而生，以倫理學為基礎的教育學遂轉化出教育倫理學，杜威即是其中的先驅者（黃向陽，2006）。倫理學是一套實踐哲學，它又稱作「道德哲學」。一般人常把「倫理道德」掛在嘴上，說明倫理和道德在概念上可以通用；若要進一步推敲，則道德偏向行為表現，而倫理則屬這些表現背後的道理。不過，倫理學在西方與中國成長條件各異，走的也是不一樣的途徑。簡言之，西方主張「異中求同」，不同的人遵守相同的原則規範，主要有四大原則；中國強調「同中求異」，同一個人必須考量與不同的人建立五種倫常關係之一，亦即「五倫」。無論是西方的「四原則」抑或中國的「五倫」，都需要假定教育可以移風易俗、彰顯人性、止於至善。

三、中國人性論

教育基本理論容或包羅許多西方思想，但華人社會的教育實踐，卻不能不考慮中華本土文化語境。「本土化」必須與「外來化——西化——現代化——全球化」對照來看，並由此呈現出本土文化的主體性。中華文化係以人文精神為內涵的文化，而中國人性論即是對此一人文精神的反思所得。中國人性論由性命、道德、心神、才情等複合概念所組成，可視為中華民族精神形成的原理和動力（徐復觀，2005）。從先秦到當代，歷經了兩千五、六百年的洗練，中華文化凝聚出儒、道二家思想精髓，而與同一時代興起的希臘哲學、希伯來信仰、佛陀教誨等人類文明諸軸心並駕齊驅。中國人性論的主要部分，正是先秦儒、道二家思想；它先是包容了墨、法二家要旨，日後更逐漸融會貫通，成為人文化成的主流話語。

　　儒、道、墨、法四家的價值取向分別為重義輕利、脫俗求真、重利賤義、重利求強；它們各自反映出不同的人性取向，也總結出四種教育哲學思想：德育中心、學求本真、文實並重、農戰法治（陳超群，2000）。深入考察之下，可以發現雖然墨家及法家後來去蕪存菁融入儒家之內，實對儒家的德性教化內容有所增長擴充；不但重視理想人性的培養，也對現實人心有所把握。現今我們若要在本土文化語境中，思考教育與人性的結合，以創造其「綜效」，就需要兼顧理想與現實，而非說空話、唱高調。平心而論，戰國時孟、荀各自主張性善、性惡，加上告子的不善不惡、亦善亦惡觀點，其實正反映出人性的多元面向。儒家荀子一派後來開出法家，至今「中國特色社會主義」所標幟的「以人為本」、「依法治國」，不也正是千百年來的文化傳承嗎？

貳、「中國特色」的教育

一、思想政治教育

　　提出社會主義的「特色」問題，是鄧小平理論的獨創見解；講究「中國特色」的依據，主要體現在理論、歷史、國情及時代等四個方面（劉建武，2006）。中國特色社會主義具有全方位的涵蓋性，當然包括教育的理念與實踐在內，並據此發展出具有「中國特色」教育的「中國模式」。改革開放以後具體落實的「思想政治教育」和「素質教育」，正是最具中國特色的教育理念與實踐。近年兩者已逐漸彼此融滲，例如高校的文化素質教育，已將思想政治教育納入其中；當思想政治教育以「兩課」的面貌呈現，它更具有「大德育」的特質。而一旦對焦於「兩課」之一「思想品德課」以內的「思想道德修養」一

科，就會發現其中「人生哲理」與「大學生修養」兩部分，更有著極大的彰顯人性之空間，可以進一步加以深刻化和生命化。

「生命化教育」是近年大陸發展出來另一種頗有中國特色的教育理念與實踐，這點容後再談。回到新時期的思想政治教育上面來，其理論思考同樣源自鄧小平對於解放思想、實事求是的闡述。而在教育實踐發展方面，教育者被肯定為教育主體，並賦予組織、教育、調控的主體功能，以此樹立起思想政治教育的主體性（沈壯海，2005）。這兒所指的教育者及教育主體，正是主導課程與教學的教師群。教育活動主要表現為老師教、學生學，如今是個講究「終身學習」的時代，不但學生要「活到老，學到老」，連講臺上的老師也需要透過「教學相長」過程不斷自我充實。今後各種具有中國特色的教育活動，包括思想政治教育、素質教育、生命化教育等，都應該從學生教育走向教師教育，再擴展至全民化的成人教育，使得本土文化語境中的中國特色，得以步上持續發展的途徑。

二、素質教育

作為大德育的思想政治教育，無疑要宣揚中國特色社會主義的精神；而這種精神的宣揚與傳承，則是要透過也是頗具中國特色的素質教育而落實。「素質教育」的提出最早見於上世紀八〇年代初期，其後一九八五年「提高民族素質」被寫進《關於教育體制改革的決定》，一九八六年「提高全民族的素質」寫進《義務教育法》、「提高整個中華民族的思想道德素質和科學文化素質」寫進《關於社會主義精神文明建設指導方針的決議》，一九九三年「全面提高學生的思想道德、文化科學、勞動技能和身體心理素質」寫進《中國教育改革和發展綱要》，最終則有一九九九年的《關於深化教育改革全面推進素質教育的決定》（金一鳴、唐玉光編，2004），它在中小學是彌補

「應試教育」的缺失，在大專則為打破「專業教育」的窄化而發。

　　應試教育係指小學、初中、高中為升學而準備的各種因應考試的措施，專業教育則是大專以上高校為訓練謀生技能而準備的各種分門別類課程。它們都有其實用目的，但皆走向見樹不見林的地步；學生所見日小，不利於人性的全方位發展。有學者認為中國傳統人性論帶有封建倫理色彩，西方人性論則多半流於片面的一偏之見，到頭來必須用馬克思所揭示「人的活動」作為契入人性的進路；因為他認識到「人的活動」首先是物質生產活動，從而發現了人性形成和發展的作用（毛家瑞、孫孔懿，2001）。由辯證唯物論所奠定的人性基礎固然穩當，它也足以擺脫資本主義下個人自由主義的迷思。但是中國傳統思想中也有不帶封建色彩的一面，那便是對統治者「獨尊儒術」抱著批判，甚至抗拒態度的道家「隱逸」思想，值得我們在反思如何彰顯人性時退一步想。

三、生命化教育

　　相對於儒家思想始終為顯學，歷史上的道家話語往往出現在亂世之後或其中，例如秦火之後漢初與民休息的黃老治術、魏晉六朝動盪時放浪形骸的竹林七賢、明清高壓統治下獨抒性靈的小品和詩畫等，當代則見於「文革」時以退隱思想明哲保身。到了改革開放以後的新時期，市場經濟影響及廣大人民群眾的方方面面，形成了主流的社會價值，其中不乏唯利是圖下的人性扭曲。為避免深陷異化的泥淖，主動採取「疏離」的態度，可說與道家「隱逸」思想緊密聯繫、相互呼應的（劉小平，2007）。換言之，中國傳統文化內的道家話語和實踐，在現今中國特色社會主義體制下，可以適度消解社會主義市場經濟所造成的人性異化弊病。道家思想非但不必被看成悲觀消極，反而有提升素質、彰顯人性的達觀積極作用，這正是生命化教育的起點。

　　「生命化教育」有許多面向，其中之一為「隨順人的生命自然的教育」；它不但樂觀肯定隨順人性善端，更希望用自然而恰當的方式來成全人的稟賦素質（張文質等，2006）。這樣的教育旨趣，可說具有十分豐富的道家話語了。「生命化」表示「生命的在場」，它為了「立人」，以及對人的生命之成全；而「生命化教育」即是個性化、個人化的教育，它教導人們順從天命、敬畏自然。這可說是一種儒道融通思想的體現，是帶著中國特色的人本主義和人性關注，而沒有西方個人自由主義所可能陷入唯我獨尊的危險。雖然臺灣具有十餘年歷史的西化式「生命教育」，近年已逐漸傳入大陸；但「生命化教育」或「生命化德育」的提出，肯定為中國所獨創，是深具中國特色的教育理念與實踐，它讓我們自覺反思「生命」的意義和價值。

參、從教育的「生命」到「生命的」教育

一、教育學的發展

　　「生命」是一個意義相當寬廣的概念，可以在思想光譜上，從具象的實體講到抽象的隱喻；它們一端包括各種有機生物體的存活狀態，另一端則可能是事物發展歷程或人的精神呈現。本節討論「教育的『生命』」及「『生命的』教育」，前者指向教育學科的發展歷程，後者則思考將人的精神呈現作為教育理念與實踐的主軸之可能。考察教育學科成長發展的生命歷程，至少有縱向的教育學史及橫向的元教育學兩種進路，二者其實能夠結合起來看問題。問題為教育學在赫爾巴特創始之際，其基調乃是規範倫理學，目的則是討論教育該培養怎樣的人，以及如何培養等；後來教育學不斷迎向經驗科學的心理學，就與思辨及規範的倫理學漸行漸遠了（唐瑩，2003）。我們不能

說這是教育生命的異化，但無疑意味著教育視野的窄化。

　　大陸的師範大學多成立「教育科學學院」，不但設有教育系，還包含心理系，這些都可視為西方「科學教育學」在中國的傳承與體現。不過作為「現代教育學之父」或「科學教育學奠基人」的赫爾巴特，縱使把教育學帶進科學，在他心目中並非沒有人文價值的關注。強調科學必須「價值中立」乃是二十世紀的事情，但教育實踐終究要落實在具體的人身上，即使是研究教育的教育學或教育科學，也不能完全對人文價值視而不見。像大陸由十二所重點師範大學聯合編寫的《教育學基礎》教材內，便有一節提到「把傳授知識的學校轉變為培育豐富人性的學校」（馬和民，2002）。這可視作是為了縣延教育的「生命」所做的「生命的」教育之努力。生命的教育即是彰顯人性的教育，它要求教育工作者自覺反思生命的意義與價值，並且身體力行去改善及提升自己和學生的生命。

二、生命與教育

　　為了讓教育可持續發展，彰顯人性成為重要的進路；換言之，推展生命的教育，正是延續教育生命之途徑。例如一位南京師範大學的教授，即以「生命與教育」為題申請課題研究，最終完成一冊三十七萬字的大書。他在扉頁中寫道：「在這個技術宰制一切的時代中，教育封閉了通向靈魂的大門，對生命的異化和遮蔽使其迷失了方向，越來越遠離生命的原點。一個以人為本的時代的到來，呼喚教育回歸生命的本真。」（馮建軍，2004）這既是對教育者的召喚，也是對教育學的呼籲，值得整個中國教育學界深思。身為成長、受教並任教於臺灣的哲學暨教育學者，我一方面認同大陸教育學者的自覺與用心良苦，一方面也嘗試反思和推陳出新，拈出臺灣觀點下彰顯人性的生命教育之可能。

不過我必須在此說明釐清，生命化教育、生命的教育或生命教育，並不是為了取代科學技術教育、專門專業教育，而是希望與之相輔相成、互利共榮，以造福學生、教師及社會大眾。「生命教育」是內涵，它可以通過大陸的「素質教育」，以及港澳臺等地的「通識教育」形式加以落實。就「德、智、體、美」四育而言，它不能再重蹈智育的窠臼，而應朝其他方面發展。近年有人在傳統德育之外，提出「生命道德教育」的新範式，亦即調整人與自己生命、他人生命及他類生命之間關係的道德教育（劉慧，2005）。作者在教學現場發現教學過程的「無人」性，從而發心構建與人性和社會可持續發展相適應的新教育範式。這屬於教師的自覺，而當教師反身而誠進行自我生命教育，其對於學生的潛移默化，就更能揮灑自如了。

三、「生命的」學問

我在臺灣接觸、參與並推動生命教育，至今已歷十二載，與其於島內體制化發展同步。二〇〇三年我赴大陸短期講學，到成都四川大學歷史文化學院暫棲近月，對本土歷史文化產生高度意識覺醒，頓覺今是而昨非；後來更受臺灣社會學者葉啟政以「本土化」對治於「外來化──西化──現代化──全球化」的影響，而決心回頭向中華文化求緣、補課。臺灣正式的生命教育源自天主教學校的宗教及倫理教育，西方思想與信仰濃厚。我自己畢業於天主教大學，對此中語境並不陌生，但始終覺得它與華人社會的脈動不易呼應。我心目中「生命教育」的教化內容，乃是新儒家學者牟宗三（2005）所提倡的「生命學問」；他指出「生命學問」是「生命中心」的，而非「知識中心」的，這點令我十分受用。

知識中心或生命中心的問題，落在教育實踐方面，便涉及了學校教育的價值取向。教育活動的一切都是為了人，因此教育在本質上

乃是規範性活動；這是一種不能規避的價值觀。即使宣稱「價值中立」，用中性的態度看待教育，同樣也是在以另一種隱蔽的方式，表達自己的價值觀（李家成，2006）。學校教育所介入的便是人的生命和本性，亦即人性本然。過去對此多講「薰陶」、「陶冶」、「陶養」、「陶成」，亦即不太能夠立竿見影地教導，但終究可以潛移默化地培育。「生命學問」正是與人性中的「生命情調」彼此呼應的，而「生命教育」若得據此而發，必能事半功倍。近年兩岸四地不約而同形成了許多「生命的」教育話語，也展開了不少「生命的」教育實踐，它們皆足以改革教育、彰顯人性，以下兩節即對此加以闡述。

肆、「生命的」教育話語

一、後現代話語

大致上說，要標幟「生命的」教育話語，它首先必須是後現代話語，而非現代話語。「話語」一詞本身即為後現代思潮所強調，以示個人在表達字詞與文句時，背後的生活語境和實踐。後現代可以是現代之後，也可能與現代並存，二者是既「歷時」又「共時」的。對「後現代性」的最簡單描述，乃是指其面對「現代性」之際，所執持的「質疑主流，正視另類；肯定多元，尊重差異」的批判與包容態度。由於後現代思想尊重個別差異，落實到教育活動中，教師並不會強求每個受教者都必須「全面發展」，它同時也可以培養「片面發展」的人，亦即符合學生本身特質和生活特殊性的人（張文軍，1999）。這種看法與作法，可說是對彰顯人性或生命更深刻的把握；因為個別的人性或生命存在，永遠高於抽象的普遍概念。如果現代話語主張「異中求同」，後現代話語就堅持「同中存異」。

後現代話語認為教育既不是人們所講授的理論，也不是理論的應用；它既無主體又無中心，並非這個或那個概念的問題，而是去介入概念之間，強而有力地發揮教化作用（宋廣文等譯，2003）。通過後現代的批判眼光，讓我們看見教育知識的不確定，以及教育實踐的積極性。平心而論，後現代思潮有時不免引領人們走得太高太遠，以致失去焦點；但我們也不得不承認，它的確具有深刻的啟迪效果，幫助有所反思的人產生意識覺醒，從而撥雲霧重見青天。由於後現代思潮反映的是「晚期資本主義的文化邏輯」，必須批判地接受，不能照單全收，我因此只吸納它的顛覆批判與開放包容態度，並據此拈出後現代的「人文自然儒道家」話語。我主張「儒陽道陰、儒顯道隱、儒表道裏」的融通思想，由是體現「後西化、非宗教、安生死」的生命情調，這便是我的「生命的」教育話語。

二、臺灣話語

華人社會出現「生命教育」一詞始於臺灣，時間是一九九七年，次年臺灣省政府教育廳將其定為一項政策，開始在中、小學推廣。二〇〇〇年最高教育當局將此一政策接手，並訂定次年為「生命教育年」，同時邀集學者專家組成「推動生命教育委員會」，頒布四年中程計畫，更撥下大筆預算以利興辦。二〇〇四年它進一步發展成為高中正式課程，包括八科十六學分：生命教育概論、哲學與人生、宗教與人生、生死關懷、性愛與婚姻倫理、生命與科技倫理、人格統整與靈性發展；預定自二〇一〇年起，島內所有高中生至少必選一學分。臺灣生命教育的發展歷程，已有學者將之寫成博士學位論文（徐敏雄，2007）。從上述課程看來，它至少包括哲學及其二級學科倫理學、一級學科心理學，以及宗教學和生死學兩門交叉學科，大致不脫傳統德育範疇，但已呈現更為多樣的風貌。

類似於「素質教育」為大陸所獨創，「生命教育」可說深具臺灣特色；而就像「通識教育」譯名源於香港，港臺的說法已逐漸流傳於大陸。不過具臺灣特色的生命教育，有些的確值得商榷，因為它一開始就是把天主教學校的宗教及倫理教育課程全盤移植，終不免沾染上西化和宗教色彩。與西化相對的乃是本土化，而與宗教相對的則為人文主義；為批判臺灣主流的生命教育話語，我曾撰成一冊十六萬字專書，標榜立足於中華本土文化的儒道融通思想，以及非宗教的人文自然信念，可視為主流之外的另類話語（鈕則誠，2004）。由於臺灣的宗教團體甚多，各教各派都喜用「生命教育」之名宣傳教義，乃形成「各自表述，各取所需」的多元景觀；但這些教化活動，多少還是有著勸人為善的效果。

三、大陸話語

相對於港澳臺地區宗教及民俗信仰多樣雜陳的景象，社會主義中國可謂大異其趣。新中國成立一甲子，前三十年進行階級鬥爭，近三十年則大幅改革開放。市場經濟帶動人民物質生活富足，卻又不免構成精神生活貧乏的反差。開發中國家的人民追求生存條件的改善，固然無可厚非；而中產階層的形成，也足以產生安定力量。不過年輕一代急功近利的現象有增無減，長此以往仍不免令有識之士擔憂，實施素質教育、推廣生命教育的作法，從而積極展開。像新近出版由廣東省韓山師範學院教師聯合撰寫的《生命教育概論》教材，就包羅下列主題：關愛生命、健康道德、長成自我、防禦疾病、性愛安全、抵禦誘惑、遠離毒品、剷除暴力、拒絕自毀、防範危險，這十項都是相當實用的生命課題（王文科編，2008）。

不過從上述教材的內容看來，解決年輕人所遭逢的實際問題，還是主要考量；進一步的心理建設，包括人生觀的樹立，仍有待強化。

而這正是生命的教育、生命化教育，或者生命教育的責任，它理當體現為一種關注人文、彰顯人性的教育。這屬於「教育人文」的努力，可見於華東師範大學編輯出版的《教育人文輯刊》；它邀集教育現場第一線的教師與學生，以不拘形式的書寫，達成「致力教育人文建設，激揚教育人文情懷」的理想，其第一輯便題為《現代教育的生命關懷》（劉鐵芳編，2007）。類似這般「生命的」教育話語，在整個神州大地已是此起彼落，屢見不鮮，這多少象徵了普及推廣以彰顯人性為目的、落實「生命的」教育之可能。臺灣在這方面已經累積十年以上的經驗，值得大陸關心「教育與人性」課題的朋友參考。

伍、「生命的」教育實踐

一、學生教育

港臺高校為避免大學生蹈入所學過專、所見日小的弊病，於上世紀八○年代起就開始推行「通識教育」，而大陸則自一九九五年起實施類似的「文化素質教育」課程，近年也有稱為「通識教育」課程者。由於各地高校素質或通識課程科目種類繁多，其中不乏具有「生命」話語者，可視為高校「生命的」教育實踐。至於中小學部分，上海市於二○○五年印發了一份《上海市中小學生生命教育指導綱要（試行）》，作為德育工作的一環，以「幫助學生認識生命、珍惜生命、尊重生命、熱愛生命，促進中小學生身心健康發展」（上海市教育委員會，2005）。這份綱要涵蓋小學至高中十二年，詳細列舉出學段、內容與要求（含教學內容示例及教學要求）、操作提示、實施建議等項目，是一套完整的「生命的」教育實踐指導綱領。它雖然在實際執行時遭逢阻力，但文件所載仍頗具參考價值。

上海市的作法是由上而下的貫徹，但是「生命的」教育或稱為「生命教育」的理論與實踐，若能由下而上不斷嘗試創新，通過試點開發適當的課程，或能影響深遠。近年北京市有家民間教育研究院向教育部申請課題研究獲得通過，以「中小學生命教育的理論與實踐研究」為題，成為全國教育科學規劃課題之一（胡修金編，2007）。此一研究課題主要以湖北省中小學為試點，實施長達三年，預定二○一○年結題。它從基礎理論研究展開，逐步進入教育實驗研究，經由整合校區與家庭資源後，走向課程開發研究，具體完成生命教育讀本、教學案例、教學軟體、培訓教材等平面與電子媒體。值得一提的是，這套計劃參考了臺灣的作法，我本人即曾應邀參與專家座談，與大陸學者集思廣益，充分交換心得與意見。

二、教師教育

生命教育主要關注人的生命，兼及其他物種生命，以落實「同體共生」的博愛理念。生命教育教導學生關愛生命，由此彰顯人性。學生生命教育的落實，實繫於教師生命修養的良窳；倘若教師未能具備相應素養，則教化便無法克竟其功。如今兩岸四地各級學校教師多半具有大專以上學歷與學力，即使在校時期不曾接觸生命教育，也應該有能力在任教期間，通過自我教育補課之、強化之。我曾撰寫系列著述探討教師生命教育的可能，建議教師從身邊的資源和熟悉的課題著手，逐步構建足以持續進行自我教育的學習方案（鈕則誠，2008a）。而大家最熟悉的課題，也許就是德育、道德教育、倫理教育等方面的內容了。兩岸四地的德育內容肯定有所不同，但並無礙於走進「生命」主題，畢竟生命教育話語本身即具備豐富的德育屬性。

德育在大陸大致包含思想政治教育、道德教育、心理健康教育三部分；這是一種「大德育」的概念，一般的德育則指個人道德教育

及心理建設。其他如港澳地區因長期受西方人統治，在這方面會偏向宗教教育；而臺灣處於儒家思想影響下，講正統中華文化成分較多。倘若要在大陸推行教師生命教育，我認為「兩課」或其革新課程是不錯的切入點。我曾撰文指出，兩岸長期以來都有政治課，然而陳義甚高，學生不易消化，效果不免打折扣，有違教育初衷。但它可逐漸轉化融入素質教育之中，與一些生命課題有所銜接，進而激發活化「兩課」的生命力（鈕則誠，2008b）。大陸的師範生都上過「兩課」，當上老師以後，除非講授相關課程，否則不再復習。但是如果把「兩課」中直指人心、彰顯人性的話語淬取出來活學活用，則不啻為最佳的自我生命教育。

三、成人教育

除了像電影「一個都不能少」裏面的代課老師是個初中畢業的女娃兒外，各級教師從師範、師專、師院、師大畢業出來，多半已是成年人。「生命的」教育實踐，既然希望提振人心、彰顯人性，進而構建和諧社會，就不能缺少成人教育這一塊。平心而論，教師生命教育若走向繼續教育，其實也屬於成人教育層級。教師的生命修養，一方面可以教化學子，一方面也能夠藉此安身立命；至於成人的生命薰陶，也足以從修身養性走向立身行道。但無論如何這裏要落實的生命教育，都必須具備中華文化底蘊，始能真正做到可持續發展。我以個人教學經驗累積，發現臺灣的生命教育立意甚佳，但似有曲高和寡之憾；問題就在於跟本土文化與在地語境未能掛鉤，我乃有提倡「華人生命教育」之意，以期移風易俗，推陳出新（鈕則誠，2008c）。

我心目中的成人生命教育境界，即是「智者逸人」的境界。此乃以儒道融通的「中國人文自然主義」為理念基礎，用於成人生命教育「生存基調的鞏固」、「生活步調的安頓」、「生命情調的抉擇」三

大取向上，進而構建「後現代儒道家」的生存策略，「知識分子生活家」的生活型態，以及「智者逸人」的生命境界。「智者逸人」意指「以隱逸精神生活為依歸的有智慧的人」。此一境界的倡議，正是針對高度異化的「外來化──西化──現代化──全球化」之下華人社會大眾，所做的「本土化」革心與革新之努力（鈕則誠，2009）。近年大陸流行「國學熱」，頗有復興中華本土文化之勢。但我們畢竟已踏入二十一世紀，中國人從小康走到富足再邁向大同的理想，必須將過去的中華文明精神遺產和當前的中國特色社會主義融會貫通，方能有效實現。

結 語

中國人說「十年樹木，百年樹人」，但是中國從西方人入侵的鴉片戰爭開始，便歷經了百年動亂。而當新中國成立後，又因為「以階級鬥爭為綱」的政策，導致史上罕見的十年浩劫，整個民族人性受到重大摧殘。如今三十多年已過，撥亂反正下早已事過境遷，年輕人更可能感覺此乃「生命中不能承受之輕」，而無視於人間苦難所蘊含的教化意義。我身為海峽彼岸的人文學者及教師，幾乎與「老三屆」同年齡層，但年輕時成長過程中，卻只聞及西方的「虛無」、「荒謬」話語，而隨之「為賦新詞強說愁」。直到近年眼見兩岸交流頻繁，情勢一片大好，乃亟思以教育話語互通有無。我在臺灣推廣生命教育的經驗，放大來看，可說涵蓋個人四分之一個世紀的教師生涯和教育實踐。反身而誠靜觀之，不過彰顯自己與學生的真性情而已。願以此與同道互勉。

參考文獻

上海市教育委員會（2005）。《上海市中小學生生命教育指導綱要（試行）》。上海：上海市教育委員會。

毛家瑞、孫孔懿（2001）。《素質教育論》。北京：人民教育。

王文科編（2008）。《生命教育概論》。廣州：廣東高等教育。

石中英（2007）。《教育哲學》。北京：北京師範大學。

牟宗三（2005）。《生命的學問》。桂林：廣西師範大學。

宋廣文等譯（2003）。《生活體驗研究：人文科學視野中的教育學》（M. van Manen著）。北京：教育科學。

李家成（2006）。《關懷生命：當代中國學校教育價值取向探》。北京：教育科學。

沈壯海（2005）。《思想政治教育的文化視野》。北京：人民。

金一鳴、唐玉光編（2004）。《中國素質教育政策研究》。濟南：山東教育。

胡修金編（2007）。《中小學生命教育的理論與實踐研究》。北京：京師弘博文化教育研究院。

唐　瑩（2003）。《元教育學》。北京：人民教育。

徐敏雄（2007）。《臺灣生命教育的發展歷程：Mannheim知識社會學的分析》。臺北：師大書苑。

徐復觀（2005）。《中國人性論史》。上海：華東師範大學。

袁振國編（2005）。《當代教育學（修訂版）》。北京：教育科學。

馬和民（2002）。〈學校教育與學生生活〉。載於石中英等編寫，《教育學基礎》，頁206-234。北京：教育科學。

張文軍（1999）。《後現代教育》。臺北：揚智。

張文質等（2006）。《生命化教育的責任與夢想》。上海：華東師範大學。

陳桂生（1997）。《「教育學視界」辨析》。上海：華東師範大學。

陳超群（2000）。《中國教育哲學史‧第一卷》。濟南：山東教育。

鈕則誠（2004）。《生命教育概論──華人應用哲學取向》。臺北：揚智。

鈕則誠（2008a）。〈從學生生命教育到教師生命教育〉。載於郭實渝編，《第八屆當代教育哲學學術研討會論文集》，頁2／1-11。臺北：中央研究院歐

　　美研究所。

鈕則誠（2008b）。〈中國大陸高校「兩課」的教育哲學解讀：臺灣觀點〉。
　　《哲學與文化》，408，95-108。

鈕則誠（2008c）。〈從臺灣生命教育到華人生命教育〉。《明日教育論壇》，
　　42，23-30。福州：福建教育。

鈕則誠（2009）。〈智者逸人——成人生命教育的境界〉。「敬老侍親：尊重
　　生命研討會」論文。臺北：中國家庭教育協進會。

馮建軍（2004）。《生命與教育》。北京：教育科學。

黃向陽（2006）。〈「教育倫理學」問題研究〉。載於陳桂生等編，《教育理
　　論的性質與研究取向》，頁301-372。上海：華東師範大學。

劉　慧（2005）。《生命德育論》。北京：人民教育。

劉小平（2007）。《新時期文學的道家話語》。北京：中國社會科學。

劉建武（2006）。《中國特色與中國模式——鄧小平社會主義特色觀研究》。
　　北京：人民。

劉鐵芳編（2007）。《現代教育的生命關懷》。上海：華東師範大學。

3-4

論「中國德育」與
中國「德育論」
——德育學科建設

（2009）

引 言

過去中國人講「德、智、體、群、美五育並重」，新中國成立之後，強調集體主義，群育乃融入德育之中，新的「五育」則為「德、智、體、美、勞」；但無論如何，德育始終為「五育」之首，由此可見其重要性。重要歸重要，然而在整個教育實踐中，它非但時有爭議，且往往莫衷一是。就推行德育而言，兩岸的處境多少有些類似，雖不至於「一人一把號，各吹各的調」，不過「上有政策，下有對策」的情況卻經常發生。像臺灣當局最近準備砸下相當於兩億多人民幣的預算，以推動包括品德教育在內的「三品教育」，就被輿論一陣奚落，結果立刻縮水至七成。可是大家都心知肚明，德育不能不推，問題是推什麼，如何推。為正本清源、推陳出新、可持續發展，我嘗試從臺灣觀點來探討中國德育的學科建設，以利兩岸教育文化的交流。

壹、「德育論」的元探究

一、元勘研究與學科建設

作為教育實踐的一環，中國由孔子開始，都在努力推展倫理教育或道德教育。自西漢「獨尊儒術」以降，道德學問幾乎是教育的全部內容；儒家雖有「尊德性，道問學」之分判，仍不脫道德學問的途徑。強調知識傳授的智育取向，乃是十九世紀後期西學東漸下的事情；當時英國哲學家斯賓塞明確提出「德、智、體」三育分立的觀點，而他本人則奉科學知識為最高價值。民國肇建後，教育家蔡元培等人大力提倡群育與美育，始見「五育並重」的提法；而以德育為

首，也反映出其自古即受到重視的現實。不過到了百年後的今天，時代社會多所變遷，在「人心不古」的情勢下，德育的理念與實踐有必要重新檢視。此處需要的是一種基礎性的「元勘」研究，亦即對相關概念及活動的再認識（許為民編，2008），以利從事較為明確的學科建設。

學科建設的源頭乃是學術分科，中國的學術分科，自西晉時出現「四部」雛型，演成後世「經、史、子、集」的分類。此一分類至清末始受到西學東漸的衝擊，而從「四部之學」轉向「七科之學」；具體改變見於民國初年由教育總長蔡元培所頒布的《大學令》，取消傳統「經史之學」，改以西式的「文、理、法、商、醫、農、工」七大分科（左玉河，2004）。「七科之學」隨之體現為大學內學院的設置，至於其下所成立的學系，則反映出更細的分門別類，由此形成各種學科建設。傳統「經史之學」以儒家思想為主調，具有豐富的德育性質；一旦落入全盤西化的「七科之學」，即陷於智育框架，只能在文科之內尋找落腳處。好在德育之「德」雖歸屬哲學之下的倫理學，而「育」卻可以向科學領域的教育學求緣；德育學科建設因此可為人文與科學對話的努力。

二、從元教育學到元德育論

教育學是一門探討教育活動理論與實踐的人文社會科學學科，其下有一些分支學科，大致包括：教育學原理、教育哲學、教育社會學、德育原理、課程論、教學論、中國教育史、外國教育史、比較教育、教育管理學等。此中的「德育原理」一科，即涉及德育理論或「德育論」，也可以視為「德育學」。想要完善落實德育學科建設，最好是從德育論的元勘研究著手。一般對最廣義的「科學」進行元勘研究，稱作「元科學」或「科學學」，主要又分為三方面：科學史、

科學哲學、科學社會學。依此觀之，「元教育學」至少應包括教育
史、教育哲學、教育社會學，但這些卻已列入教育學的分支學科。而
可以當作是元教育學研究的方法或章法，則涵蓋了描述性、批判性及
規範性三種類型的研究（唐瑩，2003），亦即「實然」的科學性研
究，以及「應然」的人文性研究。

　　仔細考察，教育問題與教育學問題，其實屬於兩個不同層次的問
題；換言之，教育學可視為對教育活動的元勘系統探索。西方教育學
的肇始，如今多歸於德國哲學暨教育學家赫爾巴特在一八〇六年出版
的《普通教育學》一書。他是以倫理學為教育奠定宗旨，由心理學來
提供方法；當時倫理學和心理學都屬於哲學的分支，後來心理學則發
展成為獨立的科學學科。但即使是科學學科，以人為對象的心理學及
教育學，也不能夠完全「價值中立」；元教育學便指出，教育學必須
兼顧實然面與應然面。如今考量元德育論，也當以此為依歸。大陸學
者對中國德育的實然面與應然面進行辨析，發現儘管現行德育活動與
國際通行、約定俗成的「德育」一詞名不副實，亦即在道德教育之外
納入不少其他內容，但卻是合乎時宜的（陳桂生，1997）。

三、「五育」互滲

　　當前中國德育基於一些歷史因素，容納了多方面的內容；它至少
包括品德教育、政治教育、法制教育、世界觀與人生觀教育，但只有
品德教育符合道德教育的初衷。這裏所反映出來的，乃是一套有容乃
大的「大德育」概念。大德育即是廣義的德育；至於狹義的德育，實
指道德品質的培育，也就是品德教育。為什麼中國德育跟西方德育有
所差異？這就牽涉到華人和洋人對倫理道德理解的不同。西方人相信
人為上帝所造，上帝的律令成為人間的原則，天賦人權而有個體性，
個體秉持既定原則行事。中國人則認為人為父母所生，家國天下架構

出一整套人際關係網絡，從而形成「五倫」互動的集體性；此即群性，在人群中必須確認關係而行事。依此觀之，「大德育」已然包含「五育」中的「群育」在內；若能互滲融通，將得以同時促進私德與公德（向春，2008）。

在德育實踐當中，還有直接與間接的問題；間接德育是將德育融入各種課程及教學中，直接德育則以專設德育課來從事教學。德育課一旦排上課表，就會體現出智育的形式及內容；而融入體育課之內，則有培養武德的功能和作用。不過我在此倒是想多提倡一些將美感體驗融滲於道德實踐的可能。道德教育在中國和西方都可以回溯至兩千五百年前，孔子與蘇格拉底皆主張人擁有內在德性，從而表現出符節的德行。而當古希臘人強調「真、善、美」的同一性時，德性及德行也有了「美德」的內涵。不過後來對道德的哲學思考形成倫理學，而反思美感則創生了美學，二者分流已有相當長的時間。及至一九八七年諾貝爾文學獎得主、美籍俄國詩人布迪斯基在領獎致詞時，有感而發提出「美學是倫理學之母」的命題，與大陸學者陳望衡（2007）的「審美倫理學」提法有所呼應，也為德育跟美育融會互滲創造了契機。

貳、德育的西方話語

一、哲學話語

中國德育蘊含著群育的性質、表現出智育的形式、對體育有所啟發，也有機會跟美育互通有無。哲學家胡適及馮友蘭都認為倫理學與人生哲學同調，這是從中國人的生活面思考所得，和「大德育」納入世界觀與人生觀的思想教育途徑可以銜接。相形之下，西方人把倫理

學只視為道德哲學，就不免有所窄化。然而以道德教育作為德育內涵的系統提法，畢竟源自西方；德育的西方話語，至少可分為哲學和教育兩方面來看。倫理學在西方哲學中只是一門分支，與其同等重要的分支還包括邏輯學、形而上學、認識論，以及美學，這些便構成哲學的「真、善、美」諸面向。倫理學探討並實踐「善」。行善對倫理學傳統三大學派之一的「德性論」而言，是內在本性的彰顯；對「義務論」而言，係為人責任的體現；對「功利主義」而言，則為理性評估的結果（龔群譯，2003）。

列為哲學分支的倫理學，自始便具有強烈的規範性質和作用，亦即指引人們如何行善，這是「應然」的實踐。此一指引人們行善的實踐，不是經由社會教化，便是通過學校教育。換言之，倫理實踐的傳衍要靠道德教育。探索道德教育涉及道德哲學和道德心理學；後者研究道德發展問題，前者為道德發展指示方向。當代美國心理學家柯爾柏格分別就此寫了兩本專著，在其《道德教育的哲學》一書中，他十分強調公平正義的原則（魏賢超、柯森譯，2003）。事實上，西方倫理學的傳統三大學派，經常被歸結在一道，而以「正義倫理」及「原則主義」看待之。這些正是西方德育中的主流哲學話語，它們延續了兩千多年，直到上個世紀八〇年代才面臨重大挑戰，與主流相對的另類話語「關懷倫理」及「語境主義」乃應運而生。

二、教育話語

另類話語屬於多元發聲，留待下一小節再談，現在先稍微考察一下西方德育的教育話語。有一種經典性的話語，來自法國社會學家涂爾幹在百年前所刊行的《道德教育》一書。他認為學校具有規訓學生使之社會化的功能，因此是很適合推行道德教育的環境。而他也像十九世紀的科學家一樣，在德育中凸顯理性的重要，同時盡量排除宗

教的影響。社會學係法國哲學家孔德於十九世紀上半葉所創，傳入中國後首先被翻譯為「群學」，以示其以人類的群性為探討對象。作為社會學家，涂爾幹在德育實踐上，無疑會看重群體性高於個體性，而德育正是對人群落實行善的努力，同時與求真及審美的生活相輔相成（陳光金等譯，2001）。其實不只是德育，連整個教育活動都有著引導人們走向社會化的性質，這也是國家為什麼要興辦教育的理由。

　　社會化能夠促使個體合群，進而構建和諧社會，但不應教人做順民。過猶不及，個人讓社會脫序或社會對個人的宰制，都不是理想的情況。德育係針對道德危機而發，而道德危機乃是一種社會狀態；它反映出社會中的個體，正在喪失辨別是非對錯的見識。為改善此種情況，從事德育的教育工作者，至少必須具備哲學思辨性與心理學經驗性的分析能力（陳有銓、魏賢超譯，2003）。這種德育教育話語所承繼的，其實就是赫爾巴特創立現代教育學的初衷，亦即以倫理學樹立教育宗旨，由心理學提供教研方法。往深一層看，包括德育在內的教育之社會化宗旨目的雖無可厚非，但在實際操作方法上，則非但不能定於一尊，更應該走向多元發聲的境地，以創造「百花齊放，百家爭鳴」的盛景。德育在此要培養的，乃是批判與包容的精神。

三、多元發聲

　　「多元發聲」是一種後現代現象。「後現代」在時序上雖指「現代之後」，但若以其作為時代表徵，「後現代性」其實與「現代性」並存，二者既「歷時」又「共時」。簡言之，「後現代性」具有「質疑主流，正視另類；肯定多元，尊重差異」的特性；後現代話語即以此去批判與包容其他話語，尤其是現代話語。依此觀之，德育的西方話語，無論是哲學或教育話語，大多是現代話語；它們肯定且實踐「原則主義」式的「正義倫理」。一九八〇年代，兩名女性主義學者

不約而同地向既有話語挑戰，一位是柯爾伯格的學生、教育心理學家吉利根，另一位則為教育哲學家諾丁斯。二人所主張和提倡的「語境主義」式的「關懷倫理」，被標幟為「教育的另一種模式」（于天龍譯，2003）。後現代陰柔的「關懷倫理」，直指現代陽剛的「正義倫理」具有性別偏見，這的確是發人所未發。

在教育活動中納入性別視野，並非無的放矢，而是多元發聲。例如屬於典型智育的科學教育，若以歷年諾貝爾科學獎得主鮮見女性，就指女性缺乏科學思考能力，不適合念科學，便犯了性別偏見的毛病。因為問題癥結可能是整個教育體制有意無意反映出上述刻板印象，而沒有恰當鼓勵並提供女生多元發展的機會，從而造成理工科陽盛陰衰的現象。相對於智育的知識取向，德育無疑更適於採行情意取向。但傳統德育不但強調理性，也堅守原則，從而忽略了感性和語境的重要。「語境主義」看重的不是「大處著眼」的個人原則，而是「小處著手」的互動關係，此與中國人看重倫常有相通之處。諾丁斯近年大力提倡「品格教育」，正好呼應了美國為回歸與復興傳統道德教育而推動的新品格教育，其理論根源可回溯至古希臘重視美德的德性論（鄭富興，2006）。

參、德育的中國話語

一、傳統話語

西方哲學的第一道高峰在於古希臘「三傑」，亦即蘇格拉底、柏拉圖、亞里士多德師徒三代。其中祖師爺蘇格拉底曾有「知德合一」之說，雖然彰顯出道德的重要，卻也把倫理道德推向理性知識的思辨途徑方向去。相形之下，中國儒家即使講求「尊德性，道問學」的分

判，一切仍傾向於道德學問的實踐途徑方向。作為中國第一位民間教育家的孔子，其所開出的儒家思想，始終具有教化功能；尤其在漢代「獨尊儒術」之後，更成為官學的核心價值。用現今的倫理學觀點，回頭省視中國傳統德育話語，會發現中國倫理思想，雖然始終以儒家為主調，但是道家也表達出獨特的世界觀及人生觀，而為歷代學子所嚮往；至於其後西土佛教傳入，即使對哲學思辨有所影響，卻不足以撼動中國人的倫理實踐（蔡元培，1996）。

當前有學者依據馬克思對人類社會發展的考察，來反思中國傳統倫理思想的歷史定位。馬克思指出，古代農業社會是人依賴人的群體主義社會，近代商業社會是人依賴物的個人主義社會，未來共產社會則屬人的全面自由發展的集體主義社會。依此觀之，中國傳統倫理思想的作用，主要是為安頓農業社會群體生活；到了遭受西方工商業化的衝擊以後，連帶也形成觀念上的中西之爭，以及生活中的群體與個人之爭。傳統群體主義雖然講究「和為貴」，但個性卻不易出頭；近代工商業發達下的個性呈現，卻又屬於商品與金錢交換下所形成的假相，終不免「人窮志短」。若要構建和諧社會，走在把握集體性理想的社會主義道路上，始能實現可持續發展。此乃「倫理變革」與「道德革命」的主題（朱貽庭編，2003），德育自當順著這個方向走去。

二、現代話語

新中國成立六十年，前三十年在「以階級鬥爭為綱」之下，雖然掃除了一些舊社會群體主義及西方個人主義的弊病，卻也帶來不少後遺症；尤其是「十年動亂」，讓倫常關係和社會安定的優良長處蕩然無存。後三十年走向「改革開放」的大道，力行「中國特色社會主義」，卻又在其「初級階段」中，衍生製造出各種異化疏離的政治經濟社會問題。為實現集體社會主義的理想，消弭個體自由主義所帶來

的人性孤寂和異化，亟待通過擺脫傳統的德育實踐，從而移風易俗、推陳出新、止於至善。大陸在這方面的作法之一，是設計新倫理學教程及編撰教材。在現代化的新中國之內推行德育，堅持的是馬克思主義新規範倫理學；它在面對社會主義初級階段之際，提出的是「兩級結構、三個層次」的道德規範體系，希望次第實現社會主義和共產主義道德（魏英敏編，2003）。

同屬華人社會的臺灣，在德育理論與實踐的發展上，走出了不太一樣的道路，但終究仍存在著殊途同歸的可能。受過英國分析教育哲學訓練的臺灣教育學者但昭偉（2002），對道德教育提出一套精簡的現代話語。他指出，道德教育即是人類個體學習扮演各種社會角色的活動；亦即在認知上瞭解社會生活規範的內容和要求，在情意上接受而不排斥這些要求，更在行動上能遵守之。他進一步根據自身觀察加以分析，發現臺灣人日常生活的道德重心仍在家庭，同時將儒家「五倫」中的「父子、夫婦、兄弟」三倫放在核心位置，此與西方流行的個人主義道德觀實大異其趣。從表面看，這種以家庭為重心的生活態度，似乎仍停留在前述傳統群體主義的窠臼裏；然而如今既已邁入二十一世紀，非但不可能墨守成規，且需要對此現代話語尋思突破創新之道。

三、「新時期」的多樣提法

臺灣長期走在市場經濟的道路上，不曾歷經階級鬥爭和文化革命，卻也沒有淪入全盤西化下的個人自由主義；較之港澳等地，更完整保存了傳統儒家的價值系統和生活態度。如今中國通過改革開放，實踐「社會主義市場經濟」路線，歷經三十年的經驗累積，已經從小康社會邁向開發境地。在這三十年的「新時期」之間，德育的中國話語出現了多樣表述的情況：一方面有人在全力維繫「大德育」，令其

走向以人為本的現代德育，但堅持「德育」乃是思想教育、政治教育及道德教育的總稱。在這種立場下，論者發現經濟全球化、社會資訊化、文化多元化、價值多樣化的新形勢，以及年輕人的獨立性、選擇性、多變性，差異性明顯增強，既為德育創造有利條件，也帶來了全新挑戰（袁本新、王麗榮編，2007）。

另一方面，也有人質疑「大德育」是否大而無當？從而建議學科建設的轉向，由「泛指社會意識教育的德育」走向「限指道德教育的德育」。論者提出界定「德育」外延的三種抉擇，其中西方以其僅指道德教育，外延最小；中國則廣及整個社會意識教育，外延最大；介乎其間的乃是前蘇聯的作法，即在內容上泛指整個社會意識教育，但在手段和方法上限指道德教育（黃向陽，2001）。平心而論，德育以人為本是很妥當的立場，但這並非意指抽象的人，而必須落實在具有特定文化底蘊和生活語境中的人身上。換言之，中國德育理當具有「中國特色」，避免盲目隨俗，更不能全盤西化。西式德育以個人自由主義為始點和終點，不適用於中國；「大德育」一網打盡的作法，又可能顧此失彼，流於浮泛；剩下的中間路線，或許值得嘗試。

肆、「中國特色」的德育

一、「兩課」

提出「中國特色」是鄧小平理論的創意，它通過實踐證明中國有能力和平崛起為大國，也有能力構建和諧社會。中國人在世界上出人頭地以後，除了看見生活水平的增高外，更需要表現出全民素質的提升；前者繫於「教科興國」沒有疑義，後者讓「大德育」承載也說得通。但發展中國德育進一步的作法卻有待商榷，這便涉及了學科建設

的問題。討論「中國德育」的問題，與中國「德育論」的內容息息相關。「大德育」容或可以包含思想政治教育及法制教育，但「道德」卻不能與政治、法律、世界觀、人生觀混淆。綜觀中國「大德育」的教學實踐，「兩課」、素質教育，以及新興的生命教育三者頗具特色；其中包括「思想品德課」與「馬克思主義基本理論課」的「兩課」，更被視為人文素質教育的靈魂（王業興編，2005）。

我曾以自己在臺灣高校的教學經驗，針對大陸的「兩課」撰寫論著並進行教育哲學解讀。由於「兩課」近年面臨教學吸引力不足、效果不理想的窘境，深為有識之士所擔憂。化危機為轉機，乃是未來新教育的方向。順此我乃提出建言，「兩課」若想與時俱進，推陳出新，回返其德育語境，並且從教育倫理學、教育價值論等教育哲學的反思與批判途徑力求改善，或許是一條出困之路（鈕則誠，2008）。兩岸的德育話語可以有三種理解：為維繫傳統文化理想人格而教育、為培養社會主義接班人而教育、為改善現實生活而教育；前兩者具有理想性，後者希望解決現實問題。現實不能沒有理想，理想則必須顧及現實；「中國特色」的德育雖然有容乃大，但是不宜泛泛論之，而應分層次、依門類系統傳授。近年高校「兩課」已具體統整成一定門類的課程，並納入素質教育推廣，可說是朝向良性發展。

二、素質教育

素質教育在中國行之有年，打破中小學升學主義「應試教育」的具體作法自一九八五年起便已上馬，彌補高校專業主義「專業教育」的改善之道則在一九九五年起步。「素質」原本指人的先天性及自然本性，但在中國已引申擴充至後天性和社會習性；而素質教育更是無所不包，從科學、心理到文化素質皆加以提倡。具有中國特色的素質教育，早已超越「素質」的窄化定義，發展出先天素質、個體素質、

民族素質等不同層次（陸炳炎，王建磐編，2001）。由此可見，「素質教育」也像「大德育」一樣，係基於特定的歷史社會文化因素，發展成為頗具「中國特色」的教育活動，兩者甚至可以相互融滲。當然素質教育的範圍較德育大得多，德育最適於列入文化素質教育及心理素質教育來講授，而且最好從個人面的道德教育著手，比較能夠收到效果。

儒家主張捨身取義，社會主義強調集體性高於個體性，這些觀念通過社會教化活動，在中國早已深植人心。但是隨著改革開放所引進的市場經濟生活型態，當前人們往往多替自己著想，難有「犧牲小我，成全大我」的念頭。面對這種「人心不古」的現象，有待教育工作者集思廣益，尋求解決之道。如果根據杜威的看法，教育最高與最後的目的，就是針對個人的道德教育。而讓現行的素質教育去指引學生，在面對道德衝突時如何妥善因應，也就踏出了德育的第一步，亦即針對個人處境而發的道德教育（陳曉平，2002）。具有中國特色的大德育及素質教育陳意甚高，但是在現今若無法協助人們先解決個人問題，恐怕容易陷入曲高和寡的窘境，而流於一套說詞而已。若是當作正式課程來教學，更有可能重蹈「應試教育」的缺失。

三、生命教育

改善之道可以從教學方法的轉化著手，也就是將認知學習活動擴充至情意體驗活動。一個人從事德育方面的體驗活動，最好的契入點正是自己的人生；「反身而誠」始有所得。人生包含「生、老、病、死」一系列的歷程，而人們往往諱言死亡，美國人也不例外。美國人重視生命活力表現，瘋迷體育運動比賽即是一例；死亡卻屬對這一切的否定，也難怪大家要避談它。上世紀六〇年代，美國的人文社會科學界為改善此點，乃有系統在各級學校推行「死亡教育」，並建議

將學理與體驗課程兼顧並重，無所偏廢。「死亡教育」在七〇年代末期傳入臺灣未受重視，九〇年代包裝成「生死教育」卻蔚為流行。同一時間由「倫理教育」轉化而成的「生命教育」也被教育當局大力提倡，生死教育逐融入生命教育而發揚光大。如今大陸高校也出現生命教育課程及教材，其內容亦涉及生死議題（王文科編，2008）。

與德育和素質教育的普及情形不同，新興的生命教育仍停留在地方試點階段，較受矚目的是上海市教育局於二〇〇五年頒布的《上海市中小學生生命教育指導綱要（試行）》，指示市屬中小學如何將生命教育課程，融入小學至高中十二年的各種教育活動中。一如臺灣生命教育脫胎於德育面的倫理教育，大陸的生命教育也歸入德育工作來執行。由於「生命」二字具有正向、光明的印象，頗能收到愛生惜福、勸人為善的效果，因此已逐漸發展成為另一條具有「中國特色」的德育途徑。有學者將生命教育的境界，用相當貼近情意體驗的說法加以描繪：「美好人生——生命教育真諦的詩情守望」（劉濟良，2004），的確予人以高度的精神嚮往。生命教育、素質教育、「兩課」這些教育活動，為中國德育提供了廣闊的揮灑空間。倘若能夠進行更有效的學科建設，無疑將會事半功倍。

伍、學科建設芻議

一、單一學科與學科群組

在中華文化的語境中，德育只是「四育」或「五育」活動之一，其全面發展終究必須放在整個教育活動下面來考察。再就學科建設而論，探討教育活動的乃是教育學，針對德育而發展的則是德育論或德育學。目前德育論在一級學科教育學之下，體現為二級學科德育原

理；教育學於學科建設上遭逢的問題，直接影響到其分支學科的存在和地位。既然是一門獨立學科，教育學曾制定「三獨立」標準，希望擁有獨立的概念系統、研究方法及研究對象，但皆被實踐所否定。當多學科方法滲進教育領域中，教育學一開始便產生淪為多學科「殖民地」的危機感，後來幾經反思，卻發覺納入多學科實為轉機和優勢所在（劉榮飛，2007）。教育學的屬性從單一學科擴充為多學科群組，如此更能海闊天空地發展，相信給德育學科建設帶來不少啟發。

「四育」、「五育」甚至「六育」當中，智育和勞育只算是籠統的提法，體育早就擁有自己的一片天，甚至連美育也自個兒撐起半邊天，只有德育及群育往往不知往那兒擱。大陸教育始終強調集體性，沒有大談群育的必要；直到近年個人主義不斷蔓延，社會價值呈現虛無，始見推廣群育的提法。事實上，群育早就融於德育之內，中國最早的德育大綱《大學》所提出的「三綱領」、「八條目」，已然具備多元觀點，對於倫理道德實踐可謂面面俱顧（金林祥編，2000）。作為中國德育基本架構的「三綱八目」，不必然要局限在儒家的意識型態中，反而可以與時俱進不斷修訂其內容，並予以適時適地多元闡釋。此乃將德育學科建設拓展成一套系統的多學科群組的大好契機。就像「兩課」包含許多科目一樣，德育理當以系列課程呈現。

二、學理課程與體驗課程

德育課程至少具有兩方面的針對性：針對師範生要談「德育論」，要上「德育原理」；針對其他各級學生，德育則像體育和美育一般，伴隨著智育活動而授課。不過全球性的時代氛圍中，科技掛帥下的智育當道，已是不爭的事實。在此情況下，德育如何進行改革，以尋求與智育互利共榮，乃是當務之急。中國德育有高校德育研究者和基層德育工作者兩類主體，二者必須攜手從事全方位的德育改革，

不能僅停留在課程改革方面（李家成，2007）。然而課程改革畢竟是整體改革的重要環節，觸及素質、人性、生命等議題的德育課程，不能只有學理講授，它必須要實施一定比例的情意體驗課程，始能達到「知德合一」、「知行合一」的境界。中國德育的學科建設，不但要發展多學科群組，也應納入一定時數的體驗課程，始能真正將道德價值落實於人心。

　　以臺灣德育實踐為例，過去小學上「生活與倫理」、初中上「公民與道德」、高中上「公民」及「三民主義」，如今統統融入各種「學習領域」中；倒是在高中具體開授八門十六學分的「生命教育類」選修課程，並規定學理講授與體驗活動的比例為六比四或七比三。體驗課程並非空中樓閣，仍須具備一定的認知基礎。臺灣高校近年效法美國，要求學生修習一定時數的「服務學習」課程；即以本身專業所學，投身於社會或社區從事服務，以體驗「學以致用」、「知行合一」的真諦。這套作法對德育實踐甚有啟發，例如在校實施榮譽考試制度、到老人院及醫院去關愛老病人士等，就能夠體驗到羞恥與仁愛的情緒及感受，並且回溯至它們的德性意義（林建福，2006）。體驗課程的重點不在傳授，而是適切的引導，這便須要求教師也得先行有所體驗。

三、學校教育與教師教育

　　論「中國德育」與中國「德育論」，都需要扣緊特定的時空語境，以免游談無根。兩岸四地同屬中華文化的著落處，但港澳地區長期淪為西方帝國主義殖民地，如今雖然回歸祖國，但西化程度已深，有待時間「撥亂反正」。至於臺灣和大陸，雖然先後受惠於市場經濟而得以發展，但並未同傳統斷根；臺灣始終屬於儒家型社會，大陸近年也興起一陣「國學熱」。如今兩岸情勢一片大好，有機會攜手合

作，從「西化」走向「化西」;「中國特色」的提倡與堅持，正是「化西」的好例證。在新世紀裏，將「化西」的前提落實於德育學科建設中，首先要面對的便是教學態度的問題。教學具有老師教、學生學的兩面性，如果教與學雙方都因科技介入和效率要求而逐漸異化、疏離，就必須考慮回返彰顯德性教學的原點，以符合教育作為道德事業的初衷（劉萬海，2009）。

學校教育是整個社會教化的一環，學校教育通過課程規劃與教學設計，將「五育」由教師傳遞給學生。此一過程並非價值中立，而是有著嚴肅的「真、善、美」意義;至於師生互動則可以說是屬於一種「道德承諾」，以促進人與文化的雙向生成，以及人際交流的共用共生（周建平，2006）。雖說師生互動作為人際交往足以共用共生，但它絕不可能平起平坐，其中必然含有「尊師重道」的成分。既然教師有道，則此道仍舊來自教育，教師培訓及繼續教育就顯得十分重要。教師的專業教育源自個人興趣，但其素質教育及生命教育則應當貼近德育的理想。我在臺灣推行生命教育十餘年，近年致力於其中的教師教育，提出「生存基調的鞏固」、「生活步調的安頓」、「生命情調的抉擇」三位一體實踐途徑，或可為中國德育的學科建設提供參考方向。

結 語

於臺灣擔任教職二十六年，我自認自始至今都在施行通識教育和生命教育，此二者大致相當於大陸的素質教育與道德教育。身為哲學出身的跨學科學者，我曾於教師培訓單位講授多年「教育哲學」課程;同時在教研實踐中，不斷從事「元教育學」的思考。此處著眼於德育學科建設，可視為「元德育學」或「元德育論」的探索。我建議

有「中國特色」的德育，可以拓展為多學科群組，在各門中皆納入三至四成的體驗課程，同時讓各級教師不斷進行終身學習。「大德育」在內容上有容乃大並無不妥，但落實於課程與教學，最好秉持「三綱領」的理想，順著「八條目」漸次傳授。「八目」中的「格物、致知」屬於「道問學」，「誠意、正心」歸為「尊德性」，二者即是「修身」之內涵，再逐步向上開展「齊家、治國、平天下」的境界，此即中國人的道德人格之完善。

參考文獻

于天龍譯（2003）。《學會關心──教育的另一種模式》（N. Noddings著）。
　　北京：教育科學。

王文科編（2008）。《生命教育概論》。廣州：廣東高等教育。

王業興編（2005）。《高校「兩課」教學中難點問題研究》。北京：人民。

左玉河（2004）。《從四部之學到七科之學──學術分科與近代中國知識系統
　　之創建》。上海：上海書店。

向　春（2008）。《群性群育論》。北京：中國社會科學。

朱貽庭編（2003）。《中國傳統倫理思想史（增訂本）》。上海：華東師範大
　　學。

但昭偉（2002）。《道德教育──理論、實踐與限制》。臺北：五南。

李家成（2007）。〈德育原理〉。載於葉瀾主編，《中國教育學科年度發展報
　　告·2005》，頁143-173。上海：上海教育。

周建平（2006）。《追尋教學道德──當代中國教學道德價值問題研究》。北
　　京：教育科學。

林建福（2006）。《德行、情緒、與道德教育》。臺北：學富。

金林祥編（2000）。《20世紀中國教育學科的發展與反思》。上海：上海教
　　育。

唐　瑩（2003）。《元教育學》。北京：人民教育。

袁本新、王麗榮編（2007）。《人本德育論──大學生思想政治教育的人文關
　　懷與人才資源開發研究》。北京：人民。

許為民編（2008）。《走進科學技術學》。北京：科學。

陳光金等譯（2001）。《道德教育》（E. Durkheim著）。上海：上海人民。

陳有銓、魏賢超譯（2003）。《道德教育的理論與實踐》（R. Hall與J. Davis
　　著）。杭州：浙江教育。

陳桂生（1997）。《「教育學視界」辨析》。上海：華東師範大學。

陳望衡（2007）。《審美倫理學引論》。武漢：武漢大學。

陳曉平（2002）。《面對道德衝突──關於素質教育的思考》。北京：中央編
　　譯。

陸炳炎、王建磐編（2001）。《素質教育──教育的理想與目標》。上海：華
　　東師範大學。

鈕則誠（2008）。〈中國大陸高校「兩課」的教育哲學解讀：臺灣觀點〉。
　　《哲學與文化》，408，95-108。

黃向陽（2001）。《德育原理》。上海：華東師範大學。

劉萬海（2009）。《德性教學論》。上海：華東師範大學。

劉榮飛（2007）。〈教育學發展的反思與前瞻〉。載於鄭金洲主編，《中國教
　　育研究新進展‧2006》，頁1-19。上海：華東師範大學。

劉濟良（2004）。《生命教育論》。北京：中國社會科學。

蔡元培（1996）。《中國倫理學史》。北京：東方。

鄭富興（2006）。《現代性視角下的美國新品格教育》。北京：人民。

魏英敏編（2003）。《新倫理學教程（第二版）》。北京：北京大學。

魏賢超、柯　森譯（2003）。《道德教育的哲學》（L. Kohlberg著）。杭州：
　　浙江教育。

龔　群譯（2003）。《倫理學簡史》（A. Macintyre著）。北京：商務。

輯四

合──反身而誠

4-1

「三生二育論」
——華人教師哲理新探

（2009）

引 言：中產專業人士的存在抉擇

　　新中國成立六十年後已然和平崛起，蔚為舉世大國。持續的經濟發展和穩定的社會成長，形成一個數以億計的中產階層，其中不乏擁有一技之長的專業人士。這群專業人士的工作性質大多屬於服務業而非製造業，有些服務工作尚且具有公益成分，例如各級學校教師、醫療照護人員等；其所任職的學校或醫院，一般歸為非營利組織。學校主要傳授德、智、體、美四類教育，華夏自古便重視道德；而新中國為落實「中國特色社會主義」，更將德育視為教育的核心。德育教人如何安身立命，做出妥善的存在抉擇；近年大陸針對德育有「生命教育」的新提法，雲南省更將之擴充為「生命──生存──生活教育」，令省內各級學校全面實施。教德育的老師自己必須先具備相應的修養，我即為探討此種修養的內涵而寫作。

壹、教師哲理

一、教師教育

　　各級教師除專業養成教育外，道德教育也不可或缺，這些都是教師教育的具體內容。教師教育至少包括入行教師的職前培養，以及在職教師的職後培訓；而無論是那一個階段的教育，皆需要有教育哲學作為理論基礎，其中理當含有教師的專業倫理和處世哲理。現代中國教育理念早年受到杜威影響甚大，連帶也學習模仿美國的教育體制。制度化的教育由初等、中等到高等循序漸進，大專以上的高校教師係由學者出身，而中小學教師則走向專業化。美國教師專業化起步甚早，在十九世紀二〇年代即由「公立學校運動」標幟出始點；政府一

方面普及義務教育，一方面提供教師培養，以頒授證書令其取得專業資格。教育專業化長期是師範院校的責任，至二戰後則逐漸轉型擴充為教師教育學院與綜合大學教育系所並存的局面（郭志明，2004）。

在發達國家，師範教育已被教師教育所取代；中國雖然普遍存在著師範院校，但學校性質其實相當多元，更朝綜合化發展。目前國內各級師範院校依然在培養初任教師，至於在職教師的進修和學校管理幹部的培訓，另有各地教育學院提供繼續教育。整體而言，中國的教師教育至今仍屬於獨立的封閉定向型制度；但由於國家經濟體制已經從計劃經濟轉變為市場經濟，教師教育勢必得求新求變，以免培養出來的教師不能勝任，徒然浪費國家資源（黃崴，2003）。話說回來，經濟轉軌不能因而丟掉文化傳承，尤其教育樹人實為立國百年大計，更不應捨本逐末去追求產業化。「中國特色」的主旨和精神乃是走自己的路，具體實踐的標竿則為「實事求是，與時俱進」，包括教師教育在內的一切改革，理應秉持此等標竿才是。

二、教育哲學

務實與進步的標竿，可以開發出一系教育哲學話語。事實上，西方的教育哲學即包含有實用主義及進步主義等內容，其主導人物都是杜威。杜威曾於上世紀二〇年代多次來華訪問，對我國教育學術的開展有著舉足輕重的持續影響。由於杜威既身為哲學家又大力推崇教育哲學，使得「教育哲學」一科成為民國時期師範教育的核心課程，且至今仍列為臺灣教師檢定考試必考科目之一。相形之下，大陸在解放後朝向蘇聯一面倒，教育哲學為教育原理所取代，直到改革開放進入新時期才有所改變，於高校重新開設「教育哲學」一科。時下該科教學與研究皆受馬克思主義指導，傳統思想得到系統整理和闡述，形成本土化學科建設，擺脫對西方理論的嚴重依附（石中英，2007），這

無疑也是在發展「中國特色」。

　　發展中國特色並非劃地自限，而是擁有主見。當我們在引領學生找到自己的「主體性」時，教育的主體性和主動能動性首先必須確立，而本土化策略正是最佳途徑。社會科學本土化的問題，在一九七〇、八〇年代，曾於港臺等地熱烈討論，當時所稱「本土化」即指「中國化」。然而像教育學等社會科學學科畢竟源自西方，取西方精華為己所用並不為過。這或許也可視為另一種意義的「中體西用論」；百年前它屬於次殖民屈辱中的阿Q式話語，如今則體現為後殖民批判下的自信心話語，因為「中體」更可作「中國主體」解。在漢語當道、國學復興的盛景中，儒家思想於新世紀裏顯得生氣蓬勃，以其銜接上西方最具情意性質的關懷倫理教育哲學頗為貼切（方志華，2004）。這或許可以在今後的教育實踐中，創造出一種「中體西用」的新型態。

三、教師教育哲學

　　現代意義的教育學學科建設，係由德國哲學家赫爾巴特於十九世紀初所開創。當時心理學仍屬哲學分支，他主張由心理學為教育學提供方法，而由哲學的另一重要分支倫理學為教育學奠定宗旨。由此可見，教育學在兩百多年前創始時，就與哲學淵源深厚，且至今歷久彌新。若再加上杜威的長期影響，則教育學幾可部分視為哲學之體現及應用；事實上，作為教育學主要分支的教育哲學，即屬一門應用哲學。既然有教育哲學，就可以引申出教師教育哲學；它既是教師教育的哲學，也是教師的教育哲學。前者主要涉及師資培養的專業倫理，令教師有能力從事道德思考與抉擇，以養成教師職業道德（黃向陽，2006）；後者的作用則更多是在於增長教師的個人修養，以鞏固其獻身教育專業的信心與決心。

可以這麼說：教師教育哲學是由上述相輔相成的兩部分所組成，其一是在行時敬業樂群以「把事情做對」的專業倫理學，另一則是更基本的入行時擇善固執「做對的事情」之教師修養哲理。具備適性的個人安頓哲理，始有持續的人際互動倫理。我提出「三生二育論」，作為開發華人教師哲理的方向與途徑。至於其內涵，則可通過「中體西用」的前提，將傳統儒道二家思想和西方近現代思潮融會貫通，以重新為教師的角色與職能定位（但昭偉編，2006）。儒家思想自古即為中華文化的核心，尤其對民族的教育實踐影響深遠。但是我們不能忽略還有一支同樣源遠流長的道家思想與其相伴，兩者必須對照來看，方能見出彼此的深度。對此，我嘗試以「儒陽道陰、儒顯道隱、儒表道裏」的「後現代儒道家」觀點，於後文中加以疏解。

貳、二育觀

一、從三育到二育

我根據多年的學問經驗累積，在此拈出「三生二育論」的修養哲理，希望有助於中產專業人士做出妥當的存在抉擇，藉以安身立命。「三生」係指人生的「生存、生活、生命」三階層，「二育」則為「德育、美育」。本節先簡述我的「二育」觀。把教育實踐明確分開來講的，當屬英國哲學家斯賓塞；他在十九世紀中葉先後發表了三篇論文，分別討論智育、德育和體育的內涵，不久結集成書《教育論》（單中惠，2004）。此書行銷各地，影響極廣，連帶也使得他特別看重科學及智育的觀點普及於世。二十世紀初期，中國教育界接受了他的看法，並將之擴充為五育，且把傳統德育置於首位，形成「德、智、體、群、美」五育並重的話語。新中國成立後，改以「德、智、

體、美」或「德、智、體、美、勞」的提法，近年亦有重提「群育」者。

斯賓塞的「三育」以智育為首，符合時代需求；中國於過去百年皆標榜德育為首，然而在希望謀一技之長以利生存的學生心目中，並不見得顯出其重要。邁入二十一世紀後，我們持平地看，「三育」仍有其各自的任務，對年輕學子而言皆不可或缺；其中德育更反映出「中國特色」的立國精神，於培養誨人不倦的教師之專業倫理及個人修養，自有其特殊地位。中國德育論有「大德育」和「小德育」之說，前者包含宏觀的思想政治教育，後者則對焦於微觀的道德教育，兩者各指向「兼善天下」與「獨善其身」理想。我主要著眼在後者，肯定教育家蔡元培大力提倡「美育」的用心，而其美育實定位於德育的輔助地位（杜衛，2004）。具有美育性質的德育，不妨統稱為「美德育」，很適於作為推展教師哲理的進路。

二、德育與生命教育

由於智育和體育的重要性人盡皆知，此處不擬多談，而將注意力放在德育和美育方面，並嘗試將二者予以整合。其實美育另有藝術教育的大方向，不能一概而論；此處只涉及「生活的藝術」，對欣賞藝術作品亦不著墨。簡言之，我主要針對成年教師提供一套將人生藝術化的道德教育，或可簡稱「美德育」。道德教育的根源在哲學中的倫理學或道德哲學，西方倫理學自古至今先後出現德性論、義務論、效益論及關懷論四大學派；其中義務論和效益論被歸為正義倫理，新興的關懷論則與古老的德性論相互呼應（曾漢塘、林季薇譯，2000）。「德性」又稱「德行」或「美德」，謂人性中存有善根，在古希臘強調真善美合一觀點下，具有審美的意義，後來卻逐漸淡出。我認為，在今天有必要將美感體驗從道德實踐中找回來或放回去，以樹立更合

乎人性的「美德」。

真正融美育於德育的「美德育」，係將德性與關懷融會貫通的生命化德育。這是一種彰顯與呈現個體生命，學習關愛生命、感恩自然、追求生命意義的「生命道德教育」，其目的為成就優質的自己（劉慧，2005）。華人社會提倡「生命教育」始自臺灣，一九九七年出臺為一套教育政策，至二〇一〇年發展成八門高中正式課程。港澳地區隨後也出現此一提法，澳門由臺灣學者引入，香港則與英國傳統的宗教教育統合。至於廣大大陸乃表現為在地性的自發教化活動，主要還是在正規的德育語境下試點推行；目前所見最大規模的作法，要屬雲南省教育廳對各級學校全面推行的「生命－生存－生活教育」，簡稱「三生教育」。我基本上認同「三生教育」的進路，認為其較「生命教育」的覆蓋面更廣泛也更深入，但提出了不同的詮釋。

三、人生美學

「三生教育」指向涵蓋「三生」的德育，這點沒有疑義；我想進一步發揮的乃是融美育於德育的「美德育」，這是一個相當值得也亟待開發的學科建設與教學實踐方向。德育和美育一般歸於情意教育，如果德育強調道德規範，美育便看重美感體驗。美感體驗可以針對外在藝術作品而發，也能夠反身而誠從生命本身內在觀照；後者正是中國古代特有的審美與藝術人生，與西方的宗教人生大異其趣，可稱之為獨特的「內審美」（王建疆，2003）。這種「內審美」雖然通用於有反思、品味能力的任何人，但更適合向生活已趨於安適穩定的中產專業人士推廣。畢竟年輕人還在為生存困境奮鬥，不易體會出這種在生活處境以及生命意境中所醞釀而成的人生美學和諧精神。此為中產生活的附加價值，是社會和諧的安定力量。

中國的改革開放新時期已經走過三十年，解放生產力的確讓一

部分人先富裕起來；但若要避免貧富差距擴大所產生的社會問題，讓大部分人都中產起來或許更為務實。事實上，「三個代表」提法已經正視到新興中產階層的出現，而「構建和諧社會」更明確了在安定中求進步的大方向。安定的生活必須既安身又安心。中國人與外國人最大的不同之一是沒有明確的宗教信仰，安頓廣大人民群眾的乃屬於人生信念。人生信念在宏觀方面既然有「中國特色社會主義」穩定支撐，那麼我們就該想想在微觀方面有何文化資源可供運用。儒家的道德規範早已深植人心，剩下道家的美感體驗則有待開發（王建疆，2006）。此時此刻，反思並復興蔡元培的「以美育代宗教說」，既能避免邪教流行，更可促成社會和諧，非常值得大陸的德育工作者參考。

參、三生觀

一、從生命到三生

我擔任高校教師超過二十五年，主要講授人生哲理方面課程。教學相長之餘，反思自己生涯發展中的心路歷程，形成「三生二育論」心得，希望推己及人，乃提筆寫作。我設定推廣的對象為中產專業人士，尤其是學校教師和醫護人員，因為這兩個族群有較多機會向服務對象施以生命教育。既然要教導別人，自己得先懂並且會做。目前在大陸，這是德育的責任，較大規模的實施一度有二〇〇五年《上海市中小學生生命教育指導綱要（試行）》的出臺（上海市教育委員會，2005）。這本是針對未成年人德育改革創新的大好時機，可惜身為成年人的教師配套修養不足，以致功虧一簣，一套良法美意施行未久便面臨停擺命運。當時如果教師胸有成竹，這份教育政策相信可以順利

落實，老師和學生將同樣受惠。

　　三年後，一個涵蓋面更廣、更有前瞻性的類似政策，在神州大地一隅轟轟烈烈推展開來，這就是雲南省教育廳全面施行的「三生教育」。根據《雲南省實施「三生教育」宣傳手冊》的說明，「三生教育」乃是「生命教育、生存教育、生活教育」的簡稱（雲南省教育廳，2008）。手冊進一步解釋，生命教育用以促進生命和諧發展，生存教育用以解決安身立命問題，生活教育用以理解日常生活真諦，三者互為條件，相輔相成；生命教育為前提和根本，生存教育是基礎與關鍵，生活教育則屬方向及目標。這是相當具有創造性和前瞻性的宏大方案，是德育實踐的推陳出新，值得其他各省市學習效法。從生命教育到「三生」教育，無疑是一大擴充與進步。生命教育唯有讓學生學會生存，並懂得安頓生活，才算真正彰顯生命。

二、生存、生活、生命

　　雲南省「三生教育」的提法，於二〇〇八年二月以教育政策的形式頒布，半年後開始試點；二〇〇九年秋季起，便在全省各級學校全面實施，從幼稚園至高校皆編有配套的教材以利教學。我對此事原無所悉，卻不約而同在二〇〇八年秋天撰成一篇論著，以〈求真·行善·審美〉為題，依此提出「生存基調的鞏固」、「生活步調的安頓」、「生命情調的抉擇」三層人生進路（鈕則誠，2009a）。其後一年內，我更連續寫出六篇著述引申此一見解。它們已有多篇在兩岸發表，但直到「三生教育」全面起步的一刻，我才從參與或關注其活動的相關人員口中得知此事，乃為感到所見相同而慶幸。若說其間有所不同，則是「三生教育」具有「生命──生存──生活教育」的一體連帶性，而我的思想建構則將之視為具有層級但各自獨立的教化途徑；它更適合通過美德二育，以潛移默化方式感召學生。

　　雲南省幅員廣闊，民族繁多，人口超過四千萬，「三生教育」政策若能貫徹始終，不啻為人民之福。然而它僅強調求真性，未能同時與善及美對照來看，似乎缺少了一股人文詮釋力量。事實上，將「生存、生活、生命」與「真、善、美」對應起來發揮，並非始於我的創見；因為早在此之前即有文學家著書立說，以生存、生活、生命三者去「重建真善美之間的新型關係」（李詠吟，2006）。地方政府與各家學者用相同或類似的提法，標舉出生存、生活、生命「三生」，足見其於人生的重要性。依我之見，循序漸進的「三生」提法，可以跟心理學上的「需求階層說」相呼應；吃喝溫飽是最基本的生存需求，參與社會與人為善是生活需求的滿足，而自我實現的高峰體驗則屬於生命圓滿的最高境界。不過「真善美」和「需求階層」皆屬西方話語，如何將之本土化以找到「中國特色」，有待進一步推敲。

三、存本真、積吾善、成己美

　　「真、善、美」三合一或三位一體的提法，是古希臘哲學家柏拉圖的偉大貢獻。他認為愛善、愛美與哲學追求真理愛、好智慧是同一件事，其中又以善為最高理念和價值；而三者的統一，則屬於一種不可言說的情意所能達到的最高境界（趙敦華，2003）。必須辨明的是，愛美在此所指並非欣賞藝術創作，而是實現倫理善，這倒反映出「美德」正本清源的真諦了。二十世紀英美哲學家懷海德認為整部西方哲學史所載，都是柏拉圖思想的註腳。此非言過其實之論，且多少有些道理。西方哲學架構裏的邏輯、認識論、形而上學探討真知，倫理學指點行善，美學反思審美；但作為一門學科的美學遲至十八世紀才出現，此前對美感體驗的探究多與倫理學相通。引申來看，真正的德育理當包含美育在內，如今拈出「美德育」的提法，可謂復古式的創新之見。

　　但是我的創新之見，並不滿足於對西方話語的重新詮釋，而是基於「中體西用」立場，將西方「求真、行善、審美」的一貫之道，本土轉化為「存本真、積吾善、成己美」的中國話語。簡言之，我的「存本真」指向「反思本土的後西化中國特色」、「積吾善」實踐「反身而誠的非宗教人文關懷」，「成己美」彰顯「反璞歸真的安生死自然觀照」（鈕則誠，2009b）。由此可見，我的「真善美」一統新話語，不但把握儒道融通的後現代精神，也包容任何體現中國特色的西方思想。它可以貼切對應於「生存基調的鞏固」、「生活步調的安頓」、「生命情調的抉擇」三階人生層級。以當今年輕人在市場經濟中尋求「生存基調的鞏固」而言，「中國特色社會主義」必須許諾一個能夠充分實現公益和公義，而足以令其成長發展為中產階層的機會，「構建和諧社會」才不致流於空話。

肆、本土化人生修養

一、後現代儒道家

　　「三生二育論」的提法並非標新立異，而是希望有機統整，以創造其綜效。「三生二育」可視為中國德育學者看重並提倡「生命教育」的理念擴充，最簡單的表述乃是「著眼於生存／生活／生命的美／德育」。以「／」符號取代「─」屬於後現代用法，它標幟出「肯定多元，尊重差異」的概念連結。「三生二育」主張在思想準備上，要認清生命的存在抉擇須從鞏固生存及安頓生活做起；而在教學實踐上，則要為較嚴肅的道德教育增添幾分美感體驗。它若想落實為一套本土化的人生修養，除了通過制式教育渠道外，更應靈活應用羅逖式的後現代實用性教化。去世未久的美國哲學家羅逖，後半生以打破西

方哲學迷思為己任。他提倡一種成就個體自我的教化哲學,甚至認同東方文化(張國清,1995),很適合借來發展本土化人生修養,以充實「三生二育」的內涵。

後現代教化不看重嚴謹的邏輯論證,較喜用情意性的人生敘事以尋求交流對話契機,這種態度正是我的書寫所本。敘事便是說故事,包括表達自己的想法。我到三十五歲始謀得正式教職,生存基調得以鞏固;半百之際事業家庭趨於平順,生活步調有所安頓;此後便花較多心思於生命情調的抉擇上,尋求安身之後的立命。學者立命不外教學研究、著書立說,我便是在近年內悟出「後現代儒道家」、「知識分子生活家」、「智者逸人」等本土化的人生修養境界。它可視為從文本到人本的後現代德育實踐(趙志毅,2004),三者本屬一事。我無意在學理上去論證儒道二家思想如何融通,反倒是想向過著儒家生活方式的華人積極推廣道家式的處世態度,令其在個體「三生」中,體現出「二育」的自我教化。

二、知識分子生活家

「後現代儒道家」作為後現代本土化人生修養內涵,其人格典型為「知識分子生活家」,由此表現出「智者逸人」的氣質神態。「知識分子」是對外來語的翻譯,其意涵源自俄語,指靠腦力謀生的人,而與工人及農民相對。在新中國成立前知識分子比例極少,毛澤東將之歸為小資產階級(趙倩等譯,2003)。六十年後的今天,在教育普及的情況下,讀書人為數眾多;靠腦力謀生的專業人士如教師者,更躋身於中產階層之林。從本土化視角看,西方「知識分子」的身分較接近中國傳統文人的「士」。「士」便是憂國憂民的儒家型讀書人,其具有強烈的批判心態與憂患意識,可視之為社會良心,卻也因此活得較辛苦,需要做一些自我調適,此時道家思想便足以派上用場。儒

道融通的生活方式，可以使中產專業人士出入自如、收放自如，而不致出現過勞自苦的結果。

專業的知識分子要學會做生活家，方能走更長遠的路。提倡生活家處世觀屬於道家話語，它在中國傳統上從未居於主流地位，於今更趨於邊緣化。改革開放三十年間，一九八〇年代的啟蒙話語對道家話語不是加以拒斥就是有意改造，九〇年代以後的消費主義則對道家話語加以拆解和迎合，而道家話語的發揚光大則需要與存在主義進行對接與會通，因為它們都屬於生存哲學（劉小平，2007）。西方的存在主義和後現代主義，都對消費社會中人的異化有所批判。中國在新時期施行社會主義市場經濟，異化現象隨之而至。身處其間若要做出妥善的存在抉擇，走「知識分子生活家」的儒道融通之路，將能「馭物而不馭於物」。看看當今國人對於電腦和手機的依賴程度，便知所言不假。如何善用科技工具而不為其所宰制，就需要更深刻的處世智慧了。

三、智者逸人

以「後現代儒道家」為生存策略的「知識分子生活家」生活型態，要體現出「智者逸人」的生命境界，才算真正達到圓融無礙。我對此曾撰文指出，「智者逸人」意味「以隱逸精神生活為依歸的有智慧的人」，其不必要具備深厚的專門知識，但是常識、見識與通識不可或缺。此一境界的提倡，係針對高度異化的「外來化──西化──現代化──全球化」華人社會大眾，所做的「本土化」革心與革新之努力（鈕則誠，2009c）。近年我撰寫系列著述，主要為推動成人生命教育；教師屬於成人，對之施以「三生二育」，是我將「自我生命教育」推己及人的努力。西方「哲學」的本意為「愛好智慧」，包括對「真、善、美」的親近與追求。智慧不同於常識的感性把握和知識

的知性探索，它繫於悟性領略。「愛好智慧」有「雖不能至，心嚮往之」之意，但我卻認為智慧即為人生潛能，可以逐漸開發。

現代人如何化小聰明為大智慧？這有待懂得隨時「退一步想」，甚至十步、百步以求全身而退。因為求生存的確很辛苦，過生活也會有煩惱，生命若要達到圓融和諧的境地，必須做到類似佛家所說的「此念是煩惱，轉念即菩提」，從一念之間走向菩提智慧。人生不如意者縱非十之八九，也有十之四五或五六；換言之，得失各半。若遇困頓處逆境時，有智慧的作法，不妨學學古人走向隱逸。現代人心靈危機嚴重，生活情境充滿非人狀態，需要反身而誠，尋找精神家園；而傳統隱逸文化的終極關注，正是為找回人生歸宿（霍建波，2006）。在渾濁世態中抽身或收心以求自保，是一種獨善其身的道家工夫。這看似消極逃避，卻因不願同流合污，而有積極的意義。當然其前提仍是儒家的「盡人事，聽天命」，先捫心自問善盡人事沒有？

伍、「三生二育」的教師哲理

一、教師的生存二育

我希望為兩岸四地廣大教師群體，提供一套安身立命的修養哲理；它可列為教師繼續教育課程的一環，屬於德育性質，但其內容已轉化擴充為「三生二育」，即「有關教師主體的生存／生活／生命之美／德育」。我基本上認同雲南省教育廳向全體學生實施的「三生教育」之理念與作法，據此嘗試將之推展至教師教育中。「三生教育」歸為德育，過去大陸高校德育在思想政治教育方面有「人生哲理」一科，而教師教育也正把中師逐漸提升至大專以上高校層級。教師教育在職前教育和繼續教育兩個階段，將有關人生哲理和職業道德的課程

納入其中，乃是理所當然。中國教師教育的目標是為培養人民教師，其中光是中小學教師人數就超過千萬（李其龍、陳永明編，2003）。如果讓各級教師隊伍去參與推廣「三生」或類似的教育活動，他們自己的心理建設和精神武裝必須先行確立。

我主張「三生」以「生存」為現實基礎，以「生命」為理想境界，而「生活」則是循序漸進、更上層樓的生涯發展歷程；生存、生活層面用以「安身」，至生命層級則有所「立命」。雲南「三生教育」對生存教育強調要「學會應對生存危機和擺脫生存困境，善待生存挫折，形成一定的勞動能力，能夠合法、高效和較好地解放安身立命的問題」。這主要針對尚未就業的年輕學生而言，但對初入職場的教師多少也適用。雖然教育專業相對安定，但終身學習的在職培訓不可或缺，否則不進則退，生存將受威脅（時偉，2004）。教師的生存二育屬於成人「美／德育」或「美德育」的起步，適用年齡約在孔子所指「三十而立」前後，此時應以倫理道德教育為主，審美藝術教育為輔。這是教師尋求做個知識分子的積極進取時期，專業能力的充實相當重要，在「二育」方面則宜多彰顯德性。

二、教師的生活二育

教師作為成年的專業人士，相較於其他行業，確實有可能在安定中求進步。但在生涯起步之際，仍會面臨某些專業要求和同行競爭，例如取得本科或碩士學歷、不斷在職進修、評職稱，甚至學校接受評估等。這像是一道道瓶頸，安然度過以後，日子便會平順許多，開始有機會步上自我實現的道路。倘若專業教師在「三十而立」時基本完成「生存基調的鞏固」，那麼他在「四十而不惑」以及「五十而知天命」的關口，就要次第落實「生活步調的安頓」和「生命情調的抉擇」。「三生教育」將生活教育視為「追求個人、家庭、團體、民

族、國家和人類幸福生活的教育」，但是美國教育哲學家諾丁認為應該擴及動植物和地球，並且用關懷之心來具體落實對幸福的追求（于天龍譯，2003）。以關懷倫理為核心價值的道德教育，可說是一種情意教育。

人到了四十歲前後逐漸步入中年，人倫關係已趨於圓融和諧，生活開始從外爍走向內斂，由審美判斷所產生的美感體驗益形豐富，終於進入對自體生命的觀照。我在此主張「三生二育」，「三生」皆兼具「二育」，只有在不同階段的比重不同；生存階段德育為重，生活教育美德相稱，到了生命層面即以美的觀照為主。從倫理的行善走向情意的審美，在中國文化上有其親緣性。漢字「善」、「美」皆從「羊」，「羊，祥也」，美善乃結合於一片祥和之中（陳望衡，2007）。在生活教育層面，由於工作穩定，便有餘暇去從事休憩活動，對藝術作品的審美賞析，可以在此一時期充分接觸開發。美育既是藝術教育，也包含人生教育；較年輕時欣賞外在藝術品自有一番樂趣，老來則應懂得欣賞內在的性命之美。

三、教師的生命二育

生命教育是近十年間華人世界的教育熱點；臺灣已將之發展成為正式課程，大陸則有雲南省大張旗鼓全面實施，且將生命教育擴充為「生命——生存——生活教育」，簡稱「三生教育」。「三生教育」提出要「認識生命的生老病死過程，認識自然界其他物種的生命存在和發展規律，最終樹立正確的生命觀，領悟生命的價值和意義」，這主要是從具體生命出發看問題，通過知識學習來把握生命實相。此一進路雖無可厚非，卻與本土性「生命的學問」不易呼應。真正「生命的學問」乃是「明明德」的學問，是個人修養的成德工夫，也意指向外感通的國家民族生命（牟宗三，2005）。由此可見，本土化、中

國式的生命教育層次較高，內涵也較抽象，屬於情意取向的「性命之學」，而非知識取向的科學技術問題。

我心目中的生命教育偏向生命美育，近年大陸對此已出現新興話語，謂「生命美育是指人如何認識並實現其生命美感的形態和生命審美的價值，其實現過程就是應該如何生活，怎樣做人；其最終意義就是如何優化生命，美化生命，做一個真正意義上的大寫的『人』。」（余維武，2007）孔子說「五十而知天命」，年過半百理當學會如何頂天立地，成為大寫的「人」；但這並非要戕天駛物，而是順天應人，讓人生的美感體驗自然流露。五十歲以上的教師已算資深，在教學之餘，不妨多留點時間給自己，反身而誠，萬物靜觀皆自得，知足常樂。這便是人生美學、生命美育；與別人互動的倫理道德逐漸淡化，由此產生獨處之樂，同時領悟出安於生死流轉的大智慧。中老年教師對人生的深刻體悟，正是生命學問的活水源頭。

結 語：關照「生存活命」的「美德育」

「三生二育」屬於德育理論的本土化新興提法，目的是為中產專業人士提供一套安身立命的人生修養哲理；它以學校教師為典型對象，也適用於醫護人員及其他白領人士。此一提法受到雲南省對所有學生實施「三生教育」的啟發，但將之轉換為教師教育；用以規劃剛入行二十五歲左右，至中年後期五十五歲上下，約三十年的生涯發展時期，把孔子「三十而立」、「四十而不惑」、「五十而知天命」之說當作轉捩點，分為「生存基調的鞏固」、「生活步調的安頓」、「生命情調的抉擇」三階段加以落實。據此而看，前兩者為「安身」，後者始達「立命」；因而是「生存活命」，而不只是「生命存活」的問題。其教育實踐的性質接近後現代教化活動，內容類似一道

光譜，隨著年歲日長，其需求逐漸由人倫德育向人生美育偏移，讓個人主體在人群中找回自己，在人文社會責任中發現靜觀閒賞的生趣。

參考文獻

上海市教育委員會（2005）。《上海市中小學生生命教育指導綱要（試行）》。上海：上海市教育委員會。

于天龍譯（2003）。《學會關心──教育的另一種模式》（N. Noddings著）。北京：教育科學。

方志華（2004）。《關懷倫理學與教育》。臺北：洪葉。

王建疆（2003）。《修養・境界・審美：儒道釋修養美學解讀》。北京：中國社會科學。

王建疆（2006）。《澹然無極──老莊人生境界的審美生成》。北京：人民。

石中英（2007）。《教育哲學》。北京：北京師範大學。

牟宗三（2005）。《生命的學問》。桂林：廣西師範大學。

但昭偉編（2006）。《教師的教育哲學》。臺北：高等教育。

余維武（2007）。〈美育思想與實踐〉。載於鄭金洲編，《中國教育研究新進展・2005》，頁309-333。上海：華東師範大學。

李其龍、陳永明編（2003）。《教師教育課程的國際比較》。北京：教育科學。

李詠吟（2006）。《審美與道德的本源》。上海：上海人民。

杜　衛（2004）。《審美功利主義──中國現代美育理論研究》。北京：人民。

時　偉（2004）。《當代教師繼續教育論》。合肥：安徽教育。

張國清（1995）。《羅逖》。臺北：生智。

郭志明（2004）。《美國教師專業規範歷史研究》。北京：中國社會科學。

陳望衡（2007）。《審美倫理學引論》。武漢：武漢大學。

單中惠（2004）。〈斯賓塞《教育論》解讀〉。載於單中惠、朱鏡人編，《外國教育經典解讀》，頁205-210。上海：上海教育。

曾漢塘、林季薇譯（2000）。《教育哲學》（N. Noddings著）。臺北：弘智。

鈕則誠（2009a）。〈真善美──中國人學取向的生命教育哲學〉。載於王聰智編，《銘傳大學2009國際學術研討會共同教育組論文集》（光碟版），頁01／1-11。臺北：銘傳大學。

鈕則誠（2009b）。〈後現代華人生命倫理新話語的可能〉。「第三屆全國生命
　　倫理學術會議」論文。濟南：山東大學醫學院。

鈕則誠（2009c）。〈智者逸人──成人生命教育的境界〉。「敬老侍親：尊重
　　生命研討會」論文。臺北：中國家庭教育協進會。

雲南省教育廳（2008）。《雲南省實施「三生教育」宣傳手冊》。昆明：雲南
　　省教育廳。

黃　崴（2003）。《教師教育體制──國際比較研究》。廣州：廣東高等教育。

黃向陽（2006）。〈「教育倫理學」問題研究〉。載於陳桂生等編，《教育理
　　論的性質與研究取向》，頁301-372。上海：華東師範大學。

趙　倩等譯（2003）。《漢語中的馬克思主義術語的起源與作用》（W. Lippert
　　著）。北京：中國社會科學。

趙志毅（2004）。《文本與人本──高校德育方略研究》。南京：南京師範大
　　學。

趙敦華（2003）。《西方哲學簡史》。北京：北京大學。

劉　慧（2005）。《生命德育論》。北京：人民教育。

劉小平（2007）。《新時期文學的道家話語》。北京：中國社會科學。

霍建波（2006）。《宋前隱逸詩研究》。北京：人民。

4-2

修養哲理

——從教育哲學到人生美學

(2009)

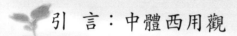

引 言：中體西用觀

　　教育為國家百年樹人大計，中國用禮樂教化樹人已有兩千五百多年歷史，孔子因此被尊奉為「至聖先師」，但直到近百年才走上西化教育途徑。西方制式教育出現也上千年，先是中世紀產生大學，近代宗教改革形成中學，啟蒙之後乃有小學。如今中土遍地都是大中小學，教育活動已徹底西化，但其內容卻不必然要全盤移植。至少「德、智、體、美」四育中的德育和美育，可以大力發現並創造「中國特色」，走出自己的路。「中國特色」的提法源自鄧小平對社會主義的創新運用（劉建武，2006），它可視為一套新型態的「中體西用」觀，既凸顯中國的主體性，又發揚西學的實用性。個人希望在德育及美育方面，建構受教主體的修養哲理。我從西方教育哲學談起，最終嘗試拈出具有中國特色的人生美學，提供人們安身立命之所繫。

壹、教育哲學

一、西方話語

　　提倡人生修養哲理屬於教化活動，不妨從教育哲學談起。教育哲學在教育界比哲學界更受重視，它是教育問題和哲學思考的交叉。其交叉可出現多種組合，包括「教育的哲學」與「教育之哲學」兩大類；前者係站在教育立場所形成的哲學觀點，後者則是採取哲學立場以解決教育問題所形成的論點；它們也可以稱作「教育哲理」及「教育學哲學」。教育學是探索教育活動實踐所形成的理論與應用知識，對這些知識進行哲學反思，屬於「元教育學」的努力，它嘗試把教育學細分為教育科學、教育哲理和教育實踐三大面向（楊明全、宋時春

譯，2006）。當今以智育為主力的教育活動，非常看重科學與技術，從而也希望將教育學轉化為一門科學學科。這是德國哲學家赫爾巴特在兩百年前創立教育學科的理想，而在科學與人文的哲學高度分化之後，更是當前努力的方向。

以科學技術代表先進的生產力並無不當，樹人的教育原本即有開發人的潛能及生產力的目的在其中。不過，無論是制式教育還是社會教化，人的倫理道德和美感體驗總不能與科學技術的知識學習混為一談。西方的教育哲學學者對此有所自覺，不同於上述元教育學的知性考察，關懷倫理以情意性的用心，對教育做出具體指點，包括以身作則、對話、實踐和肯定他人等（曾漢塘、林季薇譯，2000）。既然教育至少分為德、智、體、美四育，那麼分別對待並無不當。如今教育專業的學生都要念教育史、教育哲學、教育心理學、教育社會學四門課，它們分別從人文與科學的視角關注教育。人文學問固不待言，即使是社會科學話語，也必須納入民族社會文化的語境考量，才不至於失焦。這便是我一以貫之要強調的本土化途徑。

二、中土話語

上世紀八〇年代在港臺地區曾掀起一股「社會科學本土化」的討論風潮，當時對「本土化」的解讀就是「中國化」。後來香港經由中英談判回歸祖國，臺灣卻益發以「本土化」為名，藉此強調地域性的主體意識，但這實際上乃是「在地化」。作為以中國化為內涵的本土化學術方向，經歷了兩個階段，先是從西方觀點研究本土課題，其次才逐漸轉向建構本土話語來解決問題。由於杜威來華訪問講學的長遠影響，新中國成立前師範院校的教育哲學課，幾乎就是以他的哲學思想為主流。其後由於學習蘇聯，而使教育哲學迅速式微；直到改革開放，在資深學者的呼喚下才得以復興。新時期的教育哲學中土話語，

多少仍有杜威的影子，例如對知識、民主、自由、平等與教育關係的討論等（周浩波，2003）。但是中土話語的立足點，明顯已是中國的教育現場。

　　中國教育學者在撰寫教育哲學著作時，多少會對教育哲學作為教育學之下的二級學科之發展歷史和概念界定進行考察，有時也會論及課程與教學，但終究還是有專章介紹知識、自由、民主、公正等課題（石中英，2007）。這似乎正是杜威式「教育的哲學」之鋪陳，亦即用教育的眼光去表達哲學思想。它的好處是貼近教育實況，而非以思辨的抽象話語去指引或框架教育發展。平心而論，杜威所提倡的實用主義精神，對當前中國發展仍深具啟發性，鄧小平的「貓論」即是一例。杜威的影響來自他身兼哲學與教育學學者，雙方都樂於聽他的見解。本著「中體西用」前提，我希望站在中華文化本位上，擷取西方思想之長，去建構一套人生修養哲理。然後通過制式教育和社會教化的渠道雙管齊下，在德育與美育兩方面發出不同的聲音。

三、新話語

　　我嘗試建構一套適用於中產成人的修養哲理，以利個我之安身立命。它的推廣渠道包括制式教育和社會教化，需要涉及教育實踐活動，因此從教育哲學談起。又由於修養哲理偏重德育，乃進一步討論德育論及其衍生的生命教育論。然而我的用心是將人生修養哲理由外爍的倫理道德反身於內斂的美感體驗，遂走向美育論和人生美學話語。我在各節都會扼要提出一些「中體西用」式新語話的可能，例如在教育哲學方面，本土化並不意味劃地自限，亦非直接搬弄外國作法來救急，而是從問題意識出發，以中體西用為念，截長補短，去蕪存菁，通過對本土和在地實況的省察，提出自己的具體革新主張（簡成熙，2004）。這種新話語並不忽略在地現況，只是堅持民族文化的主

體性不可動搖。

　　人乃無逃於天地之間的存在個體，理當學會如何頂天立地，並與天地合其德。道德在儒家為人文規範，在道家則屬自然體現。我提倡中華民族文化主體性並非無的放矢，而是有感而發。個人早年旅美年餘，原本有意改念自認較哲學更貼近人性的心理學，卻因無時不接觸蔚為顯學的行為學派而深覺不相應，遂棄學重回哲學懷抱，以開展自家本事，從而契入生死學與生命教育。中年後偶爾至大陸訪學，得以比較兩岸情勢，在憂心之中撰成《教育哲學》一書（鈕則誠，2004a），於後記中指出，大陸為開發市場，像三十年前的臺灣，一切拼經濟；臺灣則為選舉造勢，像三十年前的大陸，一切拼政治。大家似乎都忘了傳統文化，反倒勾起我尋思出困之路；專書以「華人應用哲學取向」為副題，即表明我的「中體西用」治學途徑，以及由此而生的新話語。

貳、德育論

一、西方話語

　　孔子言「吾十有五而志於學」，我的心智發展也始於十五歲上高中那年。當時因緣際會接觸到存在主義的流行風潮，遂對哲學思考產生嚮往，從而由此銜接上道家思想，終於拈出融會二者一以貫之終身把握的意識型態，亦即自家人生哲理。涉足哲學四十餘載，我也成為哲學教授，反躬自省，確認本身所學、所思、所教、所為皆屬德育範疇。但年歲日長，越發不能滿足於德育的道貌岸然，遂有意在情意方面開發美育範疇，以傳授人生美學為志業。英國哲學家斯賓塞於教育只講「德、智、體」三育，又以智育為主。倒是社會學家和心理學家

較看重個人道德教育，亦即新中國所推動的「小德育」。法國社會學家涂爾幹對道德教育的貢獻之一是將它世俗化，擺脫宗教束縛，代之以科學理性，卻因此將審美教育貶為次要（陳光金等譯，2001）。

社會學家是從群體的社會適應為著眼，所以強調道德紀律的重要；心理學家則從個體的心智發展入手，因此要從其中發現公正此一普遍道德原則（魏賢超等譯，2003）。心理學和社會學都屬於西方的行為科學，只是分別對焦於個體和群體行為。道德判斷在他們看來屬於外顯行為，因此可以從事經驗性的科學實徵研究，並據此賦予道德教育的方向。我不否認道德行為會受到心理和社會結構的制約，但人作為主體的自由意志與存在抉擇也不容忽視。西方世界受到一神論宗教影響，認為人係神的受造物，眾人在神前平等，乃有普遍適用的倫理原則和道德規範。相形之下，中國人並非這般看問題；我們將倫理視為人倫之理，把人際關係分為五種倫常，即產生分別對待，不得逾矩。德育論在根本處已見文化差異，西學遂不可胡亂套用。

二、中土話語

如果跳出西方的眼光看，德育傳統在中國可謂源遠流長，歷久彌新。我們甚至可以這麼說，在西學大量傳入並占有主流地位之前，以儒學為主幹的社會教化，其性質就是德育傳統。上世紀哲學學者大多認為中國哲學少宇宙論而多人生論，胡適甚至表示人生哲學就是倫理學。不過在我看來兩者仍有所不同；後者必須著眼於人際關係的安頓，前者卻可以只考慮個人修身養性的內涵。中國固有「獨善其身」與「兼善天下」的古訓，放在新中國的德育話語內，就有「小德育」與「大德育」之分；前者係作為倫理道德教育的德育，後者則屬社會意識教育的德育。大德育包括思想政治教育，既含有「政治倫理化」傳統，也具備將德育泛化的中國特色（黃向陽，2001）。它已行之有

年，一時也不會出現重大變革，只有與之和平共存。

好在大陸的大德育和小德育教師擁有各自的共同體，搞思想政治教育和道德教育的不是同一批人，大家也各自為政，相安無事。而國內在道德教育方面，近年也出現一些可喜現象，即反思既有德育的盲點和缺失，進而尋求改善之道。由於過去人們忽略了道德作為人成就主體性的生存方式，德育缺乏生命視角，其內容相對顯得貧乏。於是有學者基於對新生物學範式的借鏡，提出「生命道德教育」的範疇，以成就優質自己當作價值期望，以關愛生命作為教育主題，以生命敘事為其主要存在方式（劉慧，2005）。這是將道德教育引申至生命教育的努力，相當具有前景，非常值得鼓勵。事實上，德育的中土話語已不乏有關生命教育的討論，甚至有個別省市列為政策積極推動，但並未上升至中央層級，未來或許大有希望。

三、新話語

從中體西用觀去尋訪德育新話語，最令人耳目一新的，是拿西方的女性主義關懷倫理學與中國的儒家學說進行對比。關懷倫理學指出性別差異作為倫理實踐的動力，發現男性較多理性盤算，而女性則樂於情境流露。西方傳統倫理思想分為古代的德性論，以及近代的義務論和效益論等三大派，至於關懷論則屬當代新興學說。儒家思想較接近西方的德性論，而女性化的「關懷倫理」，一方面將義務論和效益論歸於男性化的「正義倫理」並視為相對觀點，另一方面則將德性論當作同路人。由是儒學和關懷論便出現對比空間，其對比大致有六項：皆以情意作為道德之基礎、皆重視人際的關係語境、皆是在「進入關係中」去貞定道德人格發展、皆重視發自內在的主觀情意力量、皆重視學習之自由與悅樂、皆在培養道德成熟的性情中人（方志華，2004）。這種對比探究是很好的中體西用學問進路。

德育是道德教育也是倫理教育，傳授的內容少不了倫理學或道德哲學。然而拿哲學對大專以上學生講授尚能被接受，中小學生恐怕就得另闢途徑了。一般對中小學教師所進行的教師教育中，列有「德育原理」一科，對德育內容及教學從事探究，可視為「元德育」或「德育論」的課題。中國教育學會設有德育論專業委員會，我曾在該會年度大會上進行匯報，提出德育學科建設的建言，主張發展多學科群組，納入體驗性課程，並持續推行教師教育（鈕則誠，2009a）。此外，我更標舉出德育跟美育融會互滲的可能，這也是後面要討論的議題。在我看來，過去有一些頗具「中國特色」的德育話語，像「兩課」、素質教育，以及方興未艾的生命教育，都有待深入發揮，並尋求與美育統整的契機，為更能召喚人心的人生美學修養哲理鋪路。

參、生命教育

一、臺灣話語

從可持續發展的意義上看，「生命教育」可視為傳統德育的轉進，走向一種更為「生命化」的境地。雖然此一提法在西方國家略有所聞，但它真正於華人社會大張旗鼓推廣起點卻是臺灣。一九九七年臺灣省政府教育廳將「生命教育」訂定為一項政策，開始在中小學推動實施。兩年後，此一政策由臺灣最高教育當局接手，載沉載浮十餘載，終於確定於二〇一〇年正式成為普通高中選修課程，其餘各級中小學則採取融入式教學。綜觀臺灣生命教育的發展歷程，其關鍵性特色在於偏重倫理思辨，以及宗教信仰力量的持續介入，尤其是天主教與佛教兩大勢力。有學者採取知識社會學觀點，將此中來龍去脈撰成博士學位論文並修訂出版（徐敏雄，2007），是很周全的參考資料，

由其中可以得知生命教育在臺灣施行十數年來的利弊得失。

嚴格說來，「生命教育」的提法應該有一般及特殊、民間及官方之分，臺灣是如此，大陸亦類似。一如上述，臺灣的官方政策由於主事者的關係，宗教和哲學味十足，不免曲高和寡。不過在「上有政策，下有對策」的情況下，我卻樂見它能夠「各自表述，各取所需」。至於發自民間的一般看法，有些中國文化學者認為它不過是新瓶裝舊酒，不願隨聲附和；有的教育學者則質疑它不具有教育專業考量便貿然實施，而即使是宗教及哲學掛帥，也明顯偏重倫理學而忽視美學（李崗，2008）。這倒是一針見血之論。因為倫理及審美皆屬於情意教育的環節，中國人多以人生信念代替宗教信仰，世俗性較強，人生美學乃有揮灑空間。相對地，西方較看重神聖的宗教信仰，倫理道德由其包辦，人間的美感體驗就顯得不登大雅之堂了。

二、大陸話語

拜網絡訊息傳播之賜，行之有年的臺灣生命教育，其名相和理念也在新世紀之初逐漸向大陸擴散。有些學者將之嫁接在既有的德育實踐上，甚至於引申在整個教育活動中。值得一提的是，河南大學教育科學學院率先編輯出版了一套三冊「生命教育叢書」，分別名之為《生命的沉思——生命教育理念解讀》、《生命的暢想——生命教育視閾拓展》、《生命的律動——生命教育實踐探索》，可謂全方位開展了有關生命教育理論與實踐的大陸話語（劉濟良，2004）。在第二冊內有章節用相當大的篇幅探索〈涵蓋生命的道德教育〉，其中包含課堂教學案例，是很好的教學操作綱領。這種將德育生命化的作法，可以跟前節所提到的「生命德育論」相呼應，將「生命」的定義從個體擴充到「類生命」，甚至其他物種，形成一個關懷與愛的倫理關係。

平心而論，「生命教育」的提法不免含糊，但卻具有相當的正

面積極性，較易為人們所認同。不過概念含糊，一旦執行起來便容易失焦，不少學者乃嘗試釐清「生命」究竟何所指。大陸哲學學者高清海（2007）提出「種生命」與「類生命」的雙重生命觀點，頗具啟發意義。尤其是他強調「人需要走出自然，還得回歸於自然」的道理，意指於「種關係」中，自然僅作為人的「生存對象」；要到「類關係」中，自然才提升為人的「審美對象」。此般真知卓見，對於將生命教育的內涵與途徑由德育導向美育，可謂起到指標作用。近年雲南省政府教育廳大力提倡「生命——生存——生活教育」，簡稱「三生教育」，其中注意到現實的生存與生活問題，無疑對理想化的生命關注，提供了著力及用心的起點。「三生教育」是生命教育的擴充，其後續發展值得正視。

三、新話語

相對於兩岸各地生命教育話語的官方提法，我基於對之十餘年的長期關切，乃有一系善意的批判；目的並非要取而代之，而是希望以民間話語與之相輔相成，呈現一片多元並濟的盛景。臺灣的生命教育正式課程於二○一○年八月全面上馬，但其課程綱要草案早在二○○四年一月即已出臺；其間雖經多次修訂，卻大體不離其宗。當年針對甫出臺的課綱草案，我曾撰寫一冊十六萬字的專書，提供相關教師作為參考（鈕則誠，2004b）。臺灣的官方話語涉及哲學、心理學、宗教學、生死學等學科，後兩者為交叉學科；但以具體規劃的七門科目而論，有三科屬於倫理學，另一科係人生哲學。這明顯是倫理教育或道德教育的翻版，當然對以哲學為業的我而言，可謂正中下懷。我之所以微詞批判，乃是倡議將西化轉向本土化，並希望將德育擴充至美育。

我涉足哲學四十餘載，長期走在西化的氛圍中；從存在主義步

入科學哲學、女性主義、生命倫理學，直到反思生老病死的生死學、殯葬學，才逐漸轉向本土化的人文關懷。受到臺灣社會學者葉啟政將「本土化」視為「外來化——西化——現代化——全球化」相對面的啟發，我在二〇〇三年拈出「後西化、非宗教、安生死」的提法，作為建構人生修養哲理的起點。其中前兩者為前提，後者為結論；我的基本信念是輕死重生的現世主義生命觀，而於生存及生活層面則堅持「中體西用」作法，同時將宗教信仰存而不論。以漢族為主的中國人，原本就沒有明顯的宗教信仰，有的大多為儒家式的人生信念。我始終認為，光靠儒家不足以支撐身家性命，需要取道家與之互利共榮。此乃「人文的自然」之「生命的學問」，是我對於生命教育的新詮釋（鈕則誠，2009b）。

肆、美育論

一、西方話語

臺灣的生命教育無論是官方和民間話語及實踐，皆不乏濃郁的宗教氛圍；而把生命教育當作「志業」的人士，大多具有強烈的宗教情操。在華人社會，除了以抵制佛教而形成的道教算得上是本土宗教外，其於包括佛教在內的各種大型宗教，皆屬外來意識型態產物。宗教為團體活動，各大系統無法統合，只能彼此對話。但這只是理想看法，事實上各系統間出現矛盾對立時有所聞，演成戰爭亦多例證。宗教系統間不時充滿張力，曾令教育家蔡元培興起「以美育代宗教」的議論；他是十八世紀德國美學家席勒的追隨者，席勒曾將「智、德、美」三育與「知、意、情」及「真、善、美」相對照。席勒認為唯有審美方能帶來社會和諧，這種浪漫主義精神對推動藝術教育助力頗大

（邢莉、常寧生譯，2000）。藝術教育在西方係作為美育的主要表現方式，而在宗教力量作用下，人生美學實難以出頭。

西方藝術教育的傳統，不完全呼應美育精神；作為美育支撐的美學直到十八世紀才被創生，而體現工藝表現形式的藝術教育則自古有之。藝術作品有空間和時間之分，但它們都形之於外；藝術教育往往從作品出發，希望對欣賞細緻其微，對創作精益求精。當然藝術作品不見得都能激起美感體驗，有時候它只帶來世俗平常的滿足。但話說回來，審美也並非精英人士的專利；為了朝向雅俗共賞的理想去努力，有些學者嘗試拉近藝術教育和審美教育的距離，以更貼近人們的日常經驗（熊蕾譯，2004）。如今各級學校教育無不走在西化的道路上，美育大多反映在藝術教育上；這點在中小學並無可厚非，但是從大專以上到成人繼續教育，將德育加美育融合提出，為學習主體提供賴以安身立命的人生修養哲理，將是更有意義的事情。

二、中土話語

新時期出現的百家爭鳴盛景中，有件事情相當值得重視，那便是「中國人學」話語的興起。人學原本是哲學的一支，在西方是作為相對於神學而提出，哲學的人學與哲學心理學或理性心理學意義相通，主要關注於心靈究竟和人性本然。到了十九世紀科學步上知識舞臺，隨著心理學脫離哲學轉型為經驗科學，人學也步其後塵成為體質及文化人類學，傳統人學從而式微。新中國成立後，經歷過一場十年浩劫，人性蕩然無存，亟待重建復興，乃從哲學界又發出人學的聲音，其內涵其實非常接近人生哲學。人生至少包含生存、生活、生命三面向，甚至還可以加上生涯和生態的考量。這種「以人為本」的理念，看在美學學者眼中，便成為美育的使命，而美學、美育學也就順理成章與人學合流了（易健，2000）。

　　席勒是首先提出「美育」概念的人，他在十八世紀看見封建社
會的腐敗和資產階級的黑暗，乃創作詩歌和戲劇加以批判，被馬克思
視為「新思想運動的預言家」。席勒主張美育可作為感性與理性、自
然與人文、道德與知識的中介，同時具有社會教化和解放的作用。他
曾寫詩稱道孔子思想，使得其「中介論」與儒家的「中和論」有所呼
應，而審美教育也促成思辨美學走向人生美學（曾繁仁，2007）。
人生美學代表一種可持續發展的處世姿態，我認為可以從「三生」來
看：生存基調的鞏固、生活步調的安頓、生命情調的抉擇。這其中具
有階段性，分別適用於「三十而立」、「四十而不惑」、「五十而知
天命」的身心發展過程。它也意味著從德育向美育延伸擴充的可能與
必要。人到頭來畢竟要獨自面對自己的生老病死，無法假手他人，個
人修養哲理遂不可不備。

三、新話語

　　通過中體西用觀而從文化本位考量，中國美育需要有相應的中
國美學作為後盾來支撐，始能步上可持續發展途徑。中國美學不宜空
泛地談論，而應務實地開創。有學者提出三重推進策略，包括關注當
下生存、推進日常生活、融入當代人居環境。它勾勒出中國美學面對
生存境遇中日常生活的生態訴求，要求人們通過美育增強日常生活
中生態審美化的自信力（蓋光，2009）。此一「三重」說已近「三
生」論，只是把抽象的生命面向換成具體的生態面向，這也是大陸近
年興起的「生態德育」及「生態美學」提法之一例。若是從現代人所
面對的人生境遇來看，「三生」已嫌不足，至少需要「五生」，其依
序為：「十五志於學」開始學習生存技能，「三十而立」安排生涯發
展，「四十不惑」貢獻生態環保，「五十知天命」多品味生活情趣，
「六十耳順」後乃開賞生命意境。

　　孔子對本身人格發展的解讀,可視為他的自我實現階段說;這不是抽象推理,而是一位誨人不倦的教師對自己生涯成就所下的註腳。他的人生修養哲理可以用「盡人事,聽天命」六個字來概括,前段屬於道德實踐,後段則近乎美學意境。席勒的美育在歐洲啟蒙時期具有兩種作用,一是作為從自然主義走向道德狀態的中介,另一則為彰顯審美感性的地位。新中國成立之前,一些知名的美學學者如王國維、蔡元培、朱光潛都看重第一種作用,此為「審美功利主義」的美善合一,是西方美育與中國儒道思想的結合(杜衛,2004)。有人認為「功利主義」之說看似不免功利,境外近年則多譯為「效益論」。「審美效益論」指出美育可助長人心向善的積極作用,倘若能進一步彰顯審美感性,人生修養哲理的內容將會變得更親切可愛,而不至於道貌岸然。

伍、人生美學

一、西方話語

　　我所提倡的修養哲理乃是一套人生美學。人生原本就不可避免要背負一些倫理道德的責任,其中還包括政治社會方面的義務;但是當一個人逐漸跨入「知天命」的年紀,就應該學會減少降低「盡人事」的執著,不要再為「兼善天下」事事操心,而留點心思多想想如何「獨善其身」。儒家的「止於至善」高不可攀,道家的「反璞歸真」卻當下即現;這種人生美學是現世的、世俗的、實用的,在中土可以完全不必跟宗教扯上關係。相對地,西方縱使出現類似的生命美學,也是在揚棄宗教的情況下體現。西方生命美學源自叔本華和尼采,他們都因為看見宗教傳統對生命的局限性而加以拒斥,尼采更直言「上

帝已死」（王曉華，2005）。十九世紀叔本華和尼采的思想，受到二十世紀存在主義的推崇；非宗教的存在主義思潮，正是引領我踏入哲學園地的動力。

存在主義學者有不少從事文學創作，卡繆與沙特甚至得到諾貝爾獎；但是他們的立場直指人心，尖銳有餘卻圓融不足，於修養哲理尚有一段距離。唯有被沙特稱為「無神存在主義者」的海德格涉足詩歌和藝術的審美領域，繼承西方生命美學開出存在美學，以返回人性本真為最高境界（張弘，2005）。海德格生前曾與中國學者蕭師毅合譯德文《老子》，雖未竟其功，卻顯示出他對道家思想獨具慧眼的偏愛。存在主義強調命運應操之在我，不可假手他人，此即人無時不能迴避的存在抉擇。簡單地說，存在抉擇乃是一個人從有識之日起，就必須隨時想清楚自己究竟要成為什麼樣的人。個人生涯發展一般多從外爍逐漸走向內斂，懂得「反身而誠，無向外馳求之誤」，正是回歸自我本真的修養哲理。

二、中土話語

我們如何反身而誠？王建疆（2003）提出「內審美」的心理機制，作為開創修養美學的起點。審美意指判斷美或不美，常指向外在客觀對象；「內審美」的提法主張向內觀照，通過自我調節、自我修養，達到范仲淹「不以物喜，不以己悲」及朱熹「胸次悠然，直與天地萬物，上下同流」的美學最高境界。內審美可以展示於藝術創作上，但更多是表現於人的恬靜怡然悅樂的生活情趣中。它主要涉及人的內省力和想像力，其能力的開發和運用，正是推行素質教育的有利方向。大陸的素質教育類似港澳臺的通識教育，其課程在大專層級多屬德育和美育。學校固然可以介紹專業倫理與職業道德，也能夠讓學生在品茗聞香當中發現樂趣。這些都是制式教育在學校裏提供的，至

於不受時空限制的社會教化，更有開闊的揮灑空間。

　　人生美學是中國特有的文化傳統，它以儒道二家及本土化佛家三者彼此滲透，相互增益。李天道（2008）表示，中國美學「是主體通過澄心靜慮、心遊目想，通過直觀感悟、直覺體悟，以達興到神會，頓悟人生真諦的審美境界，從而體驗自我，實現自我，『超脫自在』，使片刻得到永恆，並獲得人生價值的不朽。」這是對以人生美學為核心的修養哲理相當微妙傳神的描繪，放在現實生活中來看，不過是要我們放慢腳步來反觀自我而已，絕不是什麼高不可攀的境界。由於現代中國人大多活在「忙、盲、茫」的快步疾行中，不免興生「人在江湖，身不由己」的感嘆，乃有必要通過自我教育，發現屬於自己的修養哲理。然而畢竟人各有志，修養哲理也不可能定於一尊。我所提倡的人生美學途徑，相信足以令人「退一步海闊天空」。

三、新話語

　　「我手寫我心」，這些文字可以放在我一系列的生命教育著述之中來看，其間一以貫之乃是我對自己際遇的反思，並希望以此推己及人。在大量閱讀中我發現了人生美學話語，例如「我們需要對自我人生進行審美的觀照。置身於市場經濟的今天，如果沒有了這一份『審美人』的自覺，自我就注定會迷失在『經濟人』的唯利是圖中」（張應杭，2007）。身為中產教師，我對這類話語感同身受，乃亟思出困之路。當然教師生涯較容易在安定中求進步，一旦度過某些關口，便有更多機會從事閒賞。不過我想與人分享的，乃是一種追求澹泊生活的從容態度，以盡量避免涉身於急功近利的經濟追求中。中國在步上社會主義市場經濟後，大家拚命追求中產生活；而一旦追求到手，理當開始提升其質量，而非賺更多的錢。

　　當然沒有人會嫌自己賺的錢太多，不過以中國人平均餘命八十歲

上下來看，如果四十歲已躋身中產階層，則大可放慢腳步找回自己。無疑配套的醫療保險和社會保障不可或缺，不過個人的心理建設似乎更為重要。我指的是一種自我開悟的工夫，是走向「人生藝術化」的努力，由此將可達到生命的完滿和精神的自由（杜衛編，2007）。「人生得意須盡歡」，因為我們不知道自己何時會死。平均餘命只是統計數字，個體卻是鮮活的生死流轉。人過中年必須學會「安生死」，此乃修養哲理的終極目的，而其建構的前提則為「後西化，非宗教」。「文化」在西方指一個民族的生活方式，在中國則代表禮樂教化的人文化成。中華民族用自己的文化進行社會教化，非但無不妥且更相應，這也是我堅持人生修養哲理本土化的理由。

結 語：自然人生觀

　　總而言之，我主張一套體察人文、順應自然的人生修養哲理，要建構的乃是「後現代儒道家」的生存策略、「知識分子生活家」的生活型態，以及「智者逸人」的生命境界。「智者逸人」意指「以隱逸精神生活為依歸的有智慧的人」，他不一定要具備深厚的專門知識，但是常識、見識與通識不可無。「智者逸人」的倡議，正式針對高度異化的「外來化——西化——現代化——全球化」華人社會大眾，所做的「本土化」革心與革新之努力（鈕則誠，2009c）。「學問之道無他，求其放心而已」，身為高校教師，教的是生命教育課程，我的理想是指引學生放心地去學習、去過活，盡量擺脫掉一些無謂的焦慮。現代人的焦慮不是沒有選擇餘地，而是太多選擇無可適從。智慧正是幫助我們進退自如，收放自如，如是而已。

參考文獻

方志華（2004）。《關懷倫理學與教育》。臺北：洪葉。

王建疆（2003）。《修養‧境界‧審美──儒道釋修養美學解讀》。北京：中國社會科學。

王曉華（2005）。《西方生命美學局限研究》。哈爾濱：黑龍江人民。

石中英（2007）。《教育哲學》。北京：北京師範大學。

李　崗（2008）。〈生命教育的概念分析〉。載於銘傳大學師資培育中心編，《教育部97年發展卓越師資培育計畫「認識新興重要教育議題」專刊》，頁14-25。臺北：銘傳大學。

李天道編（2008）。《中國古代人生美學》。北京：中國社會科學。

杜　衛（2004）。《審美功利主義──中國現代美育理論研究》。北京：人民。

杜　衛編（2007）。《中國現代人生藝術化思想研究》。上海：上海三聯。

邢　莉、常寧生譯（2000）。《西方藝術教育史》（A. D. Efland著）。成都：四川人民。

周浩波（2003）。《教育哲學》。北京：人民教育。

易　健（2000）。《人的詩化與自然人化》。海口：南方。

徐敏雄（2007）。《臺灣生命教育的發展歷程：Mannheim知識社會學的分析》。臺北：師大書苑。

高清海（2007）。《哲學的創新》。長春：吉林人民。

張　弘（2005）。《西方存在美學問題研究》。哈爾濱：黑龍江人民。

張應杭（2007）。《審美的自我》。濟南：山東人民。

陳光金等譯（2001）。《道德教育》（E. Durkheim著）。上海：上海人民。

曾漢塘、林季薇譯（2000）。《教育哲學》（N. Noddings著）。臺北：弘智。

曾繁仁（2007）。《轉型期的中國美學──曾繁仁美學文集》。北京：商務。

鈕則誠（2004a）。《教育哲學──華人應用哲學取向》。臺北：揚智。

鈕則誠（2004b）。《生命教育概論──華人應用哲學取向》。臺北：揚智。

鈕則誠（2009a）。〈論「中國德育」與中國「德育論」──德育學科建設〉。「中國教育學會德育論專業委員會2009年年會」論文。長沙：湖南師範大學。

鈕則誠（2009b）。〈生命教育理念新詮──「人文的自然」之「生命的學問」〉。「第十六屆國際中國哲學大會」論文。臺北：輔仁大學。

鈕則誠（2009c）。〈智者逸人──成人生命教育的境界〉。「敬老侍親：尊重生命研討會」論文。臺北：中國家庭教育協進會。

黃向陽（2001）。《德育原理》。上海：華東師範大學。

楊明全、宋時春譯（2006）。《教育知識的哲學》（W. Brezinka著）。上海：華東師範大學。

熊　蕾譯（2004）。《音樂教育的哲學》（B. Reimer著）。北京：人民音樂。

蓋　光（2009）。〈轉型的中國美學與日常生活的生態審美化〉。載於王德勝編，《問題與轉型──多維視野中的當代中國美學》，頁328-337。濟南：山東美術。

劉　慧（2005）。《生命德育論》。北京：人民教育。

劉建武（2006）。《中國特色與中國模式──鄧小平社會主義特色觀研究》。北京：人民。

劉濟良（2004）。《生命教育論》。北京：中國社會科學。

簡成熙（2004）。《教育哲學：理念、專題與實務》。臺北：高等教育。

魏賢超等譯（2003）。《道德教育的哲學》（L. Kohlberg著）。杭州：浙江教育。

4-3

「華人應用哲學」
建構試探

（2010）

引 言：安身立命之學

二〇〇三年秋天，年過半百之際，我在撰寫《教育哲學》一書的心路歷程中，逐漸浮現起一幅思想體系藍圖，由是拈出「華人應用哲學」之說。然而至今近七年間，我並未就此一構想展開來探討，充其量只做了些外緣陳述。不過話說回來，在這些年裏，由於個人身心內外的諸多體驗，使得視華人應用哲學為一套安身立命之學的想法益發強烈，乃希望藉著系列書寫，以進一步釐清思緒，並嘗試初步系統鋪陳理念。簡言之，它指的是一系針對華人而發的人生哲理，可視為學校通識教育及素質教育的哲學基礎與內涵；學習者多所瞭解以後，即能夠通過自我教育的方式，去開創適用於本身的實際作法。應用哲學呈現貼近現實生活的哲理思考，它主要是通過「講理」以「抒情」，但並不直接教大家怎麼做。生活實踐屬於每個人份內的事，道理則為指引方向的地圖，路還是得自己走。

壹、立足點與發言位置

一、新世紀的「中體西用」

哲學屬人文學問而非科學知識，可以「我手寫我心」；其內容都是我的想法，它幫助我知行合一，寫出來則為推己及人。身為生長於臺灣的中國人，我所接受的幾乎是全盤西化的教育，中華文化修養雖然通過社會教化影響著人們的待人處世之道，但在課堂書本中卻僅聊備一格，甚至流於應付考試的教條。待我一九六八從年十五歲稍微懂事起，便深受當時流行的西方存在主義思潮感染，開始追尋自我的存在抉擇。選擇念哲學並成為高度西化的學者，我從科學哲學走入生命

倫理學再到教育哲學。二〇〇三年五十歲前夕去大陸短期講學，看見大陸快速崛起；返臺正逢總統大選前哨戰開打，族群不斷被撕裂。面對兩岸情勢的強烈對比反差，令我亟思出困之路。此刻我的西學訓練似乎見樹不見林，必須回頭向中學補課，並且從反思百餘年前的「中體西用」觀點出發（秦英君，2005）。

乍看之下，「中體西用」似乎與局勢對照無甚關聯；但近年兩岸都提出「主體性」的概念，多少可為此一陳舊觀點帶來新的啟發和詮釋。回顧既往，清末「中體西用」話語內之「體」，係指一種不可動搖的傳統文化「本體」。此乃孫中山所指「次殖民」情境裏不得已而為之的精神武裝，亦即魯迅筆下的「阿Q」心態。但是經過百餘年的生聚教訓，中國已經走出一條屬於自己的康莊大道；同時為避免再度捲入西方霸權藉著「全球化」所帶來的各式宰制中，更必須通過「後殖民」立場的檢視，堅持彰顯本土文化的「主體性」（徐輝、辛治洋，2008）。臺灣社會學者葉啟政明確指出，與「外來化──西化──現代化──全球化」相對治的理念與作法，正是「本土化」或「中國化」。這並非劃地自限，而是確認文化的體用與主從關係。

二、具「中國特色」的應用哲學

「文化」在西方泛指「一個民族的生活方式」，於古代中國則體現於「人文化成」的儒家式社會教化。生活方式涵蓋科學、技術、生態、醫藥、政治、經濟、教育等各個層面，中華民族本著「中體西用」原則，從事「人文化成」的努力，可說是相當適當的。上世紀中國長期處於戰亂中，兩岸分治後各自為政。六〇年代末臺灣出現「經濟起飛」，七〇年代末大陸實行「改革開放」，終於在新世紀讓全球看見華人智慧之光所開創的繁榮進步。臺灣採行的是孫中山根據社會主義而發明的「三民主義」，大陸則活用鄧小平巧妙獨創的「中國特

色社會主義」（劉建武，2006）。平心而論，標幟「中國特色」正是新世紀「中體西用」的最佳例證和貼切註腳。它明白宣示中華文化的主體性，依此取西方理論與實踐加以融會貫通後為己所用，大可全方位引申發揮。

我嘗試系統建構具有「中國特色」的華人應用哲學，它以中西合璧的面貌，承載中體西用的內涵，可視為批判地應用。應用哲學以應用倫理學為重要組成部分，但其概念較價值論要來得寬廣，至少還要加上本體論和認識論，以覆蓋哲學三方基本面向（甘紹平，2008）。傳統上西方哲學的工具性學科為邏輯，而本體論及宇宙論共同構成形而上學、認識論涵蓋心理學、價值論則包括倫理學與美學；如今宇宙論已演進成各門科學，認識論亦深受認知科學所啟發。應用倫理學及哲學興起於上世紀八〇年代的英國，它是傳統實踐哲學通過分析及語言哲學洗禮後的新興提法，囊括許多交叉學科，例如科技哲學、教育哲學、法律哲學、藝術哲學等。這些交叉學科都有具體實踐的場域，且緊扣住各民族文化的語境脈絡，不能一概而論。在中華文化語境中發揚中國特色，無疑是恰當作法。

三、因應「宇宙與人生」的修養哲理

西方哲學源於古希臘，直到十七世紀「科學革命」以前，它幾乎無所不包，被視為「愛好智慧」的最高學問。古希臘人概括哲學探究「真、善、美」三者，而當代新儒家學者唐君毅（1975）則認為哲學關注「宇宙與人生」兩端。如今宇宙探索多交予科學處理，人生考察則留給倫理學，美學也有助於「人生藝術化」。但人生並非孤伶懸掛著，它既無逃於天地之間，就該學會如何頂天立地。「天地」即是宇宙時空，也稱作「世界」。上下四方為「宇」，古往今來是「宙」；宇宙交織出時空世界，它先體現於自然，再發展成社會。人們面對自

然與社會，能夠從事科學理解，也可以表達人文關懷；西方人長於前者，中國人重視後者。「中體西用」要求華人無所偏廢，努力尋找屬於本土的因應宇宙與人生之修養哲理。

胡適、馮友蘭、梁漱溟、張岱年等哲學前輩，多認為中國哲學的主旋律即是人生哲學。我對此有所認同，並主張華人應用哲學的本質就是中國人生哲學。不同於前輩先哲的觀點，立足於科技當道的二十一世紀，我相當強調人生哲學必須考量自然與社會之種種，從而通過制式教育與社會教化，傳衍宇宙中人生之道的修養哲理。西方人於此有基督宗教信仰，也有不可知論及無神論，以及由是而生的人文或人本主義。華人世界原本與西方價值皆無涉，我們有的是儒道二家的現世主義，加上源生本土的道教和外來漢化的佛教。不過宗教主要為了信仰，一般人無須對之進行哲學論辯或批判。何況梁漱溟（2000）更指出，中國人幾乎是沒有宗教信仰的民族，我乃對宗教存而不論，這是「非宗教」式的尊重異己態度。

貳、宇宙議題的構面：科學技術哲學

一、自然哲學

我的應用哲學建構是順著宇宙與人生兩方構面開展的，倘若宇宙議題多少反映客觀形勢成之於外，則人生議題理當盡量體現主觀條件操之在我，此即孔子「盡人事，聽天命」的道理。身外之事不可忽略的重點，至少包括科學技術、生態環境、衛生保健、政治經濟、教育文化等項，西方應用倫理學及應用哲學對之闡述甚多，我先從一門頗具「中國特色」的學科談起，那便是「科學技術哲學」。它簡稱「科技哲學」，在中國另有一種人們熟悉的提法，亦即「自然辯證法」。

此一概念源自馬克思的摯友恩格斯，他曾撰有一部未完成的同名專書，勾勒出十九世紀下半葉關於自然科學的哲學觀點。科技哲學為中國所獨有，其內涵不完全等同於西方的科學哲學加上技術哲學；它為建構華人應用哲學所帶來的啟發與貢獻，乃是對於自然哲學的堅持和強調（孫毅霖編，2009）。

西方學界大多已揚棄自然哲學，認其為自然科學的前身；既然自然科學已大行其道，自然哲學便無存在必要。這是典型的科學至上觀點，代表著西方人的偏見。相對地，「中國特色」則標舉著地域性與民族性，對西方偏見加以批判。華人應用哲學當然不會對近兩三百年自然科學的輝煌成就視而不見，卻主張保留自然哲學的地位，同時將之分為「前科學」與「後科學」兩個時期來探究。後科學的自然哲學不必追隨科學的「戡天」作法，轉而提倡生態保育與「萬物靜觀皆自得」，沒有理由說這種看法已經過時。倒是「中國特色」科技哲學如果堅持自然辯證法的思維模式，就必須處理來自西方分析哲學、語言哲學、科學哲學的詰難，例如辯證法是否真的算得上是高於演繹法與歸納法的邏輯術？中國哲學界迄今仍未對此予以正面回應（張寅生，2009）。

二、科學哲學

自然哲學是哲學家對自然本質的思辨推理，自然科學則是科學家對自然現象的經驗考察；西方的自然哲學讓位給自然科學後迅速式微，哲學家改以科學學科的性質為研究對象，從而形成科學哲學。科學哲學在一個半世紀以前原本與科學史連結在一起，後來各行其道，近半世紀又重新互通有無。科學哲學有一陣只關注於科學表述的內在邏輯問題，不免與科學研究外在實際情況脫節；後來為盡量呈現科學發現的本來面目，科學哲學乃從邏輯主義走向歷史主義。歷史主義看

重科學史，但仍著眼於哲學問題，例如追問科學對象是否為獨立於人心的某種實在事物，這似乎又回到自然哲學的提問。近年流行的觀點稱為「語境實在論」，它主張把科學放在社會、歷史與文化語境中，盡可能真實而客觀地理解科學（郭貴春等，2009）。一旦對科學語境有所把握，則對自然的如實觀照亦不遠矣。

　　科學哲學從邏輯主義走向歷史主義還有另外一層意義，那便是它出現了「文化的轉向」。這標幟出對科學以及科學哲學的人性理解，它使科學與人生重新聯繫在一道，表現為「科學的人文主義」。然而這種結合科學與人文的努力，在上世紀末又面臨另一輪的挑戰，從而使得現代科學哲學通過「後現代的轉向」，步入後現代科學文化哲學的境地（洪曉楠，2005）。後現代科學文化哲學認真反思並正視各種後殖民話語，它在多元文化意義上，將「科學」概念予以泛化，納入各民族文化的「本土知識」甚至「在地知識」。它將西方科學看作是多種理解世界的方式之一，它僅體現於自身的文化語境中，並不能作為知識的超文化合理性源泉。依此觀之，中國特色應用哲學的出現，就不是什麼不可能的事情了。

三、科學技術與社會

　　西方哲學除了科學哲學還有技術哲學，前者在英美國家蔚為流行，後者則以歐陸的德法等國為主。技術問題早在古希臘就已經被提出，但一直等到它在十九世紀被科學知識全面提升後，才成為哲學關切的議題。早先的技術哲學認為工具作為人體器官的延伸，使得人通過工具不斷創造自己。這是一種工程觀點，後來受到人文觀點批判；後者不像前者那般樂觀，而是批判地接受技術所帶來的福祉。至於中國特色技術哲學的受到重視，多少與馬克思主義的實踐取向及其異化勞動的概念有關。尤有甚者，在中國邁入改革開放的道路後，肯定科

學技術乃是社會經濟發展的支柱，遂大力提倡對「科學技術與社會」相關議題的探究，此與語境實在論科學哲學相互呼應，表現為科學技術語境化的運行機制（郭貴春、成素梅，2008）。

　　雖然技術水平的提升有賴於科學知識的發展，但技術並不完全等同於應用科學，它還受到政治經濟、社會文化等其他因素的影響。「科學技術與社會」作為一門新興研究領域，是大陸科學技術哲學研究的熱點。此一領域受惠於探討科學作為社會實踐的科學社會學，更可上溯至馬克思對於勞動實踐的慧見。以之回頭檢視中國歷史上的技術活動，可以發現一些饒富意義的觀點，例如先秦時期「以道馭術」的普遍概念（王前，2008）。言其普遍，是因為儒道墨法四大家皆對之有所闡述。由於傳統文化對「道」、「德」的理解，同西方「倫理」、「道德」觀念有所區別，因此「以道馭術」在很大程度上，反映出一套具中國特色的對技術活動之約束機制；它至少體現在工程技術、農業生產、醫療衛生等方面，從而表達出簡單質樸、環境保護、仁心仁術等正面價值。

參、從宇宙轉向人生議題的構面：應用倫理學

一、環境倫理學

　　哲學探討宇宙與人生兩大方面的問題，但並非截然二分，而是像光譜般從一端漸次排列至另一端。宇宙問題的極端可能是開天闢地，當時根本沒有人的身影；人生問題的極端則屬個體自我的情意想像，可以完全與世界脫節。不過人既無逃於天地之間，所面臨的大多為居間的情境；華人應用哲學的建構，從宇宙議題向人生議題過渡，也就從科技哲學步入應用倫理學。應用倫理學是應用哲學的主軸，涉及到

人的部分當然不脫生老病死；但是人所身處的生存環境必須先行確認和把握，這便屬於環境倫理的問題。環境倫理是與環境保護有關的各種行為規範、內心信念和價值取向的總和，它構成環境倫理學的研究對象（楊通進，2008）。西方環境倫理學有四大流派：人類中心主義、動物權利論、生物中心主義、生態中心主義，它們把人類身處環境的問題，放大為生態保育問題。

倫理問題在西方主要講原則，到了中國則多半看關係；當然倫理原則不是憑空運作，還是得落到具體的人際關係上。近年西方倫理學出現原則主義和語境主義之爭，前者主張盡量依原則行事，後者要求必須看情況而定。依此而論，華人行事不但重視語境，而且因人而異，儒家的「五倫」即是分判標準。不過從「中體西用」看，華人應用哲學在環境倫理方面受到西方觀點的啟發至少有二：一是思考代內與代際正義的問題（徐琳琳，2009），另一則為深層生態學的問題。前者來自科技活動所產生的直接後果，如城鎮對鄉村、富國對窮國、上代對下代的不公義；後者則是如何看待環境的視角，例如以有機觀點「與天地合其德」、天人合一等。道家思想主張「道法自然」，環境倫理若由此一立足點展開建構，當是頗具中國特色的話語。

二、生物醫學倫理學

現在把關注焦點轉向人，尤其是人的生老病死。平心而論，應用倫理學之所以在上世紀八〇年代應運而生，多少與生物醫療科技為人們所帶來的生死困境與倫理抉擇息息相關。美國哲學家杜明於一九八二年發表一篇論文，標題即一針見血指出〈醫學如何挽救了倫理學的命脈〉。這是因為英語國家的倫理學有很長一段時間陷入概念分析的死胡同中，跟現實世界幾乎完全脫節；幸好醫療科技發達到一定程度，產生不少性命攸關難題，要尋求倫理學家協助解決，才為倫

理學找到新出路。時至今日，在大型醫院內設置醫學倫理委員會作為諮詢機構已相當普及。簡單來說，構成應用倫理學重要環節的生物醫學倫理學，處理的問題乃是生死存亡的倫理道德（楊建兵、王傳中編，2007）。它從較大範圍的生命倫理學，逐漸深入到臨床倫理、醫師道德、醫療資源配置等議題中，希望為世人帶來切身福祉。

　　生物醫學倫理學雖然涵蓋面甚廣，但其中足以讓人們感到最為切身的問題，宏觀方面就是衛生福利政策，微觀方面則為臨床醫患關係，其中又以後者最為直接。醫患關係即是醫師和患者的關係，雖然在醫療科技之前，彼此的資訊相當不對等，但傳統上儒家卻強調「醫乃仁術」。仁即仁愛，與西方近二、三十年發展出來的關懷倫理頗能相互呼應。孟子對「仁術」的解釋為「無傷」，而「不傷害」正是西方四大倫理原則的核心價值。消極的「無傷」進一步可促成積極的「增益」，這又是另一項重要原則，其餘兩者為「自主」和「公平」。西化雖有不少陷阱，但尊重個體自主卻值得提倡；華人應用哲學在生物醫學倫理學議題中，希望強調患者「知情同意」權利，亦即告知病情，並徵得其對治療的同意（朱偉，2009）。

三、老年與臨終倫理學

　　一個人只要存活就有所生死，而在生死之間，又多會面臨老病纏身。應用倫理學除了要探討生物醫學議題外，更需要深入人們的社會、心理及精神層面，去協助當事人瞭解並因應步上衰老和走向臨終的歷程。西方世界把老年和死亡議題當作科學探究課題，是從上世紀初開始的；法籍俄國生物學家莫希尼考夫於一九○三年同時創立老年學與死亡學，五年後他獲頒諾貝爾醫學獎。雖然老死問題不脫生物醫學的氛圍，但它們更多是在特定的社會文化背景中發生，必須納入語境考量。近年大陸有學者建構本土化老齡倫理，列出公正、繼替、厚

生、偶合、善終五大議題，分別處理高齡者的代際、讓賢、養老、再婚及喪葬問題，頗見系統性（劉喜珍，2009）。尤其是論及老年與臨終倫理的聯繫，值得進一步推敲和深化。

　　考量臨終倫理就不得不正視臨終關懷問題，遺憾的是不少專科醫師心存偏見，不願將病入膏肓的患者轉送安寧療程，致使病人痛不欲生，含恨以終。「臨終關懷」一詞是大陸對於西方一種人道措施的意譯，卻被引用於臺灣的法律中；而臺灣的相關譯名則有「安寧照顧」、「安寧療護」、「安寧緩和醫療」、「安寧與緩和療護」等，香港則稱作「善終服務」或「寧養服務」。顧名思義，它強調「盡人事，聽天命」，不做無謂的治療，讓末期患者保有尊嚴善終。作為醫療行為的臨終關懷，必須得到醫務人員的認可支援方能落實；例如大陸有醫科大學領導牽頭建構「臨終關懷學」（李義庭等，2000），相信旗下附屬醫院對此將易於接受和推行。放大來看，臨終關懷除了針對某些不治之症患者外，更可遍及對所有臨終病患施以人道關懷，以體現「人溺己溺」的精神。

肆、群體人生議題的構面：應用倫理學

一、政治倫理學

　　在建構華人應用哲學思想體系的道路上，從宇宙議題走向人生議題，並非直指人心，一步到位的。也就是說，不能指望把消極受限於客觀形勢，一下子轉換為積極把握主觀條件；它們之間還有許多中介狀態，例如群體與個體性質的消長等。這些仍然屬於應用倫理學議題，首先來看政治倫理。如今政治明顯體現於主權國家的制度上，一道國界可能區別出極不相同的經濟活動與社會實踐。古希臘哲學家早

已指出人是政治的動物，而數千年來無論西方還是中國的政治思想，大多緊緊糾纏於倫理道德；直到十六世紀義大利的馬基維利標榜權力運作，總算與古代中國的法家立場遙相呼應（余湧，2008）。如今討論政治倫理，既不能光搬弄一些公平正義、民主人權等抽象概念，也不該迷信唯權力至上。理想與現實終究必須取得調和，人類文明才有前途可言。

簡單地說，政治倫理係指政治生活所應追求和體現的基本倫理價值，此中存在著應然的倫理規範與實踐。放眼看世界，兩百個上下的政治實體，各依其倫理價值發展出不同的國家體制；在國際社會中，首先應該得到起碼的尊重。二十一世紀的中國，逐漸成為和平崛起的泱泱大國，它早已擺脫馬克思所主張的階級鬥爭手段，而以中國特色社會主義作為國家發展的道路。近年中國提倡的社會主義榮辱觀，可視為相應的政治倫理規範。「榮辱」最早為儒家的荀子所強調，以彰顯榮辱之分在於義利之別，這其實也是孟子的看法（邱偉光，2006）。就華人社會而言，姑不論星、馬兩地，光是港、澳地區的一國兩制，以及臺灣的民主體制，就足以讓我們對不同類型的政治生活和倫理價值有所體察。事實上，政治倫理更需要與經濟倫理對照來看，方能得其深意。

二、經濟倫理學

孫中山指出政治乃是管理眾人之事，然而眾人之事最重要者，莫過於改善經濟生活，這大抵是一般老百姓的感受。馬克思主義對世界觀和人生觀的最大啟示，便是通過勞動生產的政治經濟觀點看問題。經濟生活獲得改善後，上層建築的精神生活始得發揚光大。作為一門學科的經濟學，在西方是從哲學中的倫理學脫胎而生的。十八世紀英國倫理學家亞當‧斯密先後著有《道德情操論》和《國富論》二書，

分別楬櫫利他的倫理觀與利己的經濟觀，凸顯出經濟倫理學的內在張力；至今兩百餘年間，世人仍在不斷尋求融合解決之道（孫春晨，2008）。但經濟學在歷史上畢竟仍是作為倫理學的分支而發展起來的，不能因為追求私利而置社會公益於不顧。亞當・斯密的自由主義理論為後來的資本主義鋪路，也促成社會主義應運而生，此一歷程通過經濟倫理學視角來看饒富意義。

海峽兩岸同屬華人社會，但近年發展的方向和步調則不盡相同；臺灣走向政治民主卻產生不少副作用，大陸推動經濟改革也帶來許多後遺症。有西方哲學學者特別針對中國現狀提出「改革的改革」之呼聲，以期待經濟與倫理重新整合。他表示，中國需要建立更多整合而較少分離的經濟社會發展模式，同時也需要改善並增加使個人抱負與社會責任相聯繫的倫理基礎，用以改革「改革開放」三十年所產生的倫理危機：腐敗、賄賂、產品造假、不安全產品出口、欺詐性文件、欺騙海關、侵害知識產權、合謀違反國內外法律等等（秦明譯，2008）。這類苦口婆心倘若能夠在「中體西用」的大旗下，重新發掘傳統思想對當前情勢的啟發，例如開發「中國式管理」的經濟模式等，或許能更加深化「改革的改革」。

三、教育倫理學

我出身科學哲學專業，在高校任教至今二十六年，前十七年幾乎完全在講授素質教育公共通識課，近九年則以教師教育為主調，「華人應用哲學」的思想體系即由撰寫教育哲學專書過程中逐漸浮現。不似純哲學重視形而上學及認識論，應用哲學主要以倫理學為核心議題；我建構思想體系的主要訴求對象為中小學教師，希望通過教師的傳授以推廣普及。依我之見，教育倫理學乃應用倫理學的重要內涵，它尤其該對焦於教師倫理，亦即從事師德建設。教育工作為百年樹人

大計，因此對教師道德修養的要求，一般要比對其他行業來得更高也更全面。問題是誨人不見得不倦，一旦產生職業倦怠感，教學成效便會大打折扣。為提升教師的職業幸福感，有必要大力推動師德建設，讓教師自覺擺脫刻板角色，回到人的本性當中來（溫金燕，2009）。

從事師德建設即是促進教師道德發展，它必須順勢而行，不能一廂情願。年輕人選擇走上教師職業的道路，本身便具有相應的人格特質；只要維繫著一定的自我認同，相信很容易符合自身及社會對教師職業的期待。無奈在社會開放與變遷的多元因素影響下，教師們的自我認同產生了前所未有的危機，連帶也攪亂教師道德發展的步調。教師認同危機產生的原因包括：道德環境不確定性的衝擊、教育場域多重矛盾的負壓、教師自身放棄對師道的追求等。要使教師恢復自我認同，所採取的途徑則為：對價值觀進行重塑、對職業觀進行確認、對以往認同進行超越（李清雁，2009）。只有教師站穩腳步，握準方向，擇善固執走下去，教育專業才有希望，下一代始能蒙受福祉。以下即圍繞教育議題來建構並完善華人應用哲學。

伍、個體人生議題的構面：教育與教化哲學

一、教育與教化

此第伍節代表我的寫作核心價值，希望在通過前述對科學技術哲學和應用倫理學的考察後，走進後現代的教化哲學。華人應用哲學順此理路建構，反映出我從科學哲學步向生命倫理學，再踏入教育哲學的學思歷程之擴充與深化。它並非隨機組合，而是有著一定的內在聯繫，亦即從真走向善與美，從宇宙步入人生。後現代教化哲學是現代教育哲學的批判與解放，意味著體制宰制的顛覆，以及巨型話語的讓

位。簡言之，我倡議在制式教育之外，開發情意取向的自我教化。既有的教育哲學呈現教育的本體論、認識論和價值論，其任務包括：揭示教育的本真和必然、提升教育主體的哲學境界、建構教育的理想國（鄭金洲，2009）。這無疑是相當理想的看法，代表著教育界的哲學態度；不過哲學界本身卻對哲學有所質疑，美國哲學家羅逖的後現代立場便值得一提。

羅逖原先身處西方哲學的中心位置，卻對整個「大寫哲學」進行了嚴厲的批判，終於轉行成為文學教授。他所主張的「小寫哲學」即是自我教化，這種自我教化不一定要自外於現存體制，它其實無妨於融入既有課程設計與教學活動中，畢竟後現代與現代可以是既「歷時」又「共時」的。後現代的課程觀將課程理解為意義開放的文本，為知識向學習主體開放提供了理論平臺；它更要求課程將知識還原為屬於某些族群的局部知識，甚至個人知識。至於後現代教學活動則是建立師生新身分的權力流動，是不斷探問文本的對話性反思實踐，並以學習者的經驗為起點及核心（李紅亞，2007）。由此觀之，教師教育理當從學校教育與自我教化並行不悖；學校以促成教師專業化為主，自我教化則提供個人安身立命的精神生活之所繫。

二、德育與生命教育

大陸教育講「德、智、體、美」四育，臺灣還加上「群」育。如今學校教育大幅傾向智育，已是不爭事實；但我嘗試建構的華人應用哲學，主要在於助人安身立命，於此便不談專業發展的智育及保種強身的體育，並將群育納入德育來看，最終則希望將德育和美育融會貫通，體現出一套「中體西用」的「後西化、非宗教、安生死」個人修養哲理。為達此目的，我主張把既有德育引申至新興的生命教育，同時把既有美育擴充為人生美學，進而將兩者融合成一體。既有德育

在臺灣是西化的道德教育，於大陸則為包含思想政治教育、世界觀教育、心理健康教育、道德教育在內的「大德育」。這種「中國特色」的德育，過去長期受到「語錄式」的教條影響，如今已逐漸「人化」，向「人論」及「人學」靠攏，以期彰顯人的生命（楊炎軒，2009）。

西方人學乃相對於神學，為的是突出人的主體性。以人學為基礎的德育，已不只是道德教育，而達於生命教育的境地。與「生命教育」相關的浮泛概念，早在近二十年前即出現於大陸，但其系統提法則是在一九九七年形成於臺灣。經過十餘年發展，它已蔚為臺灣官方政策和高中正式課程；但自始至終深植其中的宗教色彩，不免為人所詬病。相形之下，大陸的生命教育雖未普及，仍成為一些省市積極推行的政策。例如雲南省自二〇〇八年起開展融「生命——生存——生活」為一體的「三生教育」，從幼稚園到大學都編有教科書，達到全面性覆蓋的地步。但無論德育或生命教育，情意體驗的成分遠多於知識傳授，自我教化的性質要大於學校教育。它可視為「陶養生命智慧」（劉慧，2008）；只有智慧型教師才有可能推己及人擔當起生命智慧的教育使命。

三、美育與人生藝術化

倫理道德的實踐終究還是發生於人倫之間，一個有德之人的言行需要放在群體中方得彰顯；無論是宏觀的大德育，還是微觀的道德教育，其實都在教導人們如何恰當待人處世。但是人畢竟仍有反身而誠、恬淡自處的時刻，美育於此際較德育更為需要，也更有意義得多。西方美育源自十八世紀形成於德國的美學與審美教育，到如今它在學校內經常被窄化為對於藝術作品欣賞與創作的教育。然而在西學傳入中國以前的傳統本土美育，多指通過審美及藝術活動來達到人格

陶冶的過程（冉祥華，2008）。這可視為具有德育理想的美育，是儒家與道家思想及境界的和合；它表現出「儒陽道陰、儒顯道隱、儒表道裏」的特質，其人格典型為「後現代儒道家」、「知識分子生活家」、「智者逸人」，集儒道精神於一身。

儒道二家思想興起於兩千五百多年前，其始祖孔子與老子且可能有學術上的交情；古典學說彼此融通至今，為當前華人的精神生活提供了生存基調的鞏固、生活步調的安頓，以及生命情調的抉擇。一個人光做儒家會背負太多憂患意識而濃得化不開，只當道家又可能太過於閒雲野鶴而不知所終。華人應用哲學於此提倡人生美學，將個人生活朝向藝術化而非宗教化去加以安頓；在食衣住行的日常生活當中，體現出人文見識與涵養（龔鵬程，2009）。如今各地華人大多接受過至少九年的義務教育，各級教師的專業水平也在大專以上，堪稱作知識分子，也就等於中國古代的士人、文人、讀書人。文人是有文化的人，中華文化裏的儒道二家，分別表現出對於人文世界與自然意境的關注。這種「人文的自然」，構成我心目中華人應用哲學所追求的人間夢土。

結 語：人格典型

自從「華人應用哲學」理念在我腦海內浮現至今已歷七年，七年間我秉持其中精神，共撰成十二種專書，以及數十篇論文，字數超過兩百萬以上。至於在我的教學實踐中，更多以「生死學」及「生命教育」為名加以發揮之。我的目的簡單來說，即是思索自己在僅有的一生之間，如何做好安身立命的存在抉擇。我自認屬於徹底的現世主義者，對宗教所許諾的生前死後境界完全存而不論。我心目中的人格典型已於前述，希望集儒道精神於一身。「華人應用哲學」強調「中體

西用」，以儒道融通的「中學」，建立從個人到社會、民族、國家的
主體性，同時批判地吸納消融外來思想文化。如今占全球人口五分之
一的華人，追求的不外是中產生活，而儒道融通的修養哲理指引我們
「有為有守」、「為而不有」，如是即可「從心所欲，不逾矩」。

參考文獻

王　前（2008）。〈「以道馭術」──我國先秦時期的技術倫理及其現代意義〉。《科技與社會（STS）研究》，2，135-142。

冉祥華（2008）。《美育的當代發展》。北京：新華。

甘紹平（2008）。〈應用倫理學概論〉。載於甘紹平、余湧主編，《應用倫理學教程》，頁1-49。北京：中國社會科學。

朱　偉（2009）。《生命倫理中的知情同意》。上海：復旦大學。

余　湧（2008）。〈政治倫理〉。載於甘紹平、余湧主編，《應用倫理學教程》，頁50-95。北京：中國社會科學。

李紅亞（2007）。《教育意義的尋覓：知識、道德與課程》。北京：知識產權。

李清雁（2009）。〈教師道德發展的認同危機與對策〉。載於中國教育學會教育學分會德育專業委員會編，《中國教育學會教育學分會德育專業委員會2009年學術會議論文集》，頁303-309。長沙：湖南師範大學。

李義庭等（2000）。《臨終關懷學》。北京：中國科學技術。

邱偉光（2006）。〈社會主義榮辱觀的道德價值與時代意義〉。《江西師範大學學報（哲學社會科學版）》，39（3），46-50。

洪曉楠（2005）。《科學文化哲學研究》。上海：上海文化。

唐君毅（1975）。《心物與人生》。臺北：學生。

孫春晨（2008）。〈經濟倫理〉。載於甘紹平、余湧主編，《應用倫理學教程》，頁96-140。北京：中國社會科學。

孫毅霖編（2009）。《自然哲學與科學技術概論》。上海：上海交通大學。

徐　輝、辛治洋（2008）。《現代外國教育思潮研究》。北京：人民教育。

徐琳琳（2009）。〈環境倫理〉。載於王前、楊慧民編，《科技倫理案例解析》，頁137-206。北京：高等教育。

秦　明譯（2008）。〈進步倫理學和中國經濟的重新整合──關於改革的改革〉（R. P. Phipps著）。載於安延明、王前編，《應用倫理學的新視野──2007「科技倫理與職業倫理」國際學術研討會論文集》，頁269-288。北京：人民。

秦英君（2005）。《科學乎・人文乎——中國近代以來文化取向之兩難》。開
　　封：河南大學。

張寅生（2009）。〈當代西方哲學對自然辯證法的詰難及中國哲學界的回
　　應〉。載於劉大椿編，《從辯護到審度——馬克思科學觀與當代科學論》，
　　頁309-320。北京：首都師範大學。

梁漱溟（2000）。《中國文化要義》。上海：學林。

郭貴春、成素梅（2008）。《科學技術哲學概論》。北京：北京師範大學。

郭貴春等（2009）。《當代科學哲學的發展趨勢》。北京：經濟科學。

楊炎軒（2009）。《中國當代德育理論發展研究》。青島：中國海洋大學。

楊建兵、王傳中編（2007）。《生物醫學倫理學導論》。武漢：武漢大學。

楊通進（2008）。〈環境倫理〉。載於甘紹平、余湧主編，《應用倫理學教
　　程》，頁191-236。北京：中國社會科學。

溫金燕（2009）。〈通過師德建設提昇教師的職業幸福感〉。載於李進編，
　　《我的教師教育觀——當代師範生之願景》，頁80-82。北京：北京大學。

劉　慧（2008）。《陶養生命智慧——社會轉型期教育的一種價值追求》。北
　　京：教育科學。

劉建武（2006）。《中國特色與中國模式——鄧小平社會主義特色觀研究》。
　　北京：人民。

劉喜珍（2009）。《老齡倫理研究》。北京：中國社會科學。

鄭金洲（2009）。《中國教育學60年（1949-2009）》。上海：華東師範大學。

龔鵬程（2009）。《生活的儒學》。杭州：浙江大學。

4-4

中國教師教育的
情意取向試探

（2010）

引 言：潛移默化

　　顧名思義，「教師教育」乃是針對教師所施行的教育活動。教師與學生為教育活動的兩大主體，教師教、學生學；教師教育則讓教師當學生，目的是希望改善和提升教學活動的品質。教師教育源自師範教育，屬於後者的改良與擴充；其範圍相對較大，包含教師的職前培養、入行實習，以及職後培訓。中國的師範教育始於十九世紀末，而在二十世紀初期正式上馬；但是直到近百年後，新中國逐步立法，促使教師專業化，教師教育始大有用武之地。我於臺灣從事教師教育多年，眼見大陸在這方面不斷突破發展，便嘗試通過著述，將其中來龍去脈加以梳理，同時試探為其建構情意取向的可能。情意取向以德育及美育為主，係教師專業化不可缺少的環節；它不像專業技能養成的立竿見影，卻提供專業人才情意的潛移默化，使「經師」得以兼為「人師」。

壹、中國的教師教育

一、歷史背景

　　「中國」在此指的是大陸，不包括港澳臺三地；「教師」則指中學以下的老師，不包括大學教授。高校教師多由學者出任，研究工作占其生涯極大分量；而中小學教師係以教學為主職，有待專業技能培養，使得教師教育為必需。今日的學校組織和教師職業皆屬西方產物，中國直到十九世紀末期才出現西式學堂，也才開始建立師範體制。「學高為師，身正為範」，師範教育要求術德兼修，不可偏廢。根據教育史的記載，最早的教師教育出現於十七世紀後期的法國，由

天主教會創立「教師講習所」以訓練小學教師;百年後,官方興辦的「師範學校」也在法國正式問世(何菊玲,2009)。此一專門培養教師的機構,從此蔚為一套體制,向其他西方國家擴散;中國在清末學習歐洲,至民國初年因杜威來華講學近兩年,又大受美國影響。

美國於十九世紀中葉發生內戰,耗去大量男性勞動力,許多社會責任乃落在女性身上。從此教師成為以女性為主的職業,至二十世紀初,女性幾占教師總人數的九成。教師女性化是勞動力市場與教育改革對教師的要求,以及女性社會角色轉變等因素綜合作用的結果。美國至今小學老師的女性比例仍高達八成五以上,中學教師則接近半數(郭志明,2009)。這種現象對我頗有啟發,畢竟教師教育情意面向建構的動力,有一部分來自女性主義關懷倫理學。美國教師專業女多於男的趨勢,可與護理專業相互呼應;事實上,老師「教導孩子」與護士「照顧病人」的活動,最早都源於女性無給的家政勞動實踐,相信在中國也有類似的情況。而面對大批以女性為主力的中小學教師,如何激發她們身上的陰性特質,以彰顯教育的情意關懷,無疑是一道饒富意義的課題。

二、內涵性質

進入新世紀後,中國較為傳統的師範教育已逐漸向具改革氣息的教師教育轉型;例如國家於一九九六年印發的文件《關於師範教育改革和發展的若干意見》,至二○○二年已呈現為《關於「十五」期間教師教育改革與發展的意見》;此外,位於重慶由中央直屬六所師範大學之一的西南師範大學,也於近年改名為更具綜合大學色彩的西南大學。但是改革並非一蹴可幾,教師教育在短期內仍將由各地師範大學、師範專科學校,以及專為繼續教育而設計的教育學院和教師進修學校等機構負責。而「為培養造就大批優秀教師和教育家奠定基

礎」，自二〇〇七年秋季起，在六所部屬師範大學實施師範生免費教育，結果得到社會廣泛認同，錄取大批優秀高中畢業生（梅新林編，2008）。於此可見，由師範系統高校承擔中國教師教育的任務，一時之間還是主要渠道。

中國教師教育在性質上分為「職前培養」與「職後培訓」兩大區塊，前者原先包括中師、師專、師院或師大等三個層級，近年逐漸淘汰招收初中畢業生的中師，將中小學師資培養起點至少提升至招收高中生的師專以上。同時城鎮教師已有走向本科生水平的趨勢，北京師範大學更設計「4＋2」專業課程，培養碩士級教師。至於職後培訓則以教育學院及教師進修學校為主力，這些由各級地方政府興辦的教育機構，過去主要是為教師任職後彌補學歷不足而設計，近年則逐漸轉型為學校主管、行政人員以及教師的繼續教育基地。大陸在一九八六年頒布《義務教育法》，一九九三年通過《教師法》，一九九五年出臺《教育法》，二〇〇〇年頒布《〈教師資格條例〉實施辦法》，已逐步完善了教師教育的基礎奠定，讓教師專業化及專業成長成為可能（李進編，2009），並進一步走向終身學習的止於至善境地。

三、專業成長

「專業」此一概念在中國有著相當多元寬廣的意義，一般人所理解的乃是高校院系內細分的學科門類，它同時也指專門從事的某種工作或職業（唐玉光，2008）。前者是新中國成立後全面學習蘇聯的結果，如今已感到它劃地自限所帶來的弊端；後者較符合國際上的認知，指向一些入行相對困難的專門職業，例如醫師、律師、建築師、會計師等，通常需要資格認證。中國《教師法》指出「教師是履行教育教學職責的專業人員」，它同時明確規定了各類教師應具備的相應學歷；而其配套的《教師資格條例》，更具體落實發放「具有教師資

格的法定憑證」之「教師資格證書」。但由於中小學教師的專業門檻
只達大專水平，常被視為不夠專精的「半專業」，乃有進一步提升專
業素質的「教師專業發展」之考量。

　　教師專業發展與教師專業化息息相關；後者主要強調教師群體
的、外在的專業性提升，前者則多指教師個體的、內在的專業化提
高。由於事涉個人，加上發展具有動態歷程，專業發展實意味專業成
長，必須通過職後培訓和繼續教育加以落實。目前中國有專門負責教
師職後培訓工作的教育學院兩百餘所、教師進修學校兩千所上下，卻
因缺乏較佳管理機制，常使得培訓工作流於形式，名為發展卻不見成
長，殊為可惜（蔣光祥，2009）。平心而論，教師教育中的職前培養
固然重要，但職後培訓卻更深遠地影響著教師的教學品質。由於職後
培訓擁有教師個人專業經驗此一寶貴資源，課程設計絕對不能浮泛及
僵化，而應通過以教師為中心的多元教學來實施；例如案例討論、教
學觀摩等，令其經驗可以在學習過程中，獲得比較對照與積極反饋。

貳、教師教育的形式面

一、職前培養

　　中國在相關法規逐漸完善、教師專業化步上正軌之際，對於教
師職前培養，既保持師範院校的主體地位，又開放教師教育體系，鼓
勵綜合大學參與其中，同時也將教師專業課程與學科專業課程進行了
有機結合。回顧過去，基於國家政策，教師職前培養模式在很長時間
裏，都保持著相對穩定性。跨入新世紀後，它既受到全球性改革浪潮
影響，本身內部也出現從量變到質變，乃不斷促使培養模式由定向型
朝開放型過渡，層次結構亦由低層向高處轉移（鍾晨音，2008a）。改

革所帶來的具體結果，是教師學歷的大幅提升。在開放性市場機能的作用下，舊有的三級師範向二級師範，甚至新三級發展；不但淘汰中師一級，更實現一定比例的碩士層級職前培養。一旦培養水平提升至本科以上，配套的課程設計也必須有所開放，容納更多選修課程，包括情意性課程在內。

　　大陸教師教育課程體系主要由公共基礎課程、學科專業課程、教育學類課程三大模塊組成，由於長期受到定向型師範教育體制的牽制，已出現一些亟待改善的問題，包括課程比例不夠協調、課程內容陳舊落後、實踐課程明顯不足、教育專業課程漸趨邊緣化等（鍾晨音，2008b）。過去人們大多把上述三種課程皆視為教師教育課程，但近年改革之聲四起，加上不少師範院校及綜合大學通過設立「教師教育學院」，作為師資培養的主要機構，教師教育課程便開始與通識及學科課程相分離，特指教育專業類課程。既然屬於教育專業課程，就應該使更多被實踐證明有效的教師個人經驗，得以被納入課程中，同時將之精煉化、系統化。這種個人經驗有待教師從職場反饋，尤其是初入行時的經驗最寶貴，印象也最深刻。

二、入行實習

　　由於目前中國師範教育或教師教育大多仍屬於定向型專業人才培養，在所招收的學生方面，也希望具有相應的定向心態及人格特質。教育乃百年樹人大計，而老師又身兼「傳道、授業、解惑」的重責大任，並非人人可以擔當。就像選擇進入衛生保健專業需要有心從事醫療照護工作一樣，打算以中小學教師作為終身職志的年輕人，多少要有一股育人愛人之心，方能勝任愉快。但是現實往往與理想有一段反差，需要新手不斷調整心態加以適應。大陸本科師範生一般在前三年學習理論性的專業課程，直到第四年接受為期八週的教育實習，才有

機會接觸到教學實踐與課堂管理；而作為實習指導的班主任，也成為新手的模仿典範（秦芳，2009）。由於教師專業不是紙上談兵，而是與學生面對面交流溝通的第一線工作，具有相當直接的「嘗試錯誤」特性。

平心而論，八週實習只是淺嚐即止，真正讓新手上道起碼需要一年半載；尤其是社會對教師素質水平的要求不斷上升，未來至少高中教師必備碩士學位，恐怕已漸成趨勢。目前都會型城市，如上海的華東師範大學，已設計出一套「4＋1＋2」的教師人才培養模式，讓學生在完成本科四年教育後，以準員工身分進入中學工作一年，之後再返校完成兩年碩士學習。這為期一年的教育實踐，主要是為了深入體驗教職，並落實自身價值定向，可視為本科教育實習的延伸。此一實踐既是建立師生身分的權力實踐，也是個人從事教學的反思實踐；在中國改革開放所形成的多元價值並存下，它所反映的已是更看重各種轉變的後現代思維（李紅亞，2007）。後現代思維表現出「質疑主流，正視另類；肯定多元，尊重差異」的特性，無疑會對既有教師教育帶來一定的衝擊。

三、繼續教育

大陸於一九九九年制定的《中小學教師繼續教育規定》提出，繼續教育要以提高教師實施素質教育的能力和水平為重點，其內容主要包括思想政治教育和師德修養、專業知識更新與擴展、現代教育理論與實踐、教育科學研究、教育教學技能訓練和現代教育技術、現代科技與人文社會科學知識等。它在形式上分為非學歷教育和學歷教育，前者有新任教師培訓、五年一個週期的教師崗位培訓、骨幹教師培訓等，後者則是對具合格學歷教師進行提高學歷層次的培訓（徐長江、劉迎春，2008）。由此可見，教師繼續教育並非只為強化掌握專門學

科知識的能力，更重要的乃是針對提升教師素質的終身學習。由於中小學教師每天面對未成年的孩子，對之施以薰陶教化，其個人心理健康素質十分具有關鍵性，這便牽涉到教師教育的情意取向課題。

教師教育的情意取向課題屬於具體內容部分，留待下節再談，現在先來看看繼續教育的幾種實施方式。大陸大致採取四種模式：一為高校模式，是以高等院校為基地，利用高校中的教育資源，對職後教師所實施的以理論教學與研究為主的教育模式。二為校本模式，是以在職教師所在學校資源為依託的校內教師繼續教育形式。三為教師中心模式，是指通過設立專門的教師繼續教育基地，旨在以提高教師教學技能為主的教育模式。四為社區模式，是以社區教育機構為依託，利用社會資源，對教師實施的以豐富社會閱歷、增加社會問題意識、提升社會參與能力為主的教育模式（時偉，2004）。這其中高校與教師中心模式，體現為全國各地的師範院校、教育學院、教師進修學校等機構；至於校本及社區模式，則仍在模仿國外的試點階段。

參、教師教育的內容面

一、素質教育

此處所討論的教師教育內容面，指的是情意取向的內容，它至少包含三大課題：教師素質教育、德育加美育、生命教育。教師素質既是教師內在的生命力量，亦為教師開展各種活動的能力；而教育活動正是教師素質展示的平臺，它又可分為教師處理與學生、社會及自我三方面關係的能力（唐榮德，2007）。作為專業人才的培養和培訓，教師素質教育非但不可或缺，而且必須構成其核心。「教師素質教育」可視為「教師素質的教育」及「教師的素質教育」兩個層面，後

者且係前者的基礎。目前大陸中小學教師大多擁有大專以上學歷，在職前培養階段一般多上過本專科文化素質教育課程；這些課程覆蓋面相當廣泛，對生涯已經定向的師範生而言，無疑是學科課程和專業課程外，最具潛移默化意義的學習資源。

　　大陸高校的文化素質教育與境外，如港澳臺地區所實施的通識教育，有著異曲同工之妙。人們對「素質」二字公認的意義，係指「人的內在的心理或精神品質」，它與價值觀、人生觀密切關聯（王義遒，2009）。在教師教育活動中推展素質教育，必須把職前培養的素質教育課程也納入其中一併規劃。由於師範生未來在中小學任教的內容，涵蓋人類知識的自然、社會、人文三大領域，其個人選擇任何一塊領域當作自己的學科專業，也應該對其他領域有所涉獵，如此才不致產生視野過於狹窄的弊病。為形成全方位的價值觀與人生觀，素質教育理當「真、善、美」面面俱顧。而在當前大陸高校各類素質教育課程中，既有的科學技術哲學、應用倫理學，以及德育和美育課程，多少符合「真、善、美」三大面向的要求，可加以整合規劃，列入職前與職後的教師教育當中。

二、德育美育

　　若就教師教育的情意面而論，德育和美育較智育和體育應受到更多的關注；畢竟倫理實踐與美感體驗兩者，構成哲學的價值論及個人的價值觀之大部。情意教育與情感教育相通，或可視為同一。人類的道德情感要經過「情致—情愫—情操」三者的辯證發展，始能不斷向上揚升（朱小蔓，2006）。落實到中國教師教育實踐，便是提倡情感師範教育。此種教育取向是指在各級師範教育內，加強對師範生情感素質的培養。使其在情感素質方面，具備其他類別目標所沒有的、特殊的職業條件，而於未來教師專業中，與學生有效進行情感交往，

並勝任對學生從事情感導向的教育工作。其實這不只是教師必須具備的專業條件，其他如從事學生工作的輔導員、以助人為業的心理諮詢師，都該擁有相應修養及人格特質。

　　人生有知、情、意、行諸面向，追求的則不外乎真、善、美；若是考量情意教育的大方向，則除了德育也不能忽略美育。但有時人們會把美育直接等同於藝術教育，無形中不免窄化了美育的視野。美育理當是審美教育，其對象除了藝術美之外，還包括自然美與人生美。教師教育的情意取向強調的是人生價值，而將藝術教育列為學科教育的環節。當前中國的美育較之以往更具悲壯意義，因為在世風日下的今天，美育對人性中價值觀的教育與薰陶不可少，從而也承擔了一些德育的任務。它教我們成為「生活的藝術家」，學會從實用世界走出來，在審美世界中駐足，對自然、社會及人文中的生命意蘊欣賞玩味（冉祥華，2008）。如此一來，以德育與美育為內涵的情意教育，就很自然步入生命教育途徑了。

三、生命教育

　　「生命教育」是近年在兩岸四地使用得相當頻繁的概念，雖然大陸早在上世紀九○年代初期就有人提及此說，但於華人社會大規模推動，且已形成一項官方政策，則無疑是臺灣。一九九七年臺灣省率先於初高中展開生命教育，然而只是一些時數很少的體驗活動；二○○四年最高當局著手規劃正式課程，終於形成八門十六學分的普通高中選修科目，自二○一○年開始施行。無獨有偶地，類似的努力也出現在大陸，且更為全面，那便是雲南省推行的「生命─生存─生活教育」，簡稱「三生教育」。它於二○○九年全方位展開，覆蓋面從幼稚園到高校。生命教育的目的是開啟生命智慧，而人的生存狀態，亟待把握住能為其終身受用的智慧，進而提升生活的質量，更彰顯生命

的意義（劉慧，2008）。這些可視為德育的深化與擴充，很適合納入教師教育之中。

　　仔細考察，中國其實一直在中小學開設有思想政治課程和品德修養課，其中就包括有生命教育的一些重要內容，如價值觀、人生觀、人際關係、兩性關係，以及家庭婚姻道德等。然而大陸雖有部分省市積極推行生命教育試點教學，卻並未完全確認「教什麼」和「怎麼教」的問題；所以要使生命教育成為顯性、建制、納入學校正規教學計劃的課程，恐怕還有相當漫長的路要走（鄭曉江，2008）。既然對學生推廣普及生命教育或許力有所未逮，倒不如先從教師生命教育著手。尤其是接受職後培訓的教師，已然具備一定的教學經驗，只要能夠令其肯定生命教育的意義和價值，則「教什麼」與「怎麼教」的問題，相信可以在教學實踐中逐步得到解決。何況每個人的生命均是極其獨特的，不能一概而論；教師們若能反身而誠，從自我教育開始也是一途。

肆、從理念到實踐

一、師德養成

　　教育學是一門中游學科，雖具理論背景，卻強調實際應用。若就學科建設而言，「教師教育學」其實可以構成一門二級學科，下含師德養成、課程教學、終身學習等內容。在師德養成部分，從教師教育的情意面向看，體現師德最佳作法無疑是「關懷」。關懷倫理學在上世紀八〇年代應運而生，主要出自女性主義教育學者之手。而女性中小學教師的比例一向較高，發揚陰性的關懷師德可說相當恰當。師德屬於專業倫理與職業道德，用以規範師生關係。傳統上講究尊師重

道，無形中強化了學問的權威和教師的威權；後現代注重的是知識的開放與人際的對話，師生大可發展為相互關懷的亦師亦友關係。學生反饋讓老師也感受到被關懷，如此互動方稱合情合理（侯晶晶，2006），也令師德養成更為圓融無礙。

「亦師亦友」的理想境界，乃是師生關係與朋友關係的融會貫通。這在古時強調「天地君親師」的年代不易做到，如今步入後現代則大可開展。朋友關係經過孟子的歸納，便列入「五倫」之中；他主張「朋友有信」。朋友指的是人與人禮尚往來，彼此交往，從而形成的特定關係。從表面上看，師生關係並不屬於「五倫」，但古人認為「父子兄弟以親愛，君師朋友以義合」，幾乎把師生關係視為君臣關係的延伸，它與朋友關係同樣基於信義而結合（胡發貴，2008）。既然傳統的師生關係高高在上，也的確不應該把它視為朋友般平起平坐。但垂直的威權已不合時宜，最佳狀態也許是一種斜向的互動交流。在「亦師亦友」的標竿下，「師德」與「生德」藉著關懷愛心的流動而相輔相成，發揚光大，如此始能歷久彌新。

二、課程教學

教師教育情意取向的實踐，理應走在「生命化教育」的道路上。生命化教育是以人為本、體現人性關懷的教育，它的理想為「讓教育點化和潤澤生命」，同時「讓生命在教育中詩意的棲居」（馮建軍編，2007）。用「生命化教育」的概念教「生命教育」將更廣泛，也更深刻；教育活動原本即具有生命的蘊義，只是後來逐漸為其他因素所蒙蔽，才需要提倡生命化教育。生命化教育可視為當今教育的本質，在撥亂反正、去蕪存菁的前提下，為打破應試、工具、功利等教育弊端，可先從課程改革上著手。具體作法是盡可能推廣生命教育課程，使之作為素質教育的主力，不讓專門教育過度膨脹，以免教出所

見日窄的「一曲之士」。由於兩岸四地社會發展有所出入，開發生命教育課程不妨「各自表述，各取所需」，只要扣緊「生命化」的教育大方向即成。

人類通過工具理性開啟了科學技術的無限潛力，確實造就出輝煌的文明歷史，卻也產生一些斲喪人性的副作用，唯有用振興人文精神與價值的方式，始能重建平衡，進而創造和諧。在這種背景下，教師教育本身就不可避免要求多元化，對科技與人文無所偏廢。由於科技活動較能立竿見影，人們多予認同；而人文價值只能潛移默化，大家經常掉以輕心。我主要在於試探建構中國教師教育情意面的可能，並反思其對於臺灣教育實踐的啟發。教育實踐具體落實於課程與教學之上，我乃倡議開發生命化課程與價值觀教學。價值觀教學源於價值觀教育，即以人文價值取向，令學習者用合宜的價值，來處理自己的生存、生活與生命，其方式可採取價值澄清法（劉濟良編，2007）。這是一種彰顯學習者主體性的教學法，很適合用於教師教育。

三、終身學習

立竿見影的專業教育為了與時俱進，以免不進則退，固然需要終身學習；潛移默化的素質教育原本即非一蹴可幾，必須持續不懈，更得終身行之。終身學習已成為全球性的教育活動，企業界提倡學習型組織，學校也要求學習型教師。過去師範教育把年輕人培養入行，擔任中小學教師後，即賦予其繁重的課程設計與教學實踐任務，職後培訓往往流於形式。而中小學教師也從未把自己視為與大專教師一樣需要做研究，但這種情形如今正面臨重大危機，不進行終身學習就跟不上時代的腳步。終身學習固然可以不做純理論研究，然以解決問題導向的應用研究，卻有其迫切性。它屬於教師專業發展的核心能力，而其成敗實繫於教師本身是否具備自我發展意識，以承擔自我發展的義

務與責任。換言之，即是要成為反思型教師（魚霞，2007）。

反思意味反省思考自身現狀，藉批判以改善提升。反思型教師自我要求的第一步，是走向專業型教師，其次則進而轉化為文化型教師。將兩者比較來看，專業是一種話語，文化則屬一種實踐；專業話語構建的是理想形象下的教師，而文化實踐關注的卻是教師生涯的本然歷程（龍寶新，2009）。由於後現代「肯定多元，尊重差異」的特質，讓教師通過反思反身而誠，發現自己的獨特性，彰顯個人立志成為教師的人格特質，相信較委曲求全去勉強符合一個理想教師形象要來得有意義得多。順此思路進行考量，情意取向的教師教育實踐途徑，主要不在外爍而是內斂；終身學習的目的不在於知識的增長，而偏重德性的開啟和美感的流露。總而言之，通過持續反思觀照，會逐漸發現教師生涯中海闊天空的盛景。

伍、對臺灣的啟發

一、師資培育

以上所論，是我站在臺灣教師教育教師的立場，通過對大陸教師教育的實際接觸和文獻考察，所提出建構情意取向中國教師教育的初步試探。以下我希望藉由對自身經驗的反思，發現上述論點對臺灣教育實踐的啟示。臺灣的教師教育原來也等於師範教育，屬於封閉型的定向教育；自一九九四年修法而走向多元開放，改稱「師資培育」。平心而論，「師資培育」之說，與大陸「職前培養」的理念及實踐意義相近，卻缺乏對「職後培訓」的系統設計。目前臺灣在開放讓一般大學或學院開辦師資培育的幅度上較大陸寬鬆得多，一百六十餘所本科以上高校，有半數開設相關的「教育學程」；這些高校之中，又有

超過三分之二屬於私立民辦。此為教育改革的直接結果，固然豐富了教師教育的面貌，也帶來相關問題，尤其是師範院校的轉型問題（張玉成，2004）。

　　教師教育至少包括職前師資培養、入行教育實習、職後繼續培訓三階段，臺灣所有設立教師教育單位的學校，該單位均統一稱為「師資培育中心」。但其全部功能，乃是定向培養中學、小學、幼教、特教等四類的未來教師，因此「師資培育」其實是一個限定概念，雖然也涵蓋入行實習半年，卻完全無涉職後培訓。而作為職前培養階段的教師教育，臺灣傳統師範教育一向依據能力本位的範式，將教師角色定位為技術人員或教學工具。既然上世紀末教育改革使得門戶大開，新興的師資培育理當進行範式轉換，藉以培養擁有批判能力、自我賦權及自我建構的主體性之教師（歐用生，2004）。把教師的定位從工具性客體轉化為情意性主體，需要的正是情意面教師教育。師資培育必須從準備資格檢定的應試教育，轉變為實現育人理想的素質教育才屬正道。

二、教學實習

　　臺灣的師資培育架構設計，是讓本科生或研究生從入學第二年開始同步接受「教育學程」的學習。其內容為教育專業課程，依教師定向類型不同，由二十六學分至四十學分不等，需時二至三年。此後尚有半年的職場教學實習，另占四學分。職前培養加上入行實習結束且成績及格，始有資格參加教師檢定考試，以取得官方頒授的教師證書。有此證書再到各處參加由地方政府舉辦的教師遴選甄試，以錄取為正式教師。近年因為少子化緣故，許多學校停止進用新教師。雖然師資培育已在全面縮減招生名額，卻仍有六、七萬名合格「流浪教師」待業之中，形成人才浪費。不過教師職業較其他行業相對穩定，

總有不少年輕人擇善固執投身此道。而其職業幸福感正是由入行實習那一刻開始累積的,其上升及下降實繫於師生互動是否良好,這又涉及前述師德培養與建設的問題(溫金燕,2009)。

「師德」建設不是單方面可以畢竟其功的,需要與「生德」一道培養,以促成相輔相成、互利共榮之效。我認為師德與生德的雙向互動,乃是彼此激盪的愛心流動之關懷歷程。當一名實習教師抱著滿懷理想踏上講臺那一刻,就必須開始通過言教與身教,在學科教學之中,融入師德的自我培養,以及生德的積極鼓勵。由於中小學生屬於未成年的一群,他們的角色主要是被關懷者。雖然我們大可相信人性本善,但不可諱言在世風日下之際,當前青少年及兒童等被關懷者的品質,也可能有所欠缺。孩子們不是對來自他人關懷的感受性不足,就是缺乏感恩意識和表達感激的能力,這無疑也需要教育培養(蘇靜,2009)。換言之,「亦師亦友」的理想,仍蘊涵著「長幼有序」的要求,先為師後為友。帶兵要帶心,這點在實習階段尤其重要。

三、在職訓練

類似於大陸的職後培訓有學歷及非學歷培訓之分,臺灣的教師在職訓練也可分為進修深造和研習活動兩類。非學歷培訓的研習活動,以取得一定時數的繼續教育為主;教師將參加各種活動的「研習條」,彙整於個人檔案內以備查驗,近年也發展出以電腦記錄留存。至於學歷培訓,則是考入研究所進修深造以取得學位。臺灣自一九九九年起在各所廣設「碩士在職進修專班」,利用夜間或週末上課。其中教育研究所通常是在師資培育中心的基礎上成立,屬於典型「兩塊招牌,一套班子」。教研所專班生多為在職教師,既無就業壓力,更具豐富經驗,而且學習心旺盛,是很理想從事人性追尋與推動教育轉型的人力資源(李穎,2006)。此即從「生命教育」走向「生

命化教育」，最終達於「教育生命化」的境界。

萬丈高樓平地起，教育是育人的專業，教師教育更是育師的志業。我在高校任教二十六年，起先講授素質教育通識課程；近九年擴充至教師教育，乃結合兩者以累積寶貴經驗。在教學實踐中，我感到最有可能落實理想之處，即是對碩士專班研究生進行職後培訓，推廣生命教育。由於授課對象幾乎全係在職教師，我便把自己「從學生生命教育到教師生命教育」的實踐轉化為文字，讓經驗得以流傳（鈕則誠，2008）。由生命教育走向生命化教育，最終達於教育生命化的境界，最好就是從情意面的教師教育入手。大陸幅員廣闊，學者眾多，在這方面的理論與實踐成果相當豐富，值得進一步推敲，並對臺灣教師教育帶來一定啟發。我的努力便是讓彼此互通有無，互利共榮。

結 論：推己及人

這是我以臺灣教師教育情意面實踐者的身分，對海峽對岸的中國教師教育所從事的情意取向初步試探。近年個人的努力方向是推動教師生命教育，此乃一種融德育與美育為一體的情意教育，本質上乃是提升教師人格修養的素質教育。我的教學方式是通過「說理」以達到「抒情」作用。畢竟面對的都是有相當社會閱歷和人生體驗的成年教師，多討論些道理不僅可行，同時也會讓彼此受用。我的理念來自反身而誠的自我教育，形諸文字以推己及人，是希望得到學習者的共鳴與反饋。且由於受教對象本身即是中小學教師，這種推己及人的效果，還能夠進一步得到可持續發展。當教師教育體現為終身學習的成長歷程，知識累積與智慧激發理當並駕齊驅，無所偏廢。我的寫作目的，即是對此的反思與呼籲。

參考文獻

王義道（2009）。〈通識教育及其與文化素質教育關係的再思考〉。載於龐海芍，《通識教育：困境與希望》，頁1-4。北京：北京理工大學。

冉祥華（2008）。《美育的當代發展》。北京：新華。

朱小蔓（2006）。《情感德育論》。北京：人民教育。

何菊玲（2009）。《教師教育範式研究》。北京：教育科學。

李　進編（2009）。《我的教師教育觀——當代師範生之願景》。北京：北京大學。

李　穎（2006）。《教育的人性追尋——西方社會轉型時期的教育轉型及其啟示》。長春：吉林人民。

李紅亞（2007）。《教育意義的尋覓：知識、道德與課程》。北京：知識產權。

侯晶晶（2006）。《關懷德育論》。北京：人民教育。

胡發貴（2008）。《儒家朋友倫理研究》。北京：光明日報。

唐玉光（2008）。《教師專業發展與教師教育》。合肥：安徽教育。

唐榮德（2007）。〈走向理想的教師〉。載於唐榮德編，《教師素質：自在的教師》，頁231-242。桂林：廣西師範大學。

徐長江、劉迎春（2008）。〈教師教育法規的制定〉。載於梅新林編，《中國教師教育30年》，頁3-46。北京：中國社會科學。

時　偉（2004）。《當代教師繼續教育論》。合肥：安徽教育。

秦　芳（2009）。〈紙上得來終覺淺——新教師素質需要磨練〉。載於李進編，《我的教師教育觀——當代師範生之願景》，頁4-6。北京：北京大學。

張玉成（2004）。〈臺灣教師教育的現狀檢討與前瞻發展〉。載於朱小蔓等編，《新世紀教師教育的專業化走向》，頁82-89。南京：南京師範大學。

梅新林編（2008）。《中國教師教育30年》。北京：中國社會科學。

郭志明（2009）。〈美國教師專業化進程中的女性化趨勢〉。載於北京師範大學編，《第三屆兩岸四地教育史研究論壇論文集（上）》，頁93-99。北京：北京師範大學。

魚　霞（2007）。《反思型教師的成長機制探新》。北京：教育科學。

鈕則誠（2008）。〈從學生生命教育到教師生命教育〉。載於郭實渝編，《第八屆當代教育哲學學術研討會論文集》，頁2／1-11。臺北：中央研究院歐美研究所。

馮建軍編（2007）。《生命化教育》。北京：教育科學。

溫金燕（2009）。〈通過師德建設提昇教師的職業幸福感〉。載於李進編，《我的教師教育觀——當代師範生之願景》，頁80-82。北京：北京大學。

劉　慧（2008）。《陶養生命智慧——社會轉型期教育的一種價值追求》。北京：教育科學。

劉濟良編（2007）。《價值觀教育》。北京：教育科學。

歐用生（2004）。〈師資培育的典範重建——培育轉型的知識分子〉。載於朱小蔓等編，《新世紀教師教育的專業化走向》，頁69-81。南京：南京師範大學。

蔣光祥（2009）。〈那年夏天〉。載於李進編，《我的教師教育觀——當代師範生之願景》，頁106-109。北京：北京大學。

鄭曉江（2008）。《生命教育演講錄》。南昌：江西人民。

龍寶新（2009）。《教師教育文化創新研究》。北京：教育科學。

鍾晨音（2008a）。〈教師教育的培養模式〉。載於梅新林編，《中國教師教育30年》，頁163-181。北京：中國社會科學。

鍾晨音（2008b）。〈教師教育的課程建設〉。載於梅新林編，《中國教師教育30年》，頁182-207。北京：中國社會科學。

蘇　靜（2009）。《被關懷者道德品質的培養》。杭州：浙江教育。

生命的學問——反思兩岸生命教育與教育哲學

作　　　者／鈕則誠
出 版 者／揚智文化事業股份有限公司
發 行 人／葉忠賢
總 編 輯／閻富萍
執行編輯／宋宏錢
地　　　址／台北縣深坑鄉北深路三段 260 號 8 樓
電　　　話／(02)8662-6826
傳　　　真／(02)2664-7633
 E-mail ／service@ycrc.com.tw
印　　　刷／鼎易印刷事業股份有限公司
 I S B N ／978-957-818-972-0
初版一刷／2010 年 9 月
定　　　價／新台幣 350 元

國家圖書館出版品預行編目資料

生命的學問:反思兩岸生命教育與教育哲學 ＝
Learning of living ： life education and
philosophy of education ／鈕則誠著. -- 初
版. -- 臺北縣深坑鄉：揚智文化, 2010. 09
　　面；公分.
ISBN　978-957-818-972-0（平裝）

1.生命教育　2.教育哲學　3.臺灣　4.中國

528.59　　　　　　　　　　　　99016247